城市 经营

安新华／等著

地方政府专项债券
创新与实践

中国财经出版传媒集团
经济科学出版社
Economic Science Press

图书在版编目（CIP）数据

经营城市：地方政府专项债券创新与实践/安新华著．
—北京：经济科学出版社，2018.11（2020.10 重印）
ISBN 978 - 7 - 5141 - 9944 - 4

Ⅰ．①经…　Ⅱ．①安…　Ⅲ．①地方政府 - 债券发行 -
研究 - 中国　Ⅳ．①F812.7

中国版本图书馆 CIP 数据核字（2018）第 262154 号

责任编辑：孙丽丽　陈　晨
责任校对：蒋子明
责任印制：李　鹏　范　艳

经营城市：地方政府专项债券创新与实践
安新华　著
经济科学出版社出版、发行　新华书店经销
社址：北京市海淀区阜成路甲 28 号　邮编：100142
总编部电话：010 - 88191217　发行部电话：010 - 88191522
网址：www. esp. com. cn
电子邮件：esp@ esp. com. cn
天猫网店：经济科学出版社旗舰店
网址：http：//jjkxcbs. tmall. com
北京季蜂印刷有限公司印装
710 × 1000　16 开　20.5 印张　360000 字
2019 年 1 月第 1 版　2020 年 10 月第 2 次印刷
ISBN 978 - 7 - 5141 - 9944 - 4　定价：68.00 元
（图书出现印装问题，本社负责调换。电话：010 - 88191510）
（版权所有　侵权必究　打击盗版　举报热线：010 - 88191661
QQ：2242791300　营销中心电话：010 - 88191537
电子邮箱：dbts@ esp. com. cn）

专家推荐

政府一般性预算要与建设性项目预算分开，建设项目还本付息在一般性预算中要有一个较为固定的比例，由人大审议通过，向银行和其他投资者发行债券筹资，并控制在未来能够还本付息的范围内。在中国的体制下，中央财政规定年度地方政府财政的规模，在这样一个额度中将债务规模控制在合理的水平上，以防止地方政府超过还款能力借债的破产风险发生。这是中国财政预算体制的一个进步。然而，有关地方财政如何适应和跟上财政体制现代化的步伐、如何在理论上理解和实践上操作的图书很少，安新华律师著的《城市经营：地方政府专项债券创新与实践》恰好填补了这方面的空白，对于从事地方经济发展领导和工作的人士，特别是从事地方财政工作的专业人员，包括与之有关的诸多中介和投行等公司职员来说，这是一本值得一读的好书。

——周天勇，著名经济学家、东北财经大学中国战略与政策研究中心主任、
中国城市发展研究会副理事长兼城市研究所所长、
原中共中央党校（国家行政学院）国际战略研究院副院长

地方政府专项债券发行是中国财政资金使用管理的一次重要制度创新，中国改革开放40年的经济建设成就离不开地方政府主导的基础建设投资推动，但也引发了地方政府债务风险。地方政府专项债券的推出不仅有效地控制了地方政府违规举债的风险，更对政府项目投资与管理提出了更高的要求，如何筛选合适的投资项目，如何设计项目投资运营方案，如何获得债券金融市场对项目的认可，都是地方政府发行专项债券要解决的问题。安新华律师的团队在地方政府债券发行方面具有丰富的理论与实践经验，本书系统梳理了地方政府债券发行的法律法规要求，同时也搜集了大量的地方政府专项债券发行案例，对于地方政府成功发行专项债券具有极高的参考价值，是一本很好的地方债券发行指导书。

——黎维彬，著名开发性金融专家、
原国家开发银行首席经济学家、国开证券总裁

地方政府专项债券发行是一项高度复杂的财政制度创新，一个专项债项目的发行，涉及法律、财务、可行性评估、项目建设运营管理以及债券市场投资者关系、信息披露、财政监管等专业领域的知识，对地方政府公益性项目建设运营的综合能力提出了更高的要求。安新华律师的这本书围绕地方政府专项债券发行工作，充分整合了相关的法律、财务、项目管理、风险管理等专业知识，融入了具体发行实务工作经验，是一本跨学科的复合型专业著作，不仅可以让读者完整系统地学习当前中国地方政府债券的知识，而且还可以用于指导具体的地方政府专项债券发行实践，非常难得。

——黄登仕，西南交通大学经济管理学院院长、博士生导师地方政府专项债券发行无疑是 2018 年中国金融的一次最重要的创新之举。

专项债体现了中国对于地方政府隐性债务治理从堵到疏堵并重的思路与方式的转变。随着地方政府"隐性债务"的增多，为了有效防范化解地方政府债务风险，近年来财政部严格贯彻落实 2014 年修订的《预算法》规定和《国务院关于加强地方政府性债务管理的意见》精神，坚持"开前门、堵后门"的理念，会同有关部门加快建立规范的地方政府举债融资机制，以增强地方经济财政发展的可持续性，打开地方政府债发行的前门、堵死地方政府违规融资的后门，从而真正有效地控制和管理地方政府债务风险。

专项债券的发行更是体现了地方政府建设资金筹资模式的重点变革。2017 年 6 月，随着财政部印发《关于试点发展项目收益与融资自求平衡的地方政府专项债券品种的通知》，中国版"市政收益债"的改革探索之路正式拉开帷幕。这是"开前门"的重要组成部分：一方面，将地方政府专项债发行严格控制在国务院及财政部门设定的各省级政府专项债限额之内，避免地方政府债务无序增长，同时大幅提升专项债的透明度；另一方面，则引导社会资本通过地方政府专项债精准投放至各地急需重点推进的基础设施和公共服务项目，对服务区域内实体经济和保障民生服务至为关键。项目收益专项债券优先选择土地储备、政府收费公路、棚户区改造等领域在全国范围内开展试点，出台了相关试点文件，并鼓励有条件的地方立足本地区实际，围绕省（自治区、直辖市）党委、政府确定的重大战略，积极探索在有一定收益的公益性事业领域分类发行专项债券。

地方政府专项债券作为一个新兴的债券品种，项目的设计、发行及资金使用管理都是全新的事务，需要社会各方充分参与才能保证这一中国市政债券创新成果健康成长。所以，2018 年必然是地方政府专项债券的创新之年。项目收益专项债券相关文件发布以来，虽有财政部门相关解读、有关研究机构和学者等发表评论，但对于各地项目收益专项债发行实务尚未形成成熟的操作，有关政府债券理论和历史、最新法律法规和政策文件、总结实务操作的文章和书籍尚未与公众见面，目前市场急需真正能够指导地方政府债券发行实践的专业书籍，这就是我们写作本书的初衷和目的。

本书内容源自我们对地方政府债券发行理论研究与实务工作的经验总结，忠慧律师事务所的地方政府专项债券团队作为最早参与地方政府债券发行具体工作的专业团队，深刻地感受到地方政府债券对于地方政府发展的巨大价值与影响，同时也感到地方政府债券发行的难度。一个地方政府债券项目的成功发行，除了地方政府财政部门和具体项目部门的努力，还需要咨询专家、法律专家、财务专家等众多专业人士以及广大金融机构的广泛参与，可以毫不夸张地说，每一个专项债券都是一个以项目为核心的系统工程，多方配合才能实现项目目标。

本书在 2018 年专项债发行工作刚结束就能够顺利完成并出版面世，本身也是一个小型项目。忠慧的地方政府专项债券工作团队边进行项目工作边总结项目经验，吸收各方的专业意见，把专项债券的理论研究和实务工作充分结合，把专项债券法律与财政、会计、金融专业知识融为一体，最终形成了本书的结构与内容。本书充分体现了我们一直以来的坚持与理念，即法律、管理、科技、金融在具体项目工作面前不能各自独立，而是应当充分融合形成综合专业能力才能更加有效地解决各种项目难题。

最后，感谢为本书的完成提供帮助的机构与朋友，感谢西南交通大学经济管理学院黄登仕院长对我们的支持，感谢西南交通大学市政债券法律管理研究中心成员的努力付出，感谢北京市忠慧律师事务所、大华会计师事务所专家分享实务操作经验，使本书更加具有操作指导性。感谢地方政府领导对我们的信任，让我们能够把我们的专业知识变成一个个成功的项目发行。希望本书能够成为更多人了解和认识中国地方政府债券发行的敲门砖，祝愿中国地方政府专项债券在法治化、市场化这条道路上一路健康发展。

安新华

2018 年 11 月 1 日

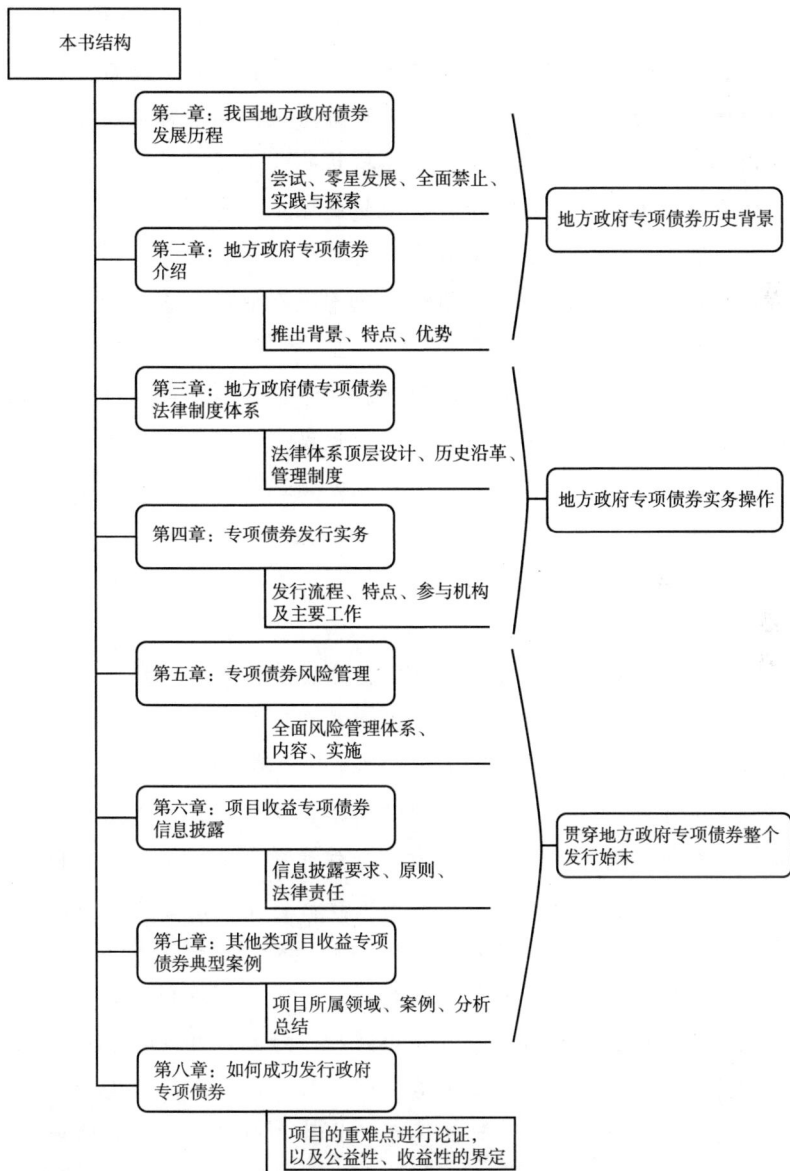

本书结构

第一章：我国地方政府债券
发展历程

尝试、零星发展、全面禁止、
实践与探索

第二章：地方政府专项债券
介绍

推出背景、特点、优势

第三章：地方政府债专项债券
法律制度体系

法律体系顶层设计、历史沿革、
管理制度

第四章：专项债券发行实务

发行流程、特点、参与机构
及主要工作

第五章：专项债券风险管理

全面风险管理体系、
内容、实施

第六章：项目收益专项债券
信息披露

信息披露要求、原则、
法律责任

第七章：其他类项目收益专项
债券典型案例

项目所属领域、案例、分析
总结

第八章：如何成功发行政府
专项债券

项目的重难点进行论证，
以及公益性、收益性的界定

地方政府专项债券历史背景

地方政府专项债券实务操作

贯穿地方政府专项债券整个
发行始末

本书由八章组成，具体归纳如下：

第一章：我国地方政府债券发展历程。本章综合讲解了我国地方政府债券的发展历程、地方政府债券发展的机遇期及日本地方政府债券发展情况。我国地方政府债券从最初的尝试到零星发展再到全面禁止最后到实践探索阶段，可以说是经历了一个曲折的发展历程。而正是在这种曲折发展历程的基础上，我国地方政府债券发展迎来了机遇期，地方政府债券不断发展创新。

第二章：地方政府专项债券介绍。本章在上一章的基础上对目前市场上最为火热的项目收益专项债券进行了层层解析。先是对财政部发布文件的几类项目收益专项债券进行了讲解，之后对地方政府专项债券的特点及优势进行了分析，这些内容有助于没有接触过此类债券项目的人群更容易地了解项目收益专项债券，然后再与PPP项目进行比较，由此发现其中的不同之处，以及PPP项目目前存在的问题。通常来说，两者在发行主体、还款来源、信息披露、融资方式及债务规模方面均有所不同。因而，地方政府中层领导者及操作执行者对两者的区别应有所认知。

第三章：地方政府专项债券法律管理制度体系。本章重点讨论的是地方政府专项债券法律制度体系的搭建过程，其中，第二节、第三节尤为重要。因为这两节不仅介绍了各类项目收益专项债券相关领域的法规，还对相关发行要求及规定进行了清晰的描述，详细说明了地方政府各个部门的主要工作及分工，通过阅读这两节的内容，读者可以迅速了解到地方政府债券的基本要素，并对项目的审核有清晰的认识。

第四章：专项债券发行实务。本章综合论述了项目收益专项债券的发行结构、项目收益专项债券的发行流程，以及项目收益专项债券发行主要参与机构及其工作。我们在本章中不仅论述了项目收益专项债券的操作，还从项目筛选、项目发行有关主体确定、项目依法合规性评估、项目实施方案制定、项目收益平衡测算、项目风险管理方案制定、债券发行计划制定、债券信息披露计划制定等八个阶段对各类项目收益专项债券的操作进行了讲解。本章有助于相关专业人士及操作执行人士更加熟悉项目收益专项债券的操作。

第五章：专项债券风险管理。本章重点论述项目收益专项债券风险管理存在的必要性以及项目收益专项债券风险识别和应对。本章主要是从发行风险管理、项目建设风险管理、项目运营风险管理、项目资金使用风险管理几个方面进行分析，通过这一分析，我们可掌握项目收益专项债券所对应的项目容易出现哪些风险以及如何应对。本章的内容不仅对债券发行者起到未雨绸缪的作用，也对债券市场的投资者起到参考作用。

第六章：项目收益专项债券信息披露。本章重点讲述了项目收益专项债券各个阶段的信息披露，以及违反信息披露规定所应承担的法律责任。信息披露贯穿项目发行到债券偿还的全过程，因此本章不仅对决策层和操作层有参考价值，对专业人士也有可借鉴之处。

第七章：其他类项目收益专项债券典型案例。本章主要对目前市场已发行的重大区域发展、生态环保、公立医院、公立高校、交通、水利类、市政基础设施、乡村振兴、保障性住房以及其他类项目收益专项债券的典型案例进行了分析，使各位阅读者可以迅速了解各类型项目收益专项债券的特点以及项目基本内容。

第八章：如何成功发行政府专项债券。本章主要是对项目的重难点进行论证，以及对公益性如何界定、项目收益如何界定等内容进行阐述。

阅读建议：

本书面向希望了解市政债券的广大读者群（包括金融背景有限的读者）介绍专项债券，也可以用作地方政府及相关金融专业人士的主要参考工具和培训指南。读者并非要阅读全书，可以选择感兴趣的章节。我们的阅读建议如下：

对于地方政府领导，本书旨在告诉您，面对本地、本区域内众多项目，应该如何选择符合条件的政府投资项目尝试项目收益专项债券融资，以解决当前地方政府城市建设资金投入不足的问题。所以我们建议您从后往前选择合适章节，本书最后一章重点讨论了项目收益专项债券项目选择的前提性问题：公益性和是否有收益。随后您可以阅读第三章地方政府专项债券法律制度体系，迅速了解最新法律和制度文件变革及目前政府发债的相关管理制度。如果还有兴趣，您可以阅读第二章对地方政府专项债券的介绍。

对于地方政府财政部门，本书旨在向您全面介绍地方政府专项债券的发行历史演变、法律制度理论和发行实操，以及相关案例，帮助您掌握债券发行的全部要点，这使您不仅能够向本部门负责人和上级部门提出意见建议，还能具体参与到实务之中。此时，我们建议您按顺序阅读，可以选择跳过第一章或者简读，然后研读第二章、第三章，了解地方政府举债融资的历史变革，掌握地方政府发行专项债券的法律和制度体系，熟识专项债券的发行特点及主要工作。根据您参与的具体项目，认真研读第四章发行实务，然后选择具体案例作为工作参考。

对于有志于从事专项债券发行的专业人士，可能已经对地方政府债券发行理论和实务有一定的了解，或者还没有具体参与过实务而正准备参与，本书旨在告诉您地方政府专项债券在发行过程中在法律方面还需要注意哪些要点，财务方面需要进行哪些审核，以及信用评级或者咨询方面实施方案的编制要点。我们建议您先从第三章或第四章开始，选择您参与的专业领域。有兴趣者也可以了解其他专业机构涉及的内容，以便在实践中做好各专业机构中的相互配合，推动债券成功发行。

在这本书里，我们以地方政府项目收益专项债券的相关法律法规以及发行实务等为主线，对地方政府发行项目收益专项债券工作中遇到的问题进行了详尽的解释。但是基于项目收益专项债券也是第一年大量发行，大部分省份探索发行的积极性还没有充分调动起来，已发行的品种十分有限，经验总结难免不足，加之时间紧、任务重，如有疏漏或不足之处还烦请读者不吝提出，反馈至我的邮箱：anxh@ lat. cn，我们会在后续的改版中不断提升、完善。如果您还有兴趣了解更多的信息，或者是对发行地方政府债券存有疑问，也可以直接扫描下面的二维码：

地方政府市政债券研究中心由西南交通大学经济管理学院与北京市忠慧律师事务所合作共建，提供政府债券发行市场最新动态信息，聚焦最新政策文件与发行方案研究，为债券发行人提供完善的发行建议。

目　录

第一章

我国地方政府债券发展历程

第一节　地方政府债券发展的曲折历程

一、1949～1979 年——地方政府债券尝试阶段

为了维护政治稳定，促进经济发展，新中国成立后的大概 30 年时间里，全国财政收支、贸易和物资调度及现金管理高度集中。全国实行"统收统支"的财政体制，地方政府在公共选择政策上几乎没有自主权。地方上的债务由中央统借统还，地方仅负责执行中央的指令，完成中央赋予的职责。

在这段时期，地方政府负债形式主要有两种：地方借款和经济建设公债。经济建设公债出现在 20 世纪 50 年代，主要出于筹集建设资金的目的，部分地区由地方政府发行了经济建设公债。

1. 地方借款

从新中国成立到 1979 年，地方政府负债的年份很少，原因如下：一是为了迅速恢复新中国成立初期凋零的国民经济，中央政府支持地方负债，直到 1961 年。随着全国经济发展逐渐进入正常状态，中央政府开始禁止地方的赤字预算。二是新中国成立后，我国一直实行统一集中的财政管理体制，地方财政不独立，中央决定地方收支，并且由中央填补地方财政缺口。三是我国的预算原则是"以收定支"，地方政府负债空间小。四是我国实行自上而下的信贷行政管理，目的是控制地方可能出现的超投资行为。

2. 经济建设公债

新中国成立初期，为了恢复经济，推进我国的工业化建设，中央政府共两次决定并允许地方政府发行地方政府债券。这两次地方政府融资均用于企业投资、基础设施投资等生产建设。

地方政府第一次发行债券是在 1950 年，是由东北人民政府发行的"东北生产建设折实公债"。东北生产建设折实公债是区域性的，以实物为衡量标准，认购的主体是东北地区企事业单位的职工、工商组织、居民和农民等。建设公债的认购一方面带有计划分配的成分，另一方面参与主体和地方政府之间形成了互相约束、合作的关系。

地方政府第二次发行债券是在 20 世纪 50 年代末到 60 年代初，中央政府批准部分地方政府发行"地方经济建设公债"。这次发行有三个特点：一是有分权的特征，地方政府根据地方经济建设的需要发行地方经济建设公债，并且省、自治区、直辖市政府对地方经济建设公债拥有较大的自主管辖权。二是立法地位很高，1958 年 6 月 5 日，全国人大会常务委员会投票通过并颁布了《中华人民共和国地方经济建设公债条例》。该条例规定了地方建设公债的用途、发行主体、收入划分和分配、管理机构、管理权限、发行方式、发行数量和利率水平等。三是属于非流通债券，该债券不得自由转让、交易和抵押，也不能充当货币的职能。

20 世纪 60 年代以后，全国实行统一集中的经济体制，中央政府几乎控制了所有的经济资源。中央政府决定从 1959 年起停止国债和地方公债的发行并在 1968 年还清了所有的内外债。自此一直到 20 世纪 80 年代初，我国政府进入了"既无内债，又无外债"的时期。

二、1980～1993 年——地方政府债券零星发展阶段

1980～1993 年，我国由计划经济体制向社会主义市场经济体制过渡。这一时期，我国财政体制的主要特征是包干制，即中央与地方各开各的"灶"，各过各的日子。在分配关系上，中央向地方倾斜，地方资金实力显著增强。但是，地方政府举债仍然受到严格控制，直到 1979 年"拨改贷"的出现。

"拨改贷"在一定程度上可视为地方政府负债。"拨改贷"是指国家为提高财政资金使用效率，将预算内的基本建设投资由拨款改为贷款。"拨改贷"首先在北京、广东、上海三个省市及纺织、轻工、旅游等行业进行试点。1980

年，我国进行"拨改贷"改革，扩大基本建设投资拨款改为贷款的范围，规定凡是实行独立核算、有还贷能力的建设项目，都要进行"拨改贷"改革。1985年1月起，"拨改贷"在全国各个行业全面推行。

三、1994～2009年——地方政府债券全面禁止阶段

1. 地方政府债券发行全面禁止

1995年开始实行的《预算法》规定，"地方各级预算按照量入为出、收支平衡的原则编制，不列赤字，除法律和国务院另有规定外，地方政府不得发行地方政府债券"。同时，1995年颁布的《中华人民共和国担保法》也明确规定地方政府及其职能部门无权对经济合同进行担保。这一时期，地方政府主要通过融资平台向商业银行贷款和发行企业债券来满足融资需要。

2. 地方政府债券发行政策逐步松动

在全面禁止时期，地方政府的举债权也曾被中央政府短暂认可并发行债券。1998年，中央政府为了缓解地方财政负担，将1000亿元长期建设国债转贷给地方。之后几年，每年中央都会把一定的额度转贷给地方。但是根据转贷规则，地方需要承担偿还本息的责任。尽管中央政府已对部分贷款实行减免利息，地方政府还本情况仍不理想。转贷政策持续到2004年，之后没有再沿用。

除此之外，《预算法》第二十八条关于地方政府发债禁止的例外性规定，是地方政府债券发行试点的法律依据，意味着地方政府将可能重新发行地方政府债券。2007年9月，地方政府发行债券进入探索阶段。

四、2009～2013年——地方政府债券实践探索阶段

2008年金融危机袭来，为了应对冲击，我国开始实行积极的财政政策和适度宽松的货币政策。地方政府需要为基础设施筹措大量资金，但是在法律上，地方政府还不能通过发行债券的方式进行融资。为此，政府部门纷纷通过成立融资平台来筹集资金，我国地方政府性债务风险也因此不断积聚。为了解决该矛盾，地方政府债券发行进入快速探索的阶段。

此后，地方政府债券的实践探索经历了中央"代发代还"和试点城市"自发代还"两个阶段。这两个阶段发行的政府债券由财政部代为偿还，中央政府为信用担保，仍不是真正依托地方信用进行融资。

1. 地方政府债券中央"代发代还"

中央4万亿元经济刺激计划落地，地方政府配套资金存在较大缺口，因此，从2009年3月27日到2009年9月4日，财政部代理发行50期地方政府债券，债券发行的具体情况如表1-1所示。

表1-1 2009年中央代发地方政府债券情况一览

项目	特点
名称	2009年××省政府债券（××期）
发行主体	省、自治区、直辖市和计划单列市政府
发行方式	招标方式
期限	3年
利率确定方式	指标
利息税	免收企业所得税和政府所得税
投资方向	社会事业、基础设施、生态建设、灾后重建等民生项目
投资者	中债登记公司开立账户的投资者
流通	全国银行间债券市场、证券交易所
债券预算	债券收支全额纳入省级政府预算

资料来源：根据相关资料整理。

国务院根据各地地方政府的财政情况将中央代发地方政府债券的额度进行分配。2009年中央政府代理发行地方政府债券这一尝试，标志着1995年以来被叫停的地方政府债券又重新回到历史舞台。2010年，财政部再次代发地方债券2000亿元。

2. 地方政府债券的"自发代还"试点

2011年，我国地方政府债券发行的探索仍在继续。上海、浙江、广东、深圳四省市在获得批准的发行规模范围内进行了地方政府债券的自主发行试点。此次试点，由地方政府负责发行承销程序，债券到期后，仍由财政部代办还本付息。四省市自行发行地方政府债券情况如表1-2所示。

表1-2　　　　　　2011年地方政府债券自行发行试点单位及明细

债券名称	发债时间	期限（年）	票面利率（%）	发行规模（亿元）	合计（亿元）
上海地方债	2011年11月15日	3	3.10	36	71
		5	3.30	35	
广东地方债	2011年11月18日	3	3.08	34.5	69
		5	3.29	34.5	
浙江地方债	2011年11月21日	3	3.01	33	67
		5	3.24	34	
深圳地方债	2011年11月25日	3	3.03	11	22
		5	3.25	11	

资料来源：根据财政部公告和各省财政部门公告整理。

2013年，试点省份中新增江苏省和山东省，六个试点省市自行发行地方政府债券共652亿元，占全年地方债总额的18.6%。

五、地方政府历史举债方式汇总

《预算法》《民法通则》《担保法》中包含一系列禁止性规定，规定地方政府不得自主发行地方政府债券。而实际上，地方政府为了满足地区经济建设的资金需求，自行举债或变相融资等现象非常普遍。主要的举债方式如表1-3所示。

表1-3　　　　　　　　地方政府历史举债方式汇总

名称	发行背景	发行时期	发行目的	特点
国债转贷	1997年亚洲金融危机	1998年下半年	促进投资未来拉动内需	中央政府与地方政府之间签订的转贷协议，将国债资金中的很大一部分转贷给地方政府使用，债务的还本付息都是由地方政府最终来承担
央行再贷款	1997年亚洲金融危机	2000年	缓解城市金融安全以及地方政府的财政压力	若地方政府没有如期偿还本金和利息，财政部将在纵向的转移支付资金或者税收返还资金中进行扣除，直接替地方政府进行还本付息

续表

名称	发行背景	发行时期	发行目的	特点
地方政府融资平台融资	2008 年全球金融危机	2008 年	城市基础设施的投资建设	通过地方政府所划拨的土地等资产组建一个资产和现金流大致可以达到融资标准的公司，必要时再辅之以财政补贴等作为还款承诺，将融入的资金投入市政建设、公用事业等项目之中
财政部代理发行地方政府债券	2008 年金融危机爆发后，地方经济陷入困境	2009 年 4 月 3 日	缓解地方财政收支缺口	和国债转贷地方不同，这次地方债的信用来源是地方政府，而不是中央政府
地方"自行发行"地方债券	收入和支出的不对等导致地方的举债融资需求大增	2011 年 10 月 20 日	调动了地方的积极性，增强了地方加强收支管理的主动性	自行发债是介于中央代发地方政府债与地方自主发债之间的一种过渡方式，是在国务院批准的发债规模限额内，自行组织发行的地方政府债券

资料来源：根据相关资料自行整理。

第二节　地方政府债券发展迎来机遇期

2014 年 8 月 31 日新修订的《预算法》颁布，其中第三十五条明确规定地方政府享有举债权，举债的主体为省级政府，举债的类型仅为地方政府债券，举债的额度由国务院确定，并规定了债务用途、债务偿还、债务监督等基本要素。为了落实《预算法》的规定，2014 年国务院发布《国务院关于加强地方政府性债务管理的意见》，2015 年财政部连续颁布了《2015 年地方政府专项债券预算管理办法》《地方政府一般债券发行管理暂行办法》《地方政府专项债券发行管理暂行办法》等文件。至此，地方政府债券发行制度的基本框架得以确立。

一、地方政府可发行债券的情况

（一）地方政府可发行债券的种类

新《预算法》规定地方政府可发行地方政府债券，可发行债券种类主要为一般债券和专项债券这两类。

一般债券发行是为没有特定现金流的公益性项目融资，通过一般公共预算收入偿还。发行对象是未来现金流量不确定的公益性项目，包括城市建设项目如市政设施和城市基础设施建设等。

专项债券发行是为有一定收益的公益性项目融资，通过对应的政府性基金或项目收入偿还。专项债券项目一般会产生一定的收入，包括热气和电力供应，以及交通运输如收费公路、地铁和机场等。

（二）地方政府可发行债券的制度变化

2009 年至今，我国地方政府债券发行制度从无到有、从起步到不断完善，具体变化和进步如表 1－4 所示。

表 1－4　　　　　　　　　地方政府可发行债券的制度变化

内容	变化前	变化后
发行责任	财政部代理发行	下放发行责任
投资主体	2015 年以前商业银行投资地方政府债券	2015 年非银行金融机构开始尝试参与
发行方式	招标发行	自行选择通过定向承销或招标方式发行
承销团成员	甲类承销商成员	所有具有承销资格的机构
债券期限	2009 年只有 3 年期，2010 年变为 3 年和 5 年期，2012 年试点地方政府开始发行 3 年、5 年和 7 年三种期限的债券	2015 年一般债券有 1 年、3 年、5 年、7 年、10 年期 5 种期限，而专项债券有 1 年、2 年、3 年、5 年、7 年、10 年期 6 种期限
债券定价	各地发行利率几乎一致	各地区地方政府债券发行利率有了明显的差异
发行监管	财政部代理地方政府发行偿还	下放发行偿还职责
发行规模	稳步提高的趋势	
信用评级	2014 年首次引入针对地方政府债券的债项信用评级工作，并且之后年度都进行跟踪评级	
信息披露	从 2015 年开始国家要求地方政府按年度披露地方政府财政预决算，按季度披露地方经济运行情况，按月度披露地方财政收支情况等	

资料来源：根据相关资料自行整理。

二、地方政府债券发行制度沿革

以新《预算法》的施行为节点，2015 年 1 月 1 日之前，地方政府没有发行地方政府债券的权限。地方政府债务融资来源于财政部的代发和融资平台公司的城投债。2015 年 1 月 1 日后，省级地方政府可在国务院确定的发行额度内自发自还。从地方政府债券发行制度的发展和变化上来看，国务院首先限制城投债、规范地方政府担保；紧接着，通过限制发债额度、规范发债程序等方式不断完善相关法规。

（一）"堵后门"：清理规范地方政府融资平台公司及地方政府违规担保

1. 清理地方政府融资平台公司

2010 年 6 月，国务院印发《国务院关于加强地方政府融资平台公司管理有关问题的通知》，整治的核心是清理地方政府融资平台公司。2007～2009 年，融资平台企业债券发行数量和发行规模的复合增长率分别达到 157.1% 和 231.8%，截至《国务院关于加强地方政府融资平台公司管理有关问题的通知》印发前的 2010 年初，地方融资平台数量已高达 8000 余家，平台贷款余额达到 7.38 万亿元。由于融资平台运作规范性较差，加之融资成本较高，致使我国地方政府性债务风险不断积聚。《关于加强地方政府融资平台公司管理有关问题的通知》明确，按照融资平台公司类别，对融资平台公司采取了如下三种不同的处置方式：一是主要以财政性资金偿还且不产生项目收益的融资平台公司，剥离其融资职能；二是兼有建设、运营职能的融资平台公司只保留建设、运营职能；三是能够自负盈亏的融资平台公司实现商业化运作，改善股权结构。

根据《担保法》的规定，地方政府财政性收入和行政事业单位的国有资产不能为融资平台公司提供融资担保。但实际上，一些地方政府利用商业银行的股权和人事调整权，控制了商业银行的市场行为，致使商业银行和融资平台公司产生关联交易。因此，《国务院关于加强地方政府融资平台公司管理有关问题的通知》明确，禁止地方政府违规担保的承诺行为，又要完善银行等金融机构向平台公司发放信贷资金的审批程序。

2. 制止地方政府违法违规融资行为

2012 年 12 月，财政部印发《关于制止地方政府违法违规融资行为的通知》，进一步制止地方政府存在的违法违规融资行为。2010 年《国务院关于加强地方政府融资平台公司管理有关问题的通知》出台的整治地方政府融资平台公司的政策，并没有取得很好的效果。一些地方政府仍违规向平台公司提供担保，非银行金融机构、影子银行、民间集资等信贷资金来源的隐蔽性使地方政府的隐性债务不断增加。对此，《关于制止地方政府违法违规融资行为的通知》主要有以下规定：一是严格查处违规采用集资、回购等方式举债建设公益项目；二是禁止地方政府违规向平台公司注资或提供担保；三是严禁地方政府通过信托公司、金融租赁公司等非银行金融机构举借政府性债务。

3. 彻底剥离融资平台公司的融资职能

2014年10月2日，国务院印发《国务院关于加强地方政府性债务管理的意见》，这是新《预算法》公布后的第一个细化意见，明确指出政府债务的融资主体是政府及其部门，不包括融资平台公司等企事业单位。这一政策的出台，彻底剥离了平台公司的融资职能，建立了"借、用、还"相统一的地方政府性债务管理机制，也意味着历时已久的城投债正式退出历史舞台。平台公司不得再为政府借债，债务甄别和清理也紧随其后。

4. 对地方政府存量债务进行甄别、分类

2014年10月23日，财政部根据《关于加强地方政府性债务管理的意见》下发了《地方政府存量债务纳入预算管理清理甄别办法》。该办法完成的第一项工作是对地方政府存量债务进行甄别。存量债务是指2014年12月31日前尚未清偿完毕的债务。该办法要求地方政府对政府性债务进行逐笔甄别，并在第十一条列举了政府债务的正面和负面清单。其中明确指出，通过政府与社会资本合作模式（简称PPP模式）转为企业债务的部分，不视为政府债务。

《地方政府存量债务纳入预算管理清理甄别办法》完成的另一项工作是对地方政府债务进行分类，地方政府债务被分为一般债务和专项债务，分类依据为是否有项目收益、计划偿债来源。一般债务由一般性公共预算收入偿还，专项债务由政府性基金收入和项目收益偿还。甄别和分类工作完成后，地方审计部门和国家审计署都分别收到了地方财政部门和财政部抄送的甄别结果，这为之后的地方政府债券安排奠定了基础。

5. 清理整改地方政府违规担保、强化城投企业融资管理

2017年5月3日，财政部联合发改委、司法部等六部委颁布了《关于进一步规范地方政府举债融资行为的通知》。该通知主要从六个方面规范地方政府举债融资行为：一是清理整改地方政府违规担保；二是强化城投企业融资管理；三是规范PPP运作模式；四是健全地方政府融资机制；五是建立跨部门联合监测机制；六是推进地方政府信息公开。该通知是新《预算法》《国务院关于加强地方政府性债务管理的意见》《地方政府存量债务纳入预算管理清理甄别办法》等相关法律政策的延伸及细化，直指当前地方政府融资的灰色地带，具有

较强的针对性，可有效避免违规举债行为大范围蔓延、破坏近年地方政府债务管理改革所取得的成果。

（二）"开前门"：地方政府自行发债的相关法规逐步完善

根据新《预算法》第三十五条的规定，省级政府可在国务院确定的限额内、经本级人民代表大会批准发行地方债，筹措建设投资所需的部分资金，地方政府债务列入本级预算调整方案。禁止省级以下地方政府（不含省级）及其所属部门举债；限制政府及其部门为单位和个人举债进行担保；同时，由国务院财政部门对地方政府进行监督，建立风险评估和预警、应急处置及责任追究机制。

新《预算法》允许地方政府发行债券，相关法规也相继出台，对地方债务进行限额管理后又将一般债务和专项债务分类实行预算管理，同时推出了项目收益专项债券，地方政府自行发债的相关法规不断完善。

1. 地方政府债务余额限额管理办法

2015 年 12 月 21 日，在新《预算法》实施即将满 1 年之时，财政部预算司发布了《关于对地方政府债务实行限额管理的实施意见》，这是继《国务院关于加强地方政府性债务管理的意见》之后，新《预算法》的第二个细化意见。该实施意见规定地方政府债务总额由国务院确定、经全国人大批准、由财政部分地区下达。该实施意见的第三部分规定：一是要求妥善处理存量债务，做到"政府债、政府还"，必要时处置政府资产；二是将地方政府可能承担一定责任的或有债务分为"确需依法代偿"和"违法违规担保"债务两类，对"确需依法代偿"的债务，地方政府代偿后保留追索权，对"违法违规担保"的债务，依法解除担保关系。《关于对地方政府债务实行限额管理的实施意见》是在剥离平台公司的融资职能、收到地方政府报送的关于存量债务甄别结果后，首次对地方政府自行发行债券进行相关规定，进一步规范了地方政府自行发行债券。

2. 中央不救助原则

2016 年 10 月 27 号，国务院办公厅印发了《关于印发〈地方政府性债务风险应急处置预案〉的通知》。该处置预案理清了中央与地方政府、省级政府对其下辖的市、县政府的责任，明确规定"地方债地方还，中央不救助"。根据债务风险等级，进行了如下划分：一是对一般和较大级别的政府债务风险，市、县政府自行化解；二是对重大和特大级别的债务风险，省级政府根据市、县级政府的请求，适当提供救助；三是当地方政府债务出现极大风险时，中央政府适当提供指导。同时，经国务院批准，财政部印发《关于印发〈地方政府性债务风险分类处置指南〉的通知》，这是对《国务院关于加强地方政府性债务管理的意见》《关于对地方政府债务实行限额管理的实施意见》和《关于印发〈地方政府性债务风险应急处置预案〉的通知》的细化和扩展。《关于印发〈地方政府性债务风险应急处置预案〉的通知》的发布有利于进一步加强地方政府性债务风险的防范和控制。

3. 将一般债务和专项债务分类实行预算管理

2016年11月9日，财政部下达了《关于印发〈地方政府专项债务预算管理办法〉的通知》，从债务限额确定、预算编制和批复、预算执行和决算、非债券形式债务纳入预算、监督管理等方面，提出了规范地方政府债务预算管理的工作要求。按照新《预算法》和《国务院关于加强地方政府性债务管理的意见》的规定，该管理办法将一般债务和专项债务分类实行预算管理，将一般债务收支纳入一般公共预算管理，主要以一般公共预算收入偿还；专项债务收支纳入政府性基金预算管理，主要通过政府性基金收入、项目收益形成的专项收入偿还。该管理办法的出台，改变了以往一些地方政府通过融资平台公司举债后债务资金游离于监管之外的局面，增强了地方政府债务透明度，强化了对地方政府债务管理的监督。

4. 打造中国版的地方政府"市政项目收益债"

2017年6月2日，财政部印发了《关于试点发展项目收益与融资自求平衡的地方政府专项债券品种的通知》。该通知出台的目的是指导地方发行实现项目收益与融资自求平衡的专项债券品种，从我国实际出发，打造中国版的地方政府"市政项目收益债"。项目收益专项债是专项债的一种，在地区专项债务限额内安排发行，发行对象为有一定收益的公益性项目，如土地储备、政府收费公路等。与普通专项债的还款资金来源对应政府性基金收入不同，项目收益专项债券严格对应项目发行，还款资金也由对应的项目进行支付，实行"封闭"运行管理。

《关于试点发展项目收益与融资自求平衡的地方政府专项债券品种的通知》是允许地方政府试点发行与具体项目单一对应或集合对应的项目收益专项债的一般性规范文件，这也是自发行地方政府专项债以来发布的首个一般性规范文件，在使地方政府专项债演进为中国版"市政项目收益债"方面前进了一大步。财政部将陆续针对具有稳定现金流的基础设施和公共服务项目推出相应的专项债券品种，以形成完善的地方政府专项债体系。

5. 遏制违法违规举债，督促完成存量地方政府债务置换工作

2018年3月26日颁布了《关于做好2018年地方政府债务管理工作的通知》，依法规范地方政府债务限额管理和预算管理。该通知主要明确了以下内容：一是强调"依法"及"限额管理和预算管理"的概念，规范地方政府债务，合理确定分地区地方政府债务限额；二是督促加快项目收益债的推进工作，鼓励各地区积极利用上年末专项债务未使用的限额，结合项目对应的政府性基金收入、专项收入情况，合理选择重点项目试点分类发行项目收益与融资自求平衡的专项债券，保障重点领域合理的融资需求；三是鼓励地方合理扩大专项债券使用范围，创新和丰富地方专项债券品种；四是督促地方完善地方政府债券市场，积极探索在商业银行柜台销售地方政府债券，推动地方政府债券投资主体多元化。

《关于做好2018年地方政府债务管理工作的通知》明确要求加快存量地方政府债务置换进度，要求各地应当尽早启动置换债券发行，确保在国务院明确的期限内完成全部非政府债券形式存量政府债务置换工作。债权人不同意在规定期限内置换为政府债券的，仍由原债务人依法承担偿债责任，对应的地方政府债务限额由中央统一收回；地方政府作为出资人的，在出资范围内承担有限责任。

6. 地方政府和国有企业投融资行为监管再升级

2018年3月28日，财政部刊发了《关于规范金融企业对地方政府和国有企业投融资行为有关问题的通知》。该通知的出发点是防范和化解地方政府债务风险，目的在于规范金融企业与地方政府和地方国企的投融资行为。该通知从资本金审查、还款能力评估、投资基金、资产管理业务、政策性开发性金融、合作方式、金融中介业务、PPP、融资担保、出资管理、财务约束、产权管理、配合整改、绩效评估、监督检查等十几个方面对金融企业的投融资行为进行了规范建议。

除此之外，《关于规范金融企业对地方政府和国有企业投融资行为有关问题的通知》还明确规定，除购买地方政府债券外，国有金融企业要做到四个"不得"：一是不得直接或通过地方国有企事业单位等间接渠道为地方政府及其部门提供任何形式的融资；二是不得违规新增地方政府融资平台公司贷款；三是不得要求地方政府违法违规提供担保或承担偿债责任；四是不得提供债务性资金作为地方建设项目、政府投资基金或政府和社会资本合作（PPP）项目资本金。《关于规范金融企业对地方政府和国有企业投融资行为有关问题的通知》的出台，进一步加强了监督力度，严格规范了国有金融企业投融资行为，有助于防范地方债务风险。

7. 规范地方政府债券发行，针对当前问题进行补缺补漏

2018 年 5 月 4 日，财政部发布了《关于做好 2018 年地方政府债券发行工作的意见》，对 2018 年地方政府债券发行工作提出了相关意见。该意见明确，地方一般债券可以借新还旧；提出了一般债券增加 2 年期、15 年期和 20 年期，普通专项债增加 15 年和 20 年期限，并规定相应发债规模；对非市场化定价进行了具体定义，明确地方政府不得采取"指导投标""商定利率"等非市场化的方式干预地方政府债券发行定价；进一步鼓励地方债投资者主体的多元化，鼓励商业银行、证券公司、保险公司等各类机构和个人全面参与地方政府债券投资。《关于做好 2018 年地方政府债券发行工作的意见》的出台，丰富了地方债券期限，强化了地方债券发行定价的市场化程度，鼓励了投资主体的多元化，明确了地方政府可提前偿还债券等，从多个方面细化了地方债券发行规范，并对存在的问题进行了查漏补缺。

三、项目收益专项债券发展历程

2017 年 6 月 2 日，财政部预算司发布了《关于试点发展项目收益与融资自求平衡的地方政府专项债券品种的通知》。该通知的发布标志着"中国版市政收益债"的诞生。其中，项目收益专项债券优先选择土地储备以及收费公路专项债券试点发行，并且在 2017 年 5 月 16 日、2017 年 6 月 26 日分别公布了《地方政府土地储备专项债券管理办法（试行）》《地方政府收费公路专项债券管理办法（试行）》，又在 2018 年 3 月 1 日发布了《试点发行地方政府棚户区改造专项债券管理办法》，正式推出了土地储备专项债、收费公路专项债和棚户区改造专项债。

1. 土地储备专项债券推出，防范地方政府土地融资风险

地方政府债券中的专项债券，由对应的政府性基金或专项收入来偿还，用以解决有一定收益的公益性事业发展的融资难题。但是此前，我国地方政府专项债券并未细化具体品种，这导致市场很难判断专项债券的风险，专项债券也难以发展。随着《地方政府土地储备专项债券管理办法（试行）》的发布，土地储备专项债券成为首个试点品种。土地储备是地方政府融资的重要渠道之一。2017 年，我国政府性基金收入决算数为 61479.66 亿元，其中国有土地使用权出让收入为 49997.07 亿元，占比超过 80%。

为了规范地方政府土地储备通过债券融资，《地方政府土地储备专项债券管理办法（试行）》规定，在地方债限额管理总要求下，土地储备专项债券也被纳入限额管理，并只能通过省级政府发行。这意味着并不是完全放开地方政府债券的发行审批，而是仍由国务院和财政部进行总额控制、统一管理，避免发行规模的失控。同时，发行土地储备专项债券的资金只能用于指定项目的开发，而且与项目资产挂钩，一方面保证了特定项目土地储备资金的专款专用，有助于避免土地储备项目因资金不足而不能按期完成，另一方面由于土地储备与项目资产挂钩，还本付息有保障，既有助于保护债券投资人的利益，也有助于避免可能出现的地方债务风险。

2017 年 7 月 21 日，福建省通过上交所政府债券发行系统成功招标发行485.8 亿元地方政府债券，在本次发行的债券中有 10 亿元土地储备专项债券，这标志着自 2017 年 6 月 1 日《地方政府土地储备专项债券管理办法（试行）》印发以来，上海证券交易所（简称上交所）市场首单土地储备专项债券正式落地。本次发行的 2017 年福建省土地储备专项债券（一期）规模为 10 亿元，品种为 5 年期记账式固定利率附息债，全部为新增债券，募集资金主要用于福州市三叉街旧街改造项目，未来的偿债资金将来源于该旧街改造地块的国有土地使用权出让收入。

2. 规范地方政府收费公路融资行为，推进政府收费公路持续健康发展

2017 年 6 月 26 日，财政部和交通运输部联合下发了《关于印发〈地方政府收费公路专项债券管理办法（试行）〉的通知》，提出可通过发行地方政府收费公路专项债券来进行政府收费公路建设融资。以车辆通行费收入为代表的交通类基金收入在我国政府性基金收入中排名第二，具有相对长期稳定的收益来源。因此，收费公路专项债成为继土地储备专项债券之后第二个地方政府专项债券创新品种。《地方政府收费公路专项债券管理办法（试行）》对收费公路专项债发债项目界定、额度管理、发行机制、监督管理等方面进行了具体规定。根据该管理办法，收费公路专项债是指地方政府为政府收费公路建设而发行，以项目对应并纳入政府性基金预算管理的车辆通行费收入、专项收入等为偿债资金来源的地方政府专项债券。收费公路专项债的发行为中国未来路网建设提供了资金来源。

2017 年 9 月 12 日，宁波市 10 亿元收费公路专项债券通过财政部上海证券交易所政府债券发行系统成功发行。这是自财政部、交通运输部 2017 年 6 月 26日联合印发《地方政府收费公路专项债券管理办法（试行）》以来首单在上交所市场发行的收费公路专项债券。

此次收费公路专项债券对应宁波舟山港石浦港区沈海高速连接线新桥至石浦段工程项目，未来偿债资金主要来源于车辆通行费收入。债券存续期内，预计车辆通行费收入为 16.12 亿元，还本付息支出共 14 亿元，项目收入可以对本息支出实现较好的覆盖。从认购情况来看，本次宁波市收费公路专项债券全场认购倍数达 2.92 倍，券商合计投标量 11.7 亿元，占投标总量的 40%，中标 0.5 亿元，占发行规模的 5%。从发行利率来看，4.08% 的票面利率比本次发行的同期限一般债、专项债分别高出 15 基点、25 基点，投资价值较高。

3. 继土储、收费公路专项债后，首例项目收益专项债新品种发行

随着地方政府专项债券管理日益精细化，通过按政府性基金收入项目细化专项债券品种，债券投资者将逐渐形成根据对应资产质量以及预期收入水平对地方政府专项债券进行科学合理定价，进一步提升专项债券的市场化水平。

2017 年 12 月 11 日下午，深圳市通过深圳证券交易所政府债券发行系统成功招标发行了 2017 年深圳市轨道交通专项债券。这是 2017 年 8 月财政部发布相关试点通知后，全国首例项目融资与收益自求平衡的地方政府专项债券新品种。本次发行严格按照市场化模式操作，发行面值总额为 20 亿元，期限为 5 年，均为记账式固定利率附息债券。在本次招标中，承销团成员投标倍率达 4.38 倍，市场认购较为踊跃，中标利率为 3.82%。在投资者结构方面，除商业银行积极认购 19.7 亿元外，券商共中标 3000 万元。通过丰富投资者群体，不仅增强了地方政府债券投资属性，而且有助于防范地方政府债务风险。

本次发行的专项债券建设项目为深圳市轨道交通 14 号线，该项目已获得国家批复，本体工程估算总额为 395.43 亿元，其中 195.43 亿元（占总投资的 49.4%）为项目资本金，由政府财政预算安排，另有 200 亿元（占总投资的 50.6%）按照实际使用需求分年度发行专项债券募集，通过地铁运营收入和上盖物业开发收入还本付息。

4. 规范棚户区改造融资行为，改善群众住房条件

2017 年，财政部等部门陆续推出土地储备专项债、收费公路专项债等债券品种。为完善地方政府专项债券管理，规范棚户区改造融资行为，坚决遏制地方政府隐性债务增量，2018 年 3 月 1 日财政部发布了《试点发行地方政府棚户区改造专项债券管理办法》，正式推出了棚户区改造专项债。该管理办法指出，在资金用途方面，棚改专项债券资金由财政部门纳入政府性基金预算管理，并由本级棚改主管部门专项用于棚户区改造，严禁用于棚户区改造以外的项目，任何单位和个人不得截留、挤占和挪用，不得用于经常性支出。在资金期限方面，与棚户区改造项目的征迁和土地收储、出让期限相适应，原则上不超过 15 年，可根据项目实际适当延长，避免期限错配风险。该政策的出台，有利于探索建立棚户区改造专项债券与项目资产、收益相对应的制度，鼓励地方政府规范、适度举债，从而改善群众住房条件。

2018 年 6 月 20 日，天津市红桥区棚户区改造专项债券（一期）通过财政部上海证券交易所政府债券发行系统成功发行。这也标志着自财政部、住房城乡建设部 3 月 1 日联合印发《试点发行地方政府棚户区改造专项债券管理办法》以来，全国首单棚改专项债正式落地。

本期棚户区改造专项债券，对应项目为天津市西沽南片区棚户区改造项目和天津市红桥区西于庄地区棚户区改造项目，期限 5 年，预计融资规模为 108 亿元，本期发行规模 15 亿元，未来偿债资金主要来源于土地出让收入。根据项目融资计划、建设情况等进行测算，预计土地出让收入对项目总融资成本的覆盖倍数为 1.52 倍，项目自求平衡情况较为良好。从发行情况来看，本期债券全场认购倍数达 2.69 倍，券商合计投标量 15.5 亿元，票面利率 3.88%，低于同场发行的同期限普通专项债券 22 个基点。

截至目前，我国已发行四类项目收益专项债券品种，均要求项目收益与融资可以达到平衡，发行人均为省级政府、自治区、直辖市以及计划单列市，项目均偏稳健，发行风险较小。

第三节 他国经验：日本地方政府债券发展情况

一、基本情况

日本的地方公债制度是中央集权型国家地方债券发展过程中的某些过渡性债券市场制度安排，具有中央集权特征。日本的行政体制分为中央政府、都道府县和市町村三级，其中，都道府县和市町村两级政府为地方政府，又名地方公共团体。日本的地方自治实质上是地方公共团体代表国家来治理地方事务，只是拥有相对独立的行政权，没有完全意义上的立法权和财政权，中央有权对地方事务进行适当的干预。日本的中央集权特征与我国有很多相似之处，因而研究其地方政府债券的做法，对于完善我国市政债券市场监管体制有一定的借鉴意义。

（一）日本地方政府债券概况

日本的地方政府承担了地方公共产品总支出较大的份额，地方政府必须有充足的资金来源以满足支出，任务繁重。为弥补地方政府资金缺口，以及促进战后重建，日本政府于 1947 年通过了《地方自治法》，授予日本地方政府进行举债的权力。经过数十年飞速发展，日本目前已成为世界上第二大债券市场国。

（二）日本地方政府债券规模结构

日本地方政府债务规模较大。1991～2001 年十年间日本经济衰退，地方债作为弥补财源不足的常规性手段，2002 年达到了 193.1 万亿日元，其中地方政府债券 134.1 万亿日元，为 1992 年的 2.16 倍。近年来日本地方政府债务控制情况较好，2011 年增至约 200.4 万亿日元，是 1992 年的 2.54 倍，占同年GDP① 约 42.8%，其中 143.2 万亿日元以地方政府债券形式存在。

（三）日本地方政府债券分类

日本地方债按发行主体可分为地方公共团体发行的地方政府债和由地方公营事业发行的公营企业债。地方政府债与美国市政债券的一般责任债券类似，主要用于区域开发、基础设施、义务教育设施建设等公共事业领域；公营企业债依靠地方政府进行担保，由地方公营企业发行的债券，用在下水道、自来水等领域，与美国市政债券的收益债券类似。

日本地方债按发行主体数量划分为单一地方公共团体单独发行和多个地方公共团体共同发行两种类型。多个地方公共团体共同发行地方政府债是在单个地方公共团体财政实力较弱的情况下为扩大融资规模而发行的。

二、地方政府债券发行

（一）发行主体

日本地方政府债券的发行主体为都、道、府、县以及市、町、村等，此外，

---

① Gross Domestic Product，国内生产总值。

特别地区、地方公共团体联合组织以及地方开发事业等特殊地方公共团体也具备举债权。

（二）发行依据

《地方自治法》规定，地方公共团体可以通过制定预算来发行地方债。《地方财政法》规定地方债资金可用于如下用途：交通、煤气、水道、医院和地铁等地方公共团体经营的企业（地方公营事业）；向按照自治体行政目标设立的公共性较高的法人出资或者放款；地方债还本付息；灾害应急项目、灾后重建项目及救灾项目、文教设施、福利设施、公园等公共设施，或者办公楼等公用设施建设项目以及这些设施的用地。此外，为弥补地方税减税和促进重要政策实施而发行的地方债则由"特例法"加以认定。

（三）发行方式

日本地方政府债券发行分为招募发行和共同发行。招募发行根据募集对象的多少和是否公开投标又可分为公募和私募。公募是指通过债券市场发行债券的方式，首先公布地方债券的发行条件，让投资者们提交认购申请书竞价，按价格高低顺序让申请者交纳现金后发行债券。一般来说，公募方式适用于实力较强的地方政府。共同发行指财政收入比较低的地方政府联合起来在公开市场上发行债券的模式。

（四）发行流程

日本地方政府债券的发行为中央与地方债券额度发行协商制，通过日本总务省从中进行沟通。总务省根据各个地方报送的预算草案中的债券发行计划，同时参考财政部的年度地方投资计划以及相关融资计划，准备每年各个地方的发行债券规划。具体的协商流程分为问询、裁定、偿还、审议、标准。

三、市场金融监管体制

（一）地方债市场监管架构

金融厅行使对地方债市场的交易监管职能，由证券监视委员会行使对地方债交易市场的监视职能。此外，日本的自律组织（证券业协会和公社债承销协会）也发挥着重要的作用，它们在政府监管机构的指导下，开展业务并承担相应的责任。

（二）金融厅的主要监管职能

金融厅主要职责有维护财政制度稳定，保护存款人、保险投保人及证券投资人权益，审核及检查金融机构、监督证券交易。

金融厅管理的主要事务有：订立及规划国家金融制度；检查及监督金融机构；制定证券交易规则；制定会计准则及其他财务管理规范；监督会计师事务所及会计师；参加与财政议题相关的国际组织、双边或国际性会议，促进国际合作；监督证券市场机构遵循法律法规。

（三）证券交易监视委员会的主要监管职能

证券交易监视委员会不具有行政职能，只承担对证券市场违法违规交易行为的监视、调查举证以及向政府提出处理意见和政策建议等职责。

（四）自律组织

1. 证券业协会

证券业协会是由各家证券公司依据《证券交易法》设立的金融公司法人团体。日本证券业协会会员分为由证券公司构成的正式会员和由经法律批准从事证券业务的其他金融机构构成的特别会员两类。证券业协会的职能包括行业自律、促进证券市场和证券从业者的发展、柜台市场和债券市场的管理。

2. 公社债承销协会

公社债承销协会成员为具有承销业务执照的证券公司及外国证券公司，其事务包括公社债制度、业务及发行市场的调查、研究，与业务相关机构的联系、推广所需的教育训练及刊物的印刷等。最高决策单位为会员大会，任务包括修改章程、收支预决算的审核、事业计划书及事业报告书的承认、协会的解散等。通常由理事会执行日常事务，理事会下设经营委员会、调查研究委员会及业务活动委员会，为理事会的咨询机构，必要时可成立特别委员会。

第二章

地方政府专项债券介绍

第一节　项目收益专项债券简介

一、项目收益专项债券的基本情况

（一）项目收益专项债券介绍

根据财政部预算司发布的《关于试点发展项目收益与融资自求平衡的地方政府专项债券品种的通知》，项目收益专项债券指我国为完善地方政府专项债券（以下简称"专项债券"）的管理、指导地方按照本地区政府性基金收入项目分类发行专项债券而推出的实现项目收益与融资自求平衡的专项债券（以下简称"项目收益专项债券"）品种。

（二）项目收益专项债券的推出背景

2014 年新修订的《预算法》和《国务院关于加强地方政府性债务管理的意见》构建了地方政府举债融资机制的法律制度框架。

新《预算法》规定，地方政府举债应当在国务院批准的限额内采取发行地方政府债券方式，除此以外不得通过其他任何方式举借债务。

《国务院关于加强地方政府性债务管理的意见》进一步明确，对没有收益的公益性项目发行一般债券融资，主要依靠一般公共预算收入偿还，纳入一般公共预算管理；对有一定收益的公益性项目发行专项债券融资，以对应的政府性基金收入或专项收入偿还，纳入政府性基金预算管理。

而随着地方政府"隐性债务"的增多，为了有效防范化解地方政府债务风险，近年来财政部坚持"开前门、堵后门"的理念，会同有关部门加快建立规范的地方政府举债融资机制，增强地方经济财政发展的可持续性。为进一步开好政府规范举债的"前门"，在依法增加地方政府债务限额的同时，财政部积极推动完善政府债务管理机制，充分发挥政府债务限额资源的使用效益。

印发《关于试点发展项目收益与融资自求平衡的地方政府专项债券品种的通知》的目的是指导地方在法定专项债务限额内，按照地方政府性基金收入项目分类发行专项债券，发展实现项目收益与融资自求平衡的专项债券品种，同步研究建立专项债券与项目资产、收益相对应的制度，立足我国国情、从我国实际出发，打造中国版的地方政府"市政项目收益债"。

做好这项工作，有利于依法开好地方政府规范举债的"前门"，保障重点领域合理的融资需求，加大补短板力度，也有利于深化财政与金融互动，引导社会资本加大投入，更好地发挥专项债券促进经济社会持续健康发展的积极作用。

二、项目收益专项债券特点

（一）债券规模限额管理

根据《关于试点发展项目收益与融资自求平衡的地方政府专项债券品种的通知》的规定，地方政府发行的债券规模需要严格执行国务院批准的当地专项债务限额，并且既包括当年新增的债务限额，也包括上一年末专项债务余额低于限额的部分。

项目收益专项债券规模依旧是控制在当地政府专项债务限额内，主要是为了防范地方政府债务风险加重。如果市、县想要发行项目收益专项债券，可由省级政府代为发行，转贷给市、县使用，但市、县负责发行前期准备等工作，发行债券规模需要遵循《关于印发〈地方政府专项债务预算管理办法〉的通知》中的相关规定。

（二）债券项目现金流稳定

根据《关于试点发展项目收益与融资自求平衡的地方政府专项债券品种的通知》的规定，地方政府发行项目收益专项债券中所对应的项目要求必须具有持续稳定地反映为政府性基金收入或专项收入的现金流入，并且其现金流入应当能够完全覆盖专项债券的还本付息。

项目收益专项债券虽然对债券项目的现金流加以控制，但是仅说优先选择土地储备专项债券、收费公路专项债券，也就意味地方政府在项目的选择上有很大的空间，并且也给投资者提供了更多的选择空间。对地方政府而言，大部分具有持续稳定的现金流入和一定收益的公益性项目可以以发行项目收益专项债券的方式去募集资金建设，但是这也给城投债带来冲击；对投资者而言，在选择债券的时候，收益稳定，又降低了债券违约的风险。

（三）债券严格对应项目发行

从财政部有关负责人答记者问中我们了解到，项目收益专项债券可单一项目发行，也可以同一地区几个项目集合发行，但是项目收益专项债券必须严格对应项目发行，如果几个项目集合发行，也需要具有持续稳定的现金流。

项目收益专项债券的发行可以同一个地区几个项目打包在一起集合发行，不仅给地方政府留下了施展空间，并且也给一些发行专项债券的现金流入小于现金流出的公益性项目提供了机会，既有利于增加债券发行的成功率，又有利于促进当地的健康发展。

（四）项目专项债券及项目信息及时披露

根据《关于试点发展项目收益与融资自求平衡的地方政府专项债券品种的通知》的规定，地方政府需要及时披露项目收益专项债券及其项目等信息，并且引入第三方评级机构，使项目更加透明化。如果省级政府代为市、县发行项目收益专项债券，市、县需及时披露项目的概况、项目预期收益与融资平衡方案、项目收益专项债券的发行规模和期限、发行计划安排、还本付息等信息。项目收益专项债券因为一般发行期限比较长，所以后续的项目进度、资金使用情况等信息也需要及时披露。项目收益专项债券分期发行的，需要有跟踪评级报告。

项目收益专项债券不仅要求第三方机构对整个项目建设进行投资概算，也要求对整个项目的收益进行测算，并且需在信息披露文件中及时披露。另外，地方政府也需要披露地方政府的财务预算情况，以及本次年债务限额以及上一年度的债务余额，使投资者不仅了解发行人以及与发行人有关主体的基本情况，也清晰地了解整个项目的基本情况，这就降低了整个项目的潜在风险，也更加趋向市场化。

（五）偿债责任明确

项目收益专项债券依旧遵循《国务院关于加强地方政府性债务管理的意见》的相关规定，要求地方政府责任明确，切实做到"谁借谁还、风险自担"。但是《关于试点发展项目收益与融资自求平衡的地方政府专项债券品种的通知》中明确规定，本次项目收益专项债券偿债资金必须为项目的收益以及政府性基金收入，不得通过其他项目的收益来偿还，而这也与以往的专项债券区分开来。如果项目取得的政府性基金收入或专项收入暂时难以实现，不能偿还到期债券本金时，可在专项债务限额内发行相关专项债券周转偿还，项目收入实现后予以归还。

三、项目收益专项债券的优势

（一）风险低、信用高

项目收益专项债券偿债资金为政府性基金收入和发行债券所对应的项目收益。如果市、县需要发行专项债券，省级政府可代为发行转贷给市、县使用，并且由代为发行人偿付。另外，项目收益专项债券所对应的项目要求现金流入覆盖现金流出，所以大幅减少了债务违约的风险，并且信用级别也大大提高。

（二）避免地方政府过度举债

地方政府发行项目收益专项债券筹集来的资金只能用于对应项目，并且只能用项目所对应的收益以及政府性基金收入进行偿还，所以相当于形成了一个产业链闭环。而借鉴美国的经验，因为美国地方有《联邦破产保护法》，所以如果过度举债将会给地方政府带来偿债压力。而我国虽然目前没有相关地方政府破产的法规，但是项目收益专项债券实行限额制，并且《关于试点发展项目收益与融资自求平衡的地方政府专项债券品种的通知》中明确表示，地方政府依据当地的发展战略去探索发行项目收益专项债券，项目成熟一个、推进一个，将在避免地方政府过度举债方面占有很大优势。

（三）集合发行，选择空间大

项目专项收益债券可以对应单一项目发行，也可以多个项目集合发行。对于地方政府而言，一些公益性项目的现金流入不能完全覆盖现金流出，但又是地方发展必不可少的项目，就可选择多个项目集合发行，目前我国又在严格控制地方政府过度举债、为融资平台提供债务担保等问题，这样就会导致一些项目无法发行专项债券。而项目收益专项债可以几个项目集合发行，这就给地方政府带来了更大的选择空间。

第二节　土地储备、收费公路与棚户区改造专项债券

专项债券开始实施精细化管理之后，财政部先后与国土资源部[①]、交通运输部、住房城乡建设部印发了《地方政府土地储备专项债券管理办法（试行）》《地方政府收费公路专项债券管理办法（试行）》《试点发行地方政府棚户区改造专项债券管理办法》，开始试点发行土地储备专项债、收费公路专项债与棚户区改造专项债。

一、土地储备专项债券

（一）基本情况

地方政府土地储备专项债券是地方政府专项债券的一个品种，是指地方政府为土地储备发行，以项目对应并纳入政府性基金预算管理的国有土地使用权出让收入或国有土地收益基金收入偿还的地方政府专项债券。

土地储备制度指市、县政府或国土资源部门委托土地储备机构，依据土地利用总体规划、城市总体规划和土地利用年度计划，将按照法定程序收回、收

---

① 根据第十三届全国人民代表大会第一次会议（2018 年 3 月 5 日~20 日）审议通过的国务院机构改革方案，组建自然资源部，不再保留国土资源部。

购、优先购买或征收的土地纳入政府储备，对储备土地进行必要的基础设施建设及管理，以备政府供应土地、调控市场的一种制度安排。

2015 年以前，地方土地储备资金的来源以银行贷款为主。为加强对地方政府举债融资行为的监督、遏制政府债务过快增长势头、防范政府债务风险、保障地方政府合理融资需求，2015 年起实施的新《预算法》规定，地方政府应当通过发行地方政府债券的方式举借债务，除此以外不得以其他任何方式举债。按照新《预算法》的要求，财政部、国土资源部印发了《关于规范土地储备和资金管理等相关问题的通知》，明确各地不得再向银行业金融机构举借土地储备贷款，土地储备融资需求应当通过省级政府发行地方政府债券的方式解决。

为了进一步规模地方政府融资，防范地方政府债务风险，2017 年 6 月 1 日财政部、国土资源部印发了《地方政府土地储备专项债券管理办法（试行）》，对土地储备专项债券的发行主体、偿债资金来源、额度管理、发行机制和监督管理等方面进行了明确规定，以推行项目收益和融资自求平衡的地方政府债务管理新理念。该管理办法是对《关于加强土地储备与融资管理的通知》和《关于规范土地储备和资金管理等相关问题的通知》的延续，将进一步规范各地方政府土地储备和债务管理。

（1）发行主体。省级政府（省、自治区、直辖市政府），如下属市、县政府确需发行土地储备专项债券，仍由省级主体发行再转贷给市县政府。

（2）发行与流通方式。采取市场化方式发行，在银行间债券市场、证券交易所市场等交易场所发行和流通。

（3）发行额度。财政部在国务院批准的限额内，确定年度全国土地储备专项债券总额度；省级政府额度应当在国务院批准的分地区专项债务限额内安排，由财政部下达各省级财政部门，抄送国土资源部；额度不足或者不需使用的部分，由省级财政部门会同国土资源部门于每年 8 月底前向财政部提出申请。

（4）债券期限。原则上不超过 5 年，根据项目周期、债务管理要求等因素提出建议报省级政府确定。

（5）还款来源。土地储备项目取得的土地出让收入或国有土地收益基金收入，应当按照该项目对应的土地储备专项债券余额统筹安排资金，专门用于偿还到期债券本金，不得通过其他项目对应的土地出让收入偿还到期债券本金。因储备土地未能按计划出让、土地出让收入暂时难以实现，不能偿还到期债券本金时，可在专项债务限额内发行土地储备专项债券周转偿还，项目收入实现后予以归还。

（二）土地储备专项债券的特点

1. 每年限额有调整机会

地方债的限额一般在前一年 10 月份由省级财政部门提出，经省级政府批准后报财政部。一般债券和专项债券额度经人大批准后，财政部进行划分下发各省级政府，理论上不可进行调整。

但是，对于土地储备专项债券，每年 8 月底之前，地方政府可以根据当年的土地收储情况以及土地储备专项债券额度的使用情况，申请调减或调增当年的土地储备专项债券额度。这一点是土地储备专项债券所特有的。

2. 可以约定提前偿还条款

这样做的主要目的是为了匹配不同土地储备项目未来土地出让收入预期回款的时间差异，避免土地出让收入回款之后资金的闲置。

（三）土地储备专项债券的优势

1. 风险可控

土地储备专项债券额度以各地实际需求为基础，经过各级财政部门审核，严格控制在地方政府专项债券总额度以内，切实降低了地方政府债务风险。

2. 资金使用规范

土地储备专项债券资金专门用于土地储备工作，具体由列入名录的土地储备机构使用，专款专户专用，有效防止了土地储备资金被挪用、滥用。

3. 利率市场化

债券发行直接面向市场，由投资者通过竞争确定最终利率。不同信用评价对应不同的利率水平，既有利于防控风险，又降低了资金使用成本，将风险交给市场去评判。

（四）土地储备专项债券发行规模

2017 年全国地方累计发行土地储备专项债券 2407 亿元，相比于政府收费公路专项债券和轨道交通专项债券发行总额，全国的土地储备专项债券发行额遥遥领先，是目前地方政府最重要的专项债券。

从已经发债的省区市来看，各地土地储备专项债券的利率大多在 3.5% ~ 4.1% 的区间内，明显低于银行贷款基准利率；有些地方，例如北京，5 年期债券中标利率还低于同一天发行的其他政府债券。这体现了市场对土地储备开发项目的普遍认可。换言之，中标者对相应地块用未来的土地出让收入还款有足够的信心。再者，专项债券期限最高可达5年，与原先只有2年的银行贷款相比，也给了土地储备机构更多的时间和更大的自主权。

其中2017年四川省政府土地储备专项债券发行总额26.86亿元，品种均为5年期记账式固定利率附息债券，全部为新增债券。公开招标发行的2017年四川省政府土地储备专项债券以市（州）为单位多项目集合发行，共发行13期债券，41个具体项目，涉及13个市，其中成都市发行总额达10亿元。四川省土地储备专项债券发行总额仅占全国总发行额的1%。

二、收费公路专项债券

（一）基本情况

地方政府收费公路专项债券（以下简称"收费公路专项债券"）是地方政府专项债券的一个品种，是指地方政府为发展政府收费公路举借，以项目对应并纳入政府性基金预算管理的车辆通行费收入、专项收入偿还的地方政府专项债券。

政府收费公路是指根据相关法律法规，采取政府收取车辆通行费等方式偿还债务而建设的收费公路，主要包括国家高速公路、地方高速公路及收费一级公路等。

过去地方发展收费公路主要有两种模式：一种是由社会投资者运用BOT①等经营性模式建设；另一种是由县级以上交通运输部门采用"贷款修路、收费还贷"模式建设。随着新《预算法》的实施和《国务院关于加强地方政府性债务管理的意见》的印发，地方原有各类交通融资平台的政府融资功能被取消，发行地方政府债券成为地方政府实施债务融资新建公路的唯一渠道。政府收费公路"贷款修路、收费还贷"模式需要相应调整，改为政府发行专项债券方式筹措建设资金。政府收费公路有长期稳定的收益来源，有可靠的通行费和广告、服务设施收入以及政府收费公路权益转让收入作为债务偿还的来源，为及时偿付专项债券创造了更加有利的条件。适度发展政府收费公路有利于路网的完善优化，发行政府收费公路专项债券有利于拓展公路建设筹资渠道，也有利于规范地方政府举债行为。

收费公路专项债券资金专项用于政府收费公路项目建设，优先用于国家高

---

① build-operate-transfer，建设－经营－转让。

速公路项目建设，重点支持"一带一路"、京津冀协同发展、长江经济带三大战略规划的政府收费公路项目建设。收费公路专项债券资金不得用于经营性收费公路建设，不得用于非收费公路项目建设，不得用于经常性支出和公路养护支出，也不得用于偿还存量债务。

（二）发行情况

2017年7月12日，财政部、交通运输部联合发布《地方政府收费公路专项债券管理办法（试行）》。发行地方收费公路专项债来建设的项目主要包括国家高速公路、地方高速公路及收费一级公路等。该办法明确从2017年开始试点发行地方政府收费公路专项债券，这将是今后政府修建收费公路解决举债融资问题的唯一渠道。

1. 发行主体

地方政府为政府收费公路发展举借债务采取发行收费公路专项债券的方式。省、自治区、直辖市政府（以下简称省级政府）为收费公路专项债券的发行主体。设区的市、自治州，县、自治县、不设区的市、市辖区级政府（以下简称市县级政府）确需发行收费公路专项债券的，由省级政府统一发行并转贷给市县级政府。经省级政府批准，计划单列市政府可以自办发行收费公路专项债券。

2. 发行与流通方式

采取市场化方式发行，在银行间债券市场、证券交易所市场等交易场所发行和流通。

3. 发行额度

财政部在国务院批准的年度地方政府专项债务限额内，根据政府收费公路建设融资需求、纳入政府性基金预算管理的车辆通行费收入和专项收入状况等因素，确定年度全国收费公路专项债券总额度。各省级政府年度收费公路专项债券额度应当在国务院批准的分地区专项债务限额内安排，由财政部下达各省级财政部门，抄送交通运输部。省级政府年度收费公路专项债券额度不足或者不需使用的部分，由省级财政部门会同交通运输部门于每年7月底前向财政部提出申请。财政部可以在国务院批准的该地区专项债务限额内统筹调剂额度并予批复，抄送交通运输部。省级财政部门应当加强对本地区收费公路专项债券额度使用情况的监控。

4. 债券期限

收费公路专项债券期限应当与政府收费公路收费期限相适应，原则上单次发行不超过15年，具体由省级财政部门会同省级交通运输部门根据项目建设、运营、回收周期和债券市场状况等因素综合确定。

5. 还款来源

还款来源包括政府收费公路项目对应的广告收入、服务设施收入、收费公路权益转让收入等。

(三) 收费公路专项债券特点

1. 用于地方政府收费公路建设

收费公路专项债券主要用于地方政府收费公路的建设,主要包括国家高速公路、地方高速公路及收费一级公路等。地方不收费的国省道建设不在其中,实际上对地方承担道路建设的平台公司影响不大。

2. 专款专用

收费公路专项债券的资金只能用于新建的收费公路,不得用于非收费公路项目建设,不得用于经常性支出和公路养护支出,并且项目要有稳定的预期偿债资金来源。实际上就是指收费公路项目与专项债券融资要平衡。

3. 对项目资产和权益有严格要求

专项债对项目的资产与权益有严格要求,对应项目形成的基础设施资产纳入国有资产管理,要建立资产登记和统计报告制度,并且项目形成的基础设施资产和收费公路权益不得用于抵质押。

4. 建立收费公路项目库

要建立政府收费公路项目库,并且入库项目的融资数据要与地方政府债务管理系统对接。这实际上是要求加强预算管理,收费公路专项债券对应项目形成的广告收入、服务设施收入等专项收入,应当全部纳入政府性基金预算收入。

5. 对债券规模与额度有严格要求

债券规模与额度也有严格要求。由财政部确定年度全国收费公路专项债券总额度。省级政府年度收费公路专项债券额度不足或者不需使用的部分,由省级财政部门会同交通运输部门于每年7月底前向财政部提出申请。

(四) 收费公路专项债券的优势

1. 保障国家公路网规划目标的如期实现

"十三五"和"十四五"时期是我国公路加快建设成网的关键时期。收费公路专项债券作为政府债券,具有信用等级高、筹资数额大、融资期限长、融资成本低等优势,是收费公路发展的重要资金渠道。

2. 防控交通领域政府债务风险的需要

收费公路专项债券额度纳入专项债务限额管理，债券收支纳入政府性基金预算管理，接受人大监督；收费公路专项债券按照市场化原则发行，期限、结构明确合理，信息公开透明，便于市场和公众监督。这种更加规范化、标准化、透明化的融资方式，有利于防范和化解交通领域新增债务风险。

3. 完善专项债券制度

依据新《预算法》和《国务院关于加强地方政府性债务管理的意见》确定的地方政府债券管理理念，借鉴国外市政债券管理经验，收费公路专项债券强化了项目收益和融资自求平衡的管理理念，发挥项目对应政府性基金收入、专项收入和资产偿债保障作用，防范化解潜在风险隐患。深化财政与金融互动。选择车辆通行费收入等部分政府性基金收入项目分类发行专项债券，有利于丰富地方政府债券品种，完善地方政府债券市场，进一步增强地方政府债券透明度，保护投资者合法权益，支持对债券科学合理定价，提高地方政府债券市场化水平，吸引更多社会资本投资地方政府债券，带动民间资本支持重点领域项目建设，激发民间投资潜力。

（五）收费公路专项债券发行规模

首只地方政府收费公路专项债券于 2017 年 8 月 10 日在中央国债登记结算公司深圳中心通过财政部政府债券发行系统组织招标发行，发行量 63 亿元。截至 2017 年底，全国地方政府收费公路专项债券累计发行 440 亿元。

三、棚户区改造专项债券

（一）基本情况

棚户区改造专项债券是地方政府专项债券的一个品种，是以项目对应并纳入政府性基金预算管理的国有土地使用权出让收入或国有土地收益基金收入偿还的地方政府专项债券。

棚户区改造范围既包括一般意义上的城镇棚户区（含城中村、城市危房），还包括国有工矿（含煤矿）棚户区、国有林区（场）棚户区和危旧房、国有垦区危房改造项目等，这些棚户区类型的共同特点是土地产权为国有土地，也就是不包括农用地或集体用地。

地方政府棚改资金主要由国有平台公司向国家政策性银行进行贷款，占棚改项目投资的比例达到97%以上，国家、省级财政仅提供2%～3%的棚改专项补助及配套资金。显然，国家政策性银行在棚改上承担了较大的资金压力。但随着地方政府融资规模不断扩大，为遏制政府债务过快增长的势头，防范政府债务风险，国务院加强了对地方政府举债融资行为的监督。这是继土地储备、政府收费公路专项债券之后第三个全国性的"市政收益债"品种。

棚户区改造是更好地解决群众住房问题的重要举措。2018年《政府工作报告》提出，2018年将启动新的三年棚改攻坚计划，当年开工580万套。棚改需要资金量较大，以2017年为例，据统计，当年全国各类棚户区改造开工609万套，完成投资1.84万亿元。因此，融资问题关系到棚户区改造能否顺利推进。财政部、住房和城乡建设部门指出，为完善地方政府专项债券管理，规范棚户区改造融资行为，坚决遏制地方政府隐性债务增量，2018年在棚户区改造领域开展试点，有序推进试点发行地方政府棚户区改造专项债券工作，探索建立棚户区改造专项债券与项目资产、收益相对应的制度，发挥政府规范适度举债改善群众住房条件的积极作用。棚户区改造项目通常都需要几十亿元甚至上百亿元资金投入，当前政府财政拨款、土地出让金净收益以及国家政策性银行贷款等融资方式已显现出资金规模不够、持续性不足等问题。部分地区利用棚改形成的土地做杠杆开展大规模基建投资，可能产生效率不高、风险隐匿等问题。而棚改专项债与项目资产、收益相对应，有利于防范债务风险。

（二）发行情况

随着市场经济的迅速发展和城市建设的推进，为完善地方政府专项债券管理，规范棚户区改造融资行为，坚决遏制地方政府隐性债务增量，2018年4月3日，财政部和住建部发布《试点发行地方政府棚户区改造专项债券管理办法》，允许地方2018年在棚户区改造领域开展发行专项债券试点，有序推进试点发行地方政府棚户区改造专项债券工作，探索建立棚户区改造专项债券与项目资产、收益相对应的制度，发挥政府规范适度举债改善群众住房条件的积极作用，这既可以发挥政府规范适度举债来改善群众住房条件，同时借此给地方融资"开前门"，也可以减少地方政府违规融资冲动，遏制隐性债务增量。

1. 发行主体

省、自治区、直辖市政府（以下简称省级政府）为棚改专项债券的发行主体。试点期间设区的市、自治州，县、自治县、不设区的市、市辖区级政府（以下简称市县级政府）确需棚改专项债券的，由其省级政府统一发行并转贷给市县级政府。

经省政府批准，计划单列市政府可以自办发行棚改专项债券。

2. 发行与流通方式

采取市场化方式发行，在银行间债券市场、证券交易所市场等交易场所发行和流通。

3. 发行额度

财政部在国务院批准的年度地方政府专项债务限额内，根据地方棚户区改造融资需求及纳入政府性基金预算管理的国有土地使用权出让收入、专项收入状况等因素，确定年度全国棚改专项债券总额度。各省级政府年度棚改专项债券额度应当在国务院批准的本地区专项债务限额内安排，由财政部下达各省级财政部门，并抄送住房城乡建设部。预算执行中，各省级政府年度棚改专项债券额度不足或者不需使用的部分，由省级财政部门会同住房城乡建设部门于每年 8 月 31 日前向财政部提出申请。财政部可以在国务院批准的该地区专项债务限额内统筹调剂额度并予批复，同时抄送住房城乡建设部。

4. 债券期限

棚改专项债券期限应当与棚户区改造项目的征迁和土地收储、出让期限相适应，原则上不超过 15 年，可根据项目实际适当延长，避免期限错配风险。

5. 还款来源

棚户区改造专项债券以项目对应并纳入政府性基金预算管理的国有土地使用权出让收入、专项收入进行偿还，专项收入包括属于政府的棚改项目配套商业设施销售、租赁收入以及其他收入。

（三）棚户区改造专项债券特点

1. 偿债资金来源包括商业设施销售、租赁收入

棚改专项债券的偿债资金来源包括两个部分：一是对应土地出让收入，这部分资金纳入政府性基金预算管理；二是配套商业项目的销售、租赁等专项收入，比如棚改项目经常与安置住房配套的商铺和停车位的销售或出租收入，以及棚户区对应土地一级开发过程中形成的地下综合管廊等资产的租赁收入等。

2. 棚改专项债券期限可以超过 15 年

《试点发行地方政府棚户区改造专项债券管理办法》规定："棚改专项债券

期限应当与棚户区改造项目的征迁和土地收储、出让期限相适应，原则上不超过 15 年，可根据项目实际适当延长，避免期限错配风险。"土地储备专项债券和收费公路专项债券的期限均不得超过 15 年，而棚改专项债券则"可根据项目实际适当延长"，实际上是首次允许突破 15 年上限。

3. 可设置提前偿还条款

《试点发行地方政府棚户区改造专项债券管理办法》允许棚改专项债券约定提前偿还债券本金的条款，土地储备专项债券的文件（《地方政府土地储备专项债券管理办法（试行）》）中也有相同规定，但是目前尚未有提前偿还条款的地方债发行。

4. 可以周转偿还

周转偿还意味着地方债到期后，如果债券对应项目无法实现收入或者实现的收入尚无法覆盖本息偿付，地方政府可以在专项债券限额内，继续发行棚改专项债"周转偿还"。

（四）棚户区改造专项债券的优势

1. 试点发行棚改专项债有利于棚改规范化

棚户区改造作为我国一大民生工程，也是推进新型城镇化的重要举措。2017 年我国各类棚户区改造开工 609 万套，完成投资 1.84 万亿元。2018 年棚户区改造任务有所下调，但融资需求仍不小。国务院确定实施 2018～2020 年 3 年棚改攻坚计划，将再改造各类棚户区 1500 万套。近几年棚改的力度持续加大，各类乱象也有所冒头，试点发行棚改专项债有利于建立完善棚改的严格核算制度，防范各类借棚改乱发债、不精准考核等问题，试点发行棚改专项债有利于棚改规范化。

2. 棚户区改造专项债券使政府融资更加透明

棚改专项债券能较好地保障棚户区改造资金供给，也使得地方政府在棚户区改造的时候资金运用的来源都比较清晰，募集多少、怎么募集、利率水平等都会比较清晰，也有助于地方政府不断改善其债务管理，使其债务状况更加清晰，有助于更好地控制住那些隐性债务的发展。所谓专项债就是专款专用。

3. 替代现有的城投债，弱化地方政府对于平台公司的依赖

棚改专项债设立的优势在于将棚改类城投债的需求完全转化为地方政府债，既降低了地方政府的利息负担，同时也弱化了城投平台的地位。地方政府融资

模式未来的方向是逐步弱化城投债的名义和实际的意义，最终演变为一体多面的融资结构。以地方政府一般债券为主体，各种专项债券为结合，省级人民政府为主体发行或者为下级政府代为发行转贷，未来最终演变为各地级市发行自己的"市政债"，逐步弱化城投平台的地位。棚改这个项目一直是地方融资需求的大项，也是城投债发行中主要的募集资金用途。若地方政府棚改类城投债的需求完全转化成地方政府债券，则地方政府的利息负担降低，同时也会大大降低对城投平台的依赖，并达到降低城投平台地位的多重作用。

（五）棚户区改造专项债券发行规模

2018 年 6 月 20 日，天津市红桥区棚户区改造专项债券（一期）通过财政部上海证券交易所政府债券发行系统成功发行，标志着自财政部、住房城乡建设部 2018 年 3 月 1 日联合印发《关于印发〈试点发行地方政府棚户区改造专项债券管理办法〉的通知》以来，全国首单棚改专项债正式落地。本期棚户区改造专项债券，对应项目为天津市西沽南片区棚户区改造项目和天津市红桥区西于庄地区棚户区改造项目，期限 5 年，预计融资规模为 108 亿元，本期发行规模 15 亿元。

第三节　项目收益专项债券与 PPP

一、PPP 简介

PPP（public-private partnership），即公共私营合作模式，是公共基础设施建设中的一种项目运作模式。该模式鼓励私营企业、民营资本与政府进行合作，参与公共基础设施的建设。在合作过程中，让非公共部门所掌握的资源参与提供公共产品和服务，从而使合作各方实现比单独行动更为有利的结果。PPP 模式可应用在能源、交通运输、市政工程、农业、林业、水利、环境保护、保障性安居工程、医疗卫生、养老、教育、科技、文化、体育、旅游等公共服务领域。

二、项目收益专项债券与 PPP 的对比

(一) 发行主体对比

项目收益专项债券：省、自治区、直辖市政府（以下简称省级政府）为专项债券的发行主体。试点期间设区的市、自治州，县、自治县、不设区的市、市辖区级政府（以下简称市县级政府）确需专项债券的，由其省级政府统一发行并转贷给市县级政府。

经省政府批准，计划单列市政府可以自办发行专项债券。

PPP：PPP 中的政府方一般由三方组成：授权机构、实施机构及出资代表。授权机构是指县级以上人民政府，只有在特许经营中才是必须的，政府购买服务中未强制要求。实施机构是指和社会资本签订 PPP 项目合同的政府方。无论是采用政府购买服务，还是特许经营方式，PPP 项目的实施机构只能是政府、政府指定的有关职能部门和事业单位三方中的其中一方。融资平台公司和行业运营公司可以作为 PPP 项目中政府方的出资代表。

(二) 还款来源对比

项目收益专项债：试点项目专项债的偿债来源要求必须是对应项目所产生的政府性基金收入或专项收入，不得用非对应项目的政府性基金收入或专项收入进行偿付，这符合项目收益债的本质；此外，《关于试点发展项目收益与融资自求平衡的地方政府专项债券品种的通知》允许地方政府在债务限额内发行新的专项债为部分暂未产生足够现金流的项目所对应的到期专项债本金进行周转偿付，这为项目收益专项债投资者提供了额外的保障，比较符合项目收益债，有利于提升投资者对项目收益专项债的信心。

PPP：PPP 主要包括第一还款来源与第二还款来源。第一还款来源主要指贷款到期后用于归还贷款的首要资金来源。根据国务院《关于加强地方政府性债务管理的意见》《关于推广运用政府和社会资本合作模式有关问题的通知》等文件的规定，PPP 项目的未来现金流主要来源于政府付费、使用者付费、项目本身资产运营收益及其他收益（各种补贴）等，所有这些构成了 PPP 项目贷款的第一还款来源。第二还款来源是指在贷款到期后第一还款来源无法正常归还贷款本息而确定的贷款资金还款来源，通常作为贷款主体的重要增信方式。归

纳现有 PPP 项目贷款的第二还款来源，即抵押担保方式，主要包括特许经营权或应收账款质押、第三方担保、资产抵押等。

（三）信息披露对比

项目收益专项债：地方政府应当及时披露项目收益专项债券及其项目信息，包括专项债券对应的项目概况、项目预期收益和融资平衡方案、专项债券规模和期限、发行计划安排、还本付息等信息，以及项目进度、专项债券资金使用情况等信息。同时，《关于试点发展项目收益与融资自求平衡的地方政府专项债券品种的通知》对地方政府、行业主管部门、项目单位的信息披露均做了更加细致的要求，以增加项目透明度。

PPP：PPP 信息披露的方式主要可以分为两种：一种是政策文件规定的全国性 PPP 项目信息管理及发布平台，如财政部的 PPP 综合信息平台及国家发展改革委的 PPP 项目库，两个项目库都已经出台了相关的文件，对填报信息等提出了具体的要求；另一种是各级地方政府部门根据《中华人民共和国政府采购法》《中华人民共和国政府采购法实施条例》《中华人民共和国招标投标法》等法律法规要求对政府 PPP 项目采购信息的公开。在实施 PPP 项目的过程中，PPP 项目参与方均需要通过这两种信息披露方式披露项目相关信息。

（四）融资方式对比

项目收益专项债券：依靠发行债券的方式进行融资。

PPP：从大类上划分，包括股权融资和债权融资两大类。从资金供给来讲，融资方包括银行、保险、信托等金融机构及私募基金等其他非金融机构。目前，各个省基本都设立了不同规模的 PPP 引导基金，以股、债、提供前期费用补贴或提供融资担保等方式对 PPP 项目进行融资支持。同时，为了放大财政杠杆，很多省份的 PPP 基金采取母子两级基金的结构、引入社会资本的方式来运作。从融资的角度来讲，除政府引导基金为 PPP 项目提供资金支持外，还有信托、保险、债券、资产证券化、项目收益债、融资租赁等方式。

（五）债务规模

项目收益专项债：严格执行法定限额管理，地方政府专项债务余额不得突破专项债务限额。各地试点分类发行专项债券的规模，应当在国务院批准的本地区专项债务限额内统筹安排，包括当年新增专项债务限额、上年年末专项债务余额低于限额的部分。

PPP：不纳入债务限额管理，PPP 基金在"政府性基金预算支出表"中单列，基金支出属于表外融资，弱化了 PPP 财政预算支出的硬性约束，从地方政府的操作便利性看，不受本地财政预算（10%）的硬性限制，存在着一定的政策漏洞。

三、PPP 项目目前存在的问题

（一）PPP 模式会导致私营机构融资成本较高

与公共部门相比，金融市场对私营机构信用水平的认可度通常略低，PPP 模式会导致私营机构的融资成本通常高于公共机构的融资成本。与公共部门相比，金融市场对私营机构信用水平的认可度通常略低，导致私营机构的融资成本通常高于公共机构的融资成本。

（二）PPP 模式的长期合同缺乏足够的灵活性

为了项目长期稳定运行，PPP 合同可能会比较严格，灵活性不够，公共部门或私营机构在起草合同的时候，很难将未来的变化充分考虑进来。合同条款通常只考虑当前时点的情况，导致项目后期管理不能因时制宜，而只能遵照合同条款执行——哪怕这些条款已经不再能使项目生命周期的综合成本最优化。解决合同灵活性和合理性的途径有两条：一是在项目前期就尽最大努力做好整个生命周期的规划。通常，公共部门需要聘请具有丰富 PPP 项目经验的咨询机构对项目进行前期调查分析，确保参与方对项目需求有充分的理解，对项目的费用有可靠的预算，对风险有全面的评估，并可以在公共部门和私营机构间实现最优分担；同时，还要确保通过招投标过程得到具有竞争性的报价，当然这些前期工作势必产生不菲的成本。二是在起草合同时保留适当的灵活性。这也必将增加成本：一方面是来自投资的不确定性增加而产生的风险溢价，另一方面是来自将来需要改变对私营机构的激励机制而产生的或有支出。解决合同灵活性和合理性的成本，有可能降低项目投资者的投资回报率。

（三）公众使用公共产品/公共服务的成本表面上可能提高，使消费者处于不利情况

如果公共产品/公共服务由公共部门提供，由于公共部门的非营利性和不按全成本核算定价的特点，公众所付出的直接使用费用较低。在 PPP 模式的定价机制下，私营机构需要补偿项目相关的全部成本并获得合理水平的投资收益，对产品或服务进行市场化的定价，可能增加公众的直接使用成本。如此，PPP 合同中约定的定价机制可能是控制公共资源使用成本的一个手段，但定价机制的确定同样困难，尤其在涉及多边合作的 PPP 项目中，不仅需要考虑当地的发展水平、技术进步的趋势，还需要考虑汇率等其他因素。其中一个主要原因是运营期满 15 年后项目公司将项目资产无偿移交给地方政府，项目的巨额投资要在 15 年内回收，远低于项目资产的正常使用年限和投资回收期。从各国的经验来看，PPP 项目总体上可以降低公众使用公共产品/公共服务的综合成本。

PPP 项目最初设立的目的就是为了将市场机制引入社会公共基础设施建设过程当中，提高社会公共基础设施建设水平，使公共基础设施在为社会居民提供更优质服务的同时，也能够降低社会公共基础设施的建设开支。然而，从现实的发展角度来看，一些 PPP 项目建设并没有达到预期的效果，反而产生了一些不利现象。例如，一些 PPP 项目中的工程质量并没有达到预期水平，当然也会存在一些 PPP 项目不仅建设水平达不到要求，而且建设费用也非常高的情况，社会大众从公共产品和服务中享受的福利与之前相比也在减少。如一些地方的自来水供给建设项目在引入社会资本后，水的质量没有提升，但价格却一涨再涨等。这些弊端不仅造成了社会资源的浪费，还会引起社会居民的一些不满情绪，有损政府在社会大众当中的威信，需要尽快解决。

（四）可能导致政府部门在 PPP 项目中浸染追逐利润之风

PPP 模式是推动公共基础设施建设的重要方式，为了响应国家的号召，在公共基础设施建设过程中，PPP 模式将市场机制引入公共基础建设项目当中。在推动公共基础设施建设的同时，这也带来了一些弊端，其中，最明显的就是一些政府部门在参与 PPP 项目的过程中，在吸收社会资本先进经营理念的同时，也染上了追逐利润的习气，如一些地区延长高速公路收费期限。政府部门本来属于公共部门，而政府的财政收入主要也是来自纳税人，政府部门作为公共权威部门，承担着社会发展当中的社会职能，应该将促进社会的发展、更好地为社会公众服务作为建设的出发点，一些政府部门在建设的过程中过度追逐经济利益，将不利于发挥政府社会职能的作用，不利于践行社会公共建设方便社会公众的理念。

（五）PPP 存在违规操作的可能

1. 明股实债

"明股实债"是指表面上以出资入股，成为公司股东，但是又不和其他一般股东一样参与日常股东活动，更不承担公司运营的风险，无论企业盈亏，都按照事先和其他股东的约定，以分红等形式获得摯息甚至本息，与其他股东及公司形成实质上的债权债务关系。即提前与其他股东商定，明着工商注册为股东，却不管公司经营状况，在一定期限内获得固定的回报，成为稳赚不赔的股东，实际上也就是成了债主。在 PPP 模式中，社会资本以股权投资形式与政府出资代表成立项目公司，但是提前在 PPP 项目合同中或以其他形式约定，不管项目公司经营情况如何，该社会资本都享受固定的收益。在 PPP 方面，通过"明股实债"等方式搞假 PPP 的做法，早已为市场所诟病。以往，地方政府出于稳定社会秩序、发展地方经济的考虑，积极开展自主发债和融资创新，"明股实债"在某种意义上满足了地方政府的这类需求。目前，不少地方 PPP 项目基金也是"明股实债"，以财政资金作为风险兜底的劣后资金，实质上是地方政府变相举债。

2. 固定回报

固定回报即双方合作过程中，另一方无条件地获取约定的回报。在 PPP 模式中，社会资本一方获得政府定期或合作期内给予事先约定的固定收益。投资形式包括但不限于股权形式。

3. 政府保底

政府保底即政府承诺社会资本最低的收益，即使发生经营风险，社会资本也不至于血本无归。在 PPP 模式中，政府保底即在合同中规定社会资本可以获得的最低收益，形成上不封顶但下有保底的合作关系，即使产生经营风险，也由政府一方承担。

4. 回购承诺

回购承诺指在合作过程中，对于一方的投资，另外的合作方承诺在合作期结束或达到某种条件（含时限）时会出资购买，购买的价格往往也会提前加以约定。在 PPP 模式中，回购承诺是指政府方在 PPP 合同中承诺，合作期结束或达到某种条件时，政府按照既定的价格条件购买社会资本的所有或部分投资。

5. 提供担保

由于《担保法》明确规定了政府担保的效力，因此除了政府违法提供担保外，往往由地方融资平台充当提供担保的角色。担保的形式包括保证、定金、抵押、质押以及留置。在 PPP 模式中，往往体现在社会资本获得政府、出资代表或融资平台的担保承诺。从认定上来说，担保形式中的保证也包括政府一方提供具有担保性质的各种函件。

以上问题最终都是变相融资的一种手段而已。作为供给侧结构调整、优化供给结构的重要工具，PPP 模式已经获得了各地政府的高度认可。但随着 PPP 热潮高涨，一些不规范的 PPP 项目逐渐"浮出水面"。一些地方政府通过 PPP、政府购买服务等方式变相举债，导致债务规模增长较快，债务率甚至超过了警戒线，形成潜在的风险触发点。力推 PPP 模式的初衷之一，在于治理地方政府债务，而一些 PPP 项目的不规范操作，成为地方政府变相举债的渠道，加之信息披露形式化等原因，反而给地方政府带来了债务风险隐患。财政部于 2015 年实施的《政府和社会资本合作项目财政承受能力论证指引》对各地每年的 PPP 项目总量做出了规定，要求"每一年度全部 PPP 项目需要从预算中安排的支出责任，占一般公共预算支出比例应当不超过 10%"。有的地方政府为了躲避 10% 限额的"红线"，还采用隐性手段。比如，有的通过一般公共预算以外的渠道来落实政府的支出责任；还有的项目进行自我拆分后，以传统政府采购方式完成一部分项目支出，而将其余的部分以 PPP 模式运作，从而减少 PPP 项目支出责任，以求通过财政承受能力 10% 限额"红线"。以可行性缺口补贴 PPP 项目为例，一些地方采取调高使用者付费比例的方式，降低可行性缺口补贴的数额，以达到通过财政可承受能力论证的目的，但在项目执行阶段，可行性缺口补贴的数额会远远高于财政承受能力论证报告里反映的数额，这样会给项目实施带来较多不确定风险。除了钻财政承受能力 10% 限额的空子外，一些地方在 PPP 实际操作中，对于未来财政支出状况过于乐观或依据不足，造成未来政府无力支付或支付不足的情况，从而形成地方债务。PPP 项目的投资回收需要未来的现金流来支撑，如果一个项目在未来的运营中没有带动城市财力的增长，没有充足的现金流弥补投资建设运营成本，则政府的未来支付会受到影响，造成地方债务增加。

四、项目收益专项债券的优势

（1）坚持市场化改革方向。试点发行项目收益专项债券，进一步强化了专项债券及对应项目信息披露要求，增加了地方政府债券信息透明度，有利于投资者增强识别和评估风险的能力，充分发挥信用评级、信息披露、市场化定价等市场机制激励约束作用，促进市场融资自律机制的形成，充分发挥市场机制的资源配置作用。

（2）有效防控专项债务风险。试点发行项目收益专项债券，依靠对应项目取得的政府性基金或专项收入偿还，明确了不同专项债券对应项目的偿债资金来源，探索实现不同类型地方政府专项债券"封闭"运行管理，有利于锁定专项债券风险范围，切实保护投资者合法权益。另外，进一步开好地方政府规范举债的"前门"，有利于遏制违法违规融资担保行为，防范财政金融风险。

（3）完善地方政府债券市场。试点发行项目收益专项债券，有利于丰富地方政府债券品种，完善地方政府债券发行机制，提高专项债券流动性，提升地方政府债券市场化程度，吸引更多的社会资本投资地方政府债券，发展和完善我国地方政府债券市场。

（4）支持经济社会持续健康发展。试点发行项目收益专项债券，是在法定专项债务限额内依法开好"前门"的管理创新举措。优先选择土地储备、政府收费公路两个领域试点发行，并鼓励有条件的地方立足本地区实际开展试点，有利于在妥善控制专项债务风险的前提下保障重点领域合理的融资需求，发挥专项债券的积极作用，加大补短板力度，改善基本公共服务供给质量。

第四节　他国经验：美国市政债发展情况

一、基本情况

（一）美国市政债概况

美国作为市政债券（地方债）的起源国，是目前市政债券发行规模最大与最发达的国家。1980 年，美国市政债在整个债券市场存量中的占比维持在 18% 左右，随后逐年下降，其市政债的存量占比稳定维持在 10% 左右。2008 年金融危机之前，美国市政债发行量在整个市场中的占比始终维持在 8% 左右。受金融危机影响，市政债的发行量占所有债券发行量的比重约为 5% 左右。

（二）美国市政债规模结构

美国市政债的发行主体包括州、郡、市、镇，以及州和地方政府的分支机构等。美国市政债发行量 1996 ~ 2016 年较为稳定，平均每年发行 3413 亿美元，约占全国债券发行总量的 6.54%；2016 年末总余额 3.83 万亿美元，占美国 GDP 总量的 21%。45.2% 的市政债由居民直接持有，28.6% 由居民通过共同基金或交易基金持有，12.1% 由保险公司持有，10.6% 由银行机构持有。

（三）美国市政债的分类

美国市政债券通常分为一般责任债券（general obligation bonds，GOBs）和收益债券（revenue bonds，RB）。

一般责任债券是以发行者的征税能力作为保证的一种市政债券。一般责任债券安全性强，信用仅次于国债。具体而言，州政府以其营业税、财产税、个人所得税、企业所得税以及具有各州特色的特殊税种等作为其主要偿还来源，而地方政府以其财产税和营业税等作为主要偿还来源。所筹措的资金往往用于修建高速公路、飞机场、公园及其他市政设施。一般责任债券的发行需要经过严格的预算审批程序，有时甚至需要经过全民公决。一般责任债券中违约的情况极为罕见。

收益债券是以投资项目收益作为偿债资金来源的市政债券，主要用于已建成的风险相对较小且进入收益期的市政项目，如收费公路、港口、机场、供水设施、污水处理设施、供气设施等准公共产品。由于还款资金来源比较单一，收益债券的风险比一般责任债券高。收益债券的发行审批相对一般责任债券来说较为宽松，一般不需要经全民公决通过。

此外，美国市政债券还可从募集资金用途角度划分为再融资部分和新融资部分，再融资部分主要用于借新还旧，新融资部分主要用于建设新的项目。

二、市政债发行

（一）发行主体

市政债的发行主体主要为地方政府及其相关实体。发债规模较小的主体包括较小的州政府、城市、乡镇、学区、住房中心、公共医疗、机场、港口等；发债规模较大的主体多为较大的地方政府及其授权机构。

（二）发行方式

市政债券的发行方式包括公开发行和私募发行。其中，公开发行的债券通常由一家或多家承销商承销，根据承销方式不同又分为竞争性承销和协议承销，即竞拍和议价。在竞争性承销中，发行人根据参与投标的几个承销团的投标利率确定中标人，由中标的承销团负责债券包销；在协议承销中，发行人选择承销团，与其协商发行利率后由该承销团包销债券。私募即不公开发行，是向少数特定的投资人发行债券的方式。长期以来，美国市政债的发行以协议承销为主。

（三）发行特点

在发行流通方面，美国市政债多采用分散风险的长期限结构和分散化投资主体结构。

从长期结构方面来看，由于市政债的期限一般较长，能够有效地降低政府短期偿债压力，进一步缓解资金期限与项目期限匹配的风险。美国市政债的期限与州、地方政府的项目投资期限大致上是吻合的，10年以上期限的市政债占比70%以上。1996~2016年美国市政债平均到期期限为17.54年。

从分散化投资主体结构方面来看，美国的市政债多采用以个人投资为主的投资主体结构，有利于分散投资风险。市政债的投资主体主要是个人、共同基金、银行、保险以及其他投资人。相关数据显示，个人投资者是美国市政债市场最主要的投资主体，2016年末个人投资者持有市政债总量达1.64万亿美元，占比达到42.89%；第二大投资者是共同基金，总持有量为9066亿美元，占比约为23.65%；银行、保险和其他投资人则分别持有15.05%、14.20%和4.21%的市政债券。

（四）发行程序

1. 发行许可和授权

发行市政债需取得管理机构的同意。市政债券的发行多采用规范的审批制，审批一般有两个途径：政府的立法机构审批或全民公投。在大部分州，一般责任债券的发行通常需要居民投票，而其他的一些州则只需要相关监管机构的同意即可。收益债券一般不需要投票通过。

2. 选择中介机构

发行人需聘请独立的财务咨询公司和债券顾问。财务咨询公司包括银行、投资银行或私人咨询顾问，主要工作是审查项目的财务能力、评估发行人收入来源、是否符合债务约束限额、财务结构、期限安排、销售时间、对资信评级的影响，并准备面向承销商和投资者的发行文件等。债券顾问包括独立的律师或律师公司，对提供债券的合法性、发行方法律义务、债券利息是否满足联邦和州的所得税豁免条件等进行说明。

3. 竞争性投标方式

大部分州的地方政府发行一般债券需通过竞争性投标的方式选择承销商。竞争性承销是由实质发行人设定债券结构、日期和时间，邀请承销商再向投资者发售债券的过程。由于投标程序只能在债券得到授权之后才能进行，发行人必须自行开展基础材料的准备工作，并将材料递交给管理部门进行审批。当管理部门同意发债后，发行人会制定一份正式的债券决议并提交给公众进行投票表决。只有经公众投票通过债券决议后，才能够启动选择承销商的程序。

4. 议价销售授权

收益债券不需要公众投票通过，故无须竞争性投标程序来保证按照最小成本销售。收益债券的发行人可以在流程的早期通过议标的方式选择承销商。议价销售下，承销商甚至可以在债券发行框架确定前就选择。承销商的一个作用就是代表销售商确定框架和其他初始的一些任务。承销商可以担任发行人实际上的财务顾问。有时也会单独聘请专门的财务顾问对承销商的工作进行评估。由于承销商参与了发行的准备工作，承销商通常会聘用自己的法律顾问。当监管机构批准发行人的发行建议后，发行人会签署一份信托合同，信托合同作为收益债券的发行文件组成部分。信托合同是发行人和受托方之间的合同，委托方将接受债券持有者委托管理所筹借到的资金，并有权执行信托合同的条款。一般责任债券能够完全依赖征税机构的诚信，然而收益债券则没有这种保障，所以需要一个受托方来保障投资者的利益。债券决议作为债券文件的一部分，只是表明同意发行债券或授权执行信托。信托合同才对债券的法律和财务条款进行界定。

三、美国市政债市场监管体制

美国市政债的发行与交易受到联邦证券法律和各州法律的约束。目前基本确立了以信息披露、反欺诈为监管重点，以市场自律监管为主、监管机构为辅的市政债券监管体系。

（一）美国市政债券的初步监管框架

此前，由于未发生政府信用被滥用的情况，且投资者多为机构投资者，国会批准市政债券免受注册要求与定期报告要求的约束。

1975 年纽约市政债券违约事件后，为适应市政债券市场规模不断扩大及散户化的趋势，打击市场欺诈行为，国会通过了《1975 年证券法修正案》，为市政债券市场在联邦层面确立了初步监管框架——有限联邦监管框架，其核心是通过监管市政债券交易商来实现对市政债券市场的间接性管理，而非直接监管市政债券发行和发行人。

（二）间接监管强化信息披露质量

《1975 年证券法修正案》规定，美国证券交易委员会和市政债券规则制定委员会无权要求市政债发行人在债券出售前向其提交有关发行文件。美国证券交易委员会通过法律赋予的规则制定权限对经纪商和交易商不断施加影响来间接提高市政债发行人在一级、二级市场的信息披露质量。

目前，美国证券交易委员会已修订相关条款，授权市政债券规则制定委员会建立市政债信息电子发布平台，市政债发行人持续披露的信息必须按要求及时准确地提交给市政债券规则制定委员会，并通过该系统向公众发布。

（三）行业自律监管职能的强化

1. 市政债券规则制定委员会

根据《1975 年证券法修正案》，市政债券规则制定委员会于当年成立，由美国证券交易委员会监管。

市政债券规则制定委员会作为行业自律组织，不具有检查和执法权力，其对经纪交易商、市政债券交易商以及市政债券顾问的监管主要是通过其法规制定、提高市场透明度以及教育和行业协调等职能实现的。

2. 美国金融业监管局（FINRA）

FINRA 是美国证券业的自律组织，监管着超过 4400 家证券公司与 63 万名注册的证券代表人，主要职责是监管经纪交易商及其注册人员，提供市场资讯，发布并执行保护投资者与金融市场的规则，检查经纪交易商遵守 FINRA 规则与联邦证券法律及其下位规则、条例的情况，提示与教育投资大众，提供行业公共设施等。

四、美国市政债的特点

（一）完善的信用评估体制

为准确地反映市政债的真实风险，使得投资人能够识别和控制风险、进行投资决策，债券发行前需要由独立的信用评级机构根据地方政府的经济、财政、债务状况、偿债意愿、信用资质等指标的综合情况，来进行相应的信用评级。

在美国，主要的评级公司有三家，分别为穆迪（设有专门的市政债信用评级部门）、标准普尔（对在美国境内发行的 1000 万美元以上的所有公共事业债券给予评级）和惠誉（涉及 1.7 万种市政债券的评级），其评级基本思路和内容大体相同，发行过程中首次评级至少需要其中的一家或两家进行评级，信用等级调整时还需要开展双评级。美国监管机构规定，凡是公募的债券必须接受两家评级机构的评级。

（二）破产保护机制

美国《破产法》第九章《地方政府债务调整法》规定，无力偿还债务的地方政府可以申请破产保护程序。该法案适用于地方政府、学区和公共区域，以及发行收益债的桥梁、高速公路等收费运营主体，但不适用于州政府。各州根据自己的法律明确是否允许辖内的市政债发行主体申请破产保护，进行债务重组，包括延长债务期限、减少本金和利息、借新偿旧等。破产保护期间，一般责任债券的偿付暂停，但特定收益债券在扣除必要的运营费用后仍将优先偿还有担保的投资者。

(三) 州政府对市政债的监管

当前，大多数的州政府为了防范地方债中存在的风险，会通过州宪法或法令的方式来加强对地方政府发债行为的控制和监管。州政府对地方债的规模约束主要针对一般性债务，对于收益债券则不做规模限制。通常是通过立法规定，市政债的规模必须在政府资产评估值的一定比例范围之内。还有的通过限制税率的上限来控制通过征税偿还债务的能力，有些州还会控制债务的结构和规模。

(四) 以债券保险为主的信用增信机制

美国在市政债风险防范方面存在着较好的信用增信机制。一是实施债券保险制度。当债券到期时市政债发行人无力偿债，债券保险能够赔付投资者应获本息，从而降低投资人的风险。二是普遍实施偿债准备金制度。美国很多州及地方政府设立了偿债准备金，以债券发行的溢价收入、发债人自有资金以及投资项目收益为来源，安排一笔金额为付息总额100%～120%或债券本金10%的偿债基金，用于偿还违约债务。

(五) 税收减免优惠

美国市政债一个非常大的诱人之处在于投资者获取的利息收入可以免除联邦所得税以及一些州、郡的地方所得税，可以增加投资者收益。近年来，联邦政府对市政债增加了两个主要的限制：一是联邦政府限定了市政债的适用范围，联邦政府仅对直接提供公共利益的项目免税，对私人性项目不予免税；二是联邦政府对享受免税市政债的总量予以限制，以减轻市政债大量发行造成的联邦预算赤字增长。

第三章

地方政府专项债券法律管理制度体系

第一节　地方政府债券法律管理制度体系之顶层设计

一、我国地方政府债券法律管理制度历史沿革

（一）全面禁止阶段

我国地方政府长期以来不能像西方国家的地方政府一样通过发行债券来为地方基础设施建设融资，但 20 世纪 80 年代末至 90 年代初，许多地方政府为了筹集资金曾经发行过地方政府债券，以支援国家建设的名义摊派给各单位。1993 年，国务院下发《关于坚决制止乱集资和加强债券发行管理的通知》，严肃制止了各种违反国家规定的集资行为。

1994 年制定、1995 年开始施行的《预算法》在 2014 年修订之前明确规定，地方各级预算不列赤字，除法律和国务院另有规定外，地方政府不得发行政府债券，也不得向金融机构直接贷款，如表 3 - 1 所示。因此，在国家没有明确授权的前提下，地方政府没有正规合法的自主举债融资渠道。1994 年开启分税制改革，大部分税收被收归中央，但地方政府在医疗、教育、养老以及基础设施建设等方面的支出有增无减，财政缺口巨大，地方财力不足是不争的事实。1998 年，为应对亚洲金融危机，中央通过发行长期建设国债转贷地方政府的方式增加地方政府财力。由于举借债务与使用资金的主体脱节、责权不清，增加

了中央财政的负担和风险。因此，在 2005 年以后，该类形式基本上被停止。

表 3 – 1　　　　　　　全面禁止阶段我国主要法律法规文件及内容

	名称	主要内容
1	《关于坚决制止乱集资和加强债券发行管理的通知》	制止各种违反国家规定的集资，加强债券发行管理，严控债券发行规模，加强关于债券发行的审批工作等
2	《中华人民共和国预算法》（1994 年 3 月 22 日第八届全国人民代表大会第二次会议通过，1995 年 1 月 1 日起施行）	第三条，关于各级预算应做到收支平衡。第二十八条，关于地方各级预算不列赤字，以及除法律和国务院另有规定外，地方政府不得发行政府债券的要求

（二）探索试点阶段

为应对全球金融危机，我国出台了 4 万亿元经济刺激计划。在这个背景下，中央决定发行 2000 亿元地方政府债券，以此满足中央投资项目的地方配套资金需要。财政部先后制定下发了《关于做好发行 2009 年地方政府债券有关工作的通知》《2009 年地方政府债券预算管理办法》等文件，对债券的发行方式、使用范围、监督管理等工作做出了明确的规定。在这种形式下，中央发债转贷地方政府使用，地方政府被明确为偿债主体，不列中央赤字，举借债务与资金使用主体脱节，实际上中央财政负担和风险并未降低。

2011 年，国务院批准上海、浙江、广东、深圳四省市为政府债券自主发行试点地区，随后财政部印发《2011 年地方政府自行发债试点办法》，试点省（市）根据该办法制定本省（市）政府债券发行兑付办法，并报财政部备案。2013 年，试点省份增加了江苏、山东两省。这种地方政府自行发债并由财政代还的模式被认为是介于中央政府代发和自主发债之间的一种制度安排，是鉴于地方政府债券的信用评级、发行渠道等还没有建立，以及尚未制定统一的地方政府债券管理制度而做的过渡安排。2014 年，试点省份增加了北京、江西、宁夏、青岛四省区市，连同原来的六省市，共同尝试自发自还，为接下来地方政府建立真正的自主发债融资制度进行了尝试和铺垫，如表 3 – 2 所示。

表 3-2   探索试点阶段我国主要法律法规文件及内容

	名称	主要内容
1	《国务院关于发行 2009 年地方政府债券有关问题的通知》	规定地方政府债券由财政部通过现行国债发行渠道代理发行
2	《关于做好发行 2009 年地方政府债券有关工作的通知》	明确债券由财政部代办还本付息，对债券的发行、使用、监督等工作做出了明确具体规定
3	《关于印发〈2009 年地方政府债券预算管理办法〉的通知》	规定地方政府债券收支实行预算管理，以及收入、支出和偿还的具体安排
4	《关于印发〈2009 年地方政府债券资金项目安排管理办法〉的通知》	规定财政部代理地方发行的债券收入用于中央投资地方配套的公益性建设项目以及其他难以吸引社会投资的公益性建设项目
5	《国务院关于加强地方政府融资平台公司管理有关问题的通知》	规定了清理并处理融资平台公司债务、清理规范融资平台公司、制止地方政府违规担保承诺等内容
6	《关于印发〈2011 年地方政府自行发债试点办法〉的通知》	经国务院批准，2011 年上海市、浙江省、广东省、深圳市开展地方政府自行发债试点，通知对试点省市自行发债进行了规定
7	《关于制止地方政府违法违规融资行为的通知》	针对地方政府违法违规融资抬头之势，做出如下要求：禁止直接或间接吸收公众资金违规集资、规范地方政府以回购方式举借政府性债务的行为、加强对融资平台公司注资行为的管理、规范融资平台公司融资行为、制止地方政府违规担保承诺行为
8	《关于印发〈2013 年地方政府自行发债试点办法〉的通知》	增加江苏和山东为自行发债试点，试点地区扩大到 6 个，对试点省市自行发债进行规定
9	《国务院批转发改委关于 2014 年深化经济体制改革重点任务意见的通知》	提出规范政府举债融资制度，剥离融资平台公司政府融资职能。对地方政府债务实行限额控制、预算管理、政府综合财务报告、考核问责机制和信用评级、风险化解管理等
10	《2014 年地方政府债券自发自还试点办法》	新增北京、江西、宁夏、青岛为试点，规定 2014 年地方政府债券自发自还事宜，提出信用评级要求
11	《财政部关于 2014 年地方政府债券自发自还试点信息披露工作的指导意见》	对地方政府债券发行信息披露事项做出指导，涉及发行前、发行日、债券存续期以及相关重大事项等
12	《关于 2014 年地方政府债券自发自还试点信用评级工作的指导意见》	对地方政府债券发行信用评级事项做出指导，涉及择优选择信号评级机构、规范实施信用评级，并发布试点地区地方债信用评级等级符号及含义

通过各个阶段不同形式的发债融资，尚不能满足地方政府财政支出。为解决资金不足，地方政府创新出了很多融资方式，其中最为主要的是通过地方政府融资平台，采取银行项目贷款、发行"城投债"以及进行融资租赁、项目融资、信托私募等方式为各种基础设施建设融资，实际使用人可能是地方政府。这种融资行为本质上是地方政府的一种隐形发债权，借贷主体和使用主体的脱节，责、权、利不统一，成本高、隐蔽性强、透明度低，使得债务发生很难得到有效控制，形成了地方政府过度负债的局面，存在引发金融风险的可能性。2010 年，国务院下发《国务院关于加强地方政府融资平台公司管理有关问题的通知》，提出要清理并处理融资平台公司债务，清理规范融资平台公司，以及制止地方政府违规担保承诺行为等。为进一步贯彻落实该通知，财政部联合国家发改委、中国人民银行和银监会发布了《关于制止地方政府违法违规融资行为的通知》，银监会还连续 3 年针对性发布了关于融资平台贷款风险监管文件。但是，这些针对融资平台进行治理整顿的政策措施并没有取得明显的实施效果。根据审计署《全国政府性债务审计结果》（2013 年 12 月 30 日公告），截至 2013 年 6 月底，全国地方政府负有偿还责任的债务 108859. 17 亿元，负有担保责任的债务 26655. 77 亿元，可能承担一定救助责任的债务 43393. 72 亿元。截至 2014 年底，仅未偿付的城投债债务总量就高达 4. 95 万亿元。一边是巨额的地方政府性债务需要清理、甄别和处置，控制地方政府性债务风险，防止引发局部财政风险直至系统性金融风险；一边是试点省区市自发自还模式发债取得进展，逐步走向市场化，有效发挥了其融资功能。我国地方政府融资模式走到了改革的关键时期。

二、我国地方政府债券法律管理体系设计思路

我国地方政府债券法律管理制度之突破以素有"经济宪法"之称的《预算法》修订为契机，遵循"开前门、堵后门"的制度设计理念，完成法律管理制度的顶层设计。新《预算法》规定，地方政府举债应当在国务院批准的限额内采取发行地方政府债券的方式，除此以外不得通过其他任何方式举借债务，同时从严控举债规模、明确举债方式、严格限定债务资金用途、列入预算并向社会公开、严格控制债务风险等方面做出了限制性规定。

2014 年 9 月 21 日，国务院制定下发了《国务院关于加强地方政府性债务管理的意见》，明确要建立"借、用、还"相统一的地方政府性债务管理机制，

从建立指导思想、明确基本原则、加快建立规范的地方政府举债融资机制、对地方政府债务实行规模控制和预算管理、完善配套制度、妥善处理存量债务和在建项目后续融资等方面对地方政府债务管理提出了要求。随后国务院下发的《国务院关于深化预算管理制度改革的决定》也从五个方面强调规范地方政府债务管理，防范化解财政风险。

在新《预算法》和国务院文件的框架之下，地方政府融资机制进入转型期，紧紧围绕合理合法募集资金、提高资金使用效率、加强地方政府债务法律风险管理三大目标，朝着法治化、市场化、科学化方向演进，我国地方政府债券法律管理制度体系之形成思路渐明，如图3-1所示。

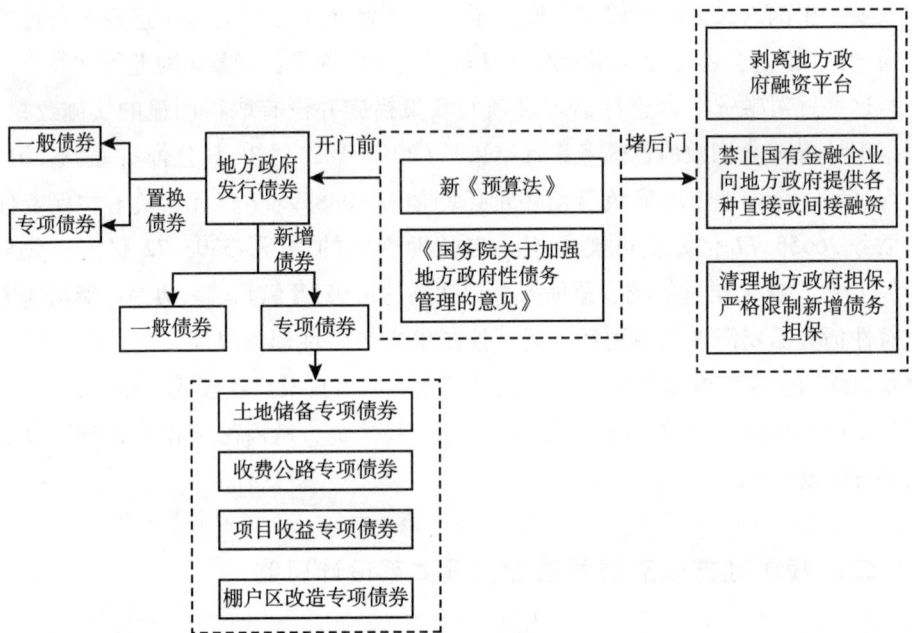

图3-1　地方政府债券法律管理制度之设计思路

（一）自主发债融资合法化

通过修订《预算法》，再配套国务院文件和财政部有关具体落实文件，可以看出地方政府发债融资的合法化主要体现在主体合法化和发债作为一种融资方式的合法化上。

1. 地方政府的发债主体合法化

明确地方政府举借债务的主体只能是经国务院批准的省、自治区、直辖市政府（包括经批准的计划单列市），市县如需举债，由省级政府代为发行后转贷市县使用。至此，省级地方政府可以名正言顺地通过发行债券举债融资，和中央在发债工作上的法律关系明晰化，不再存在代理关系，从"背后"走向"前台"，自担责任，中央也明确实行不救助原则。

2. 地方政府发债融资成为唯一合法途径

一方面，明确地方政府举借债务只能采取发行地方政府债券的方式，不得采取其他方式筹措，除法律另有规定外，地方政府不得在法律规定之外以其他任何方式举借债务，不得为任何单位和个人的债务以任何方式提供担保。另一方面，地方政府融资行为从隐蔽走向公开。地方政府不再通过融资平台公司融资，不再利用融资平台向银行贷款、利用表外业务或者其他更隐蔽的影子银行系统融资等手段。地方政府举债融资将实行预算公开制度，实现阳光化。

（二）严禁非法融资

对于非法融资，不能一禁了之，"疏堵结合"的思路要求政府剥离融资平台公司，使其向市场化转型，同时要求地方政府不得采取发债以外的融资方式，并严格担保。

1. 剥离融资平台公司，肃清关系

根据《国务院关于加强地方政府融资平台公司管理有关问题的通知》，地方政府融资平台公司指由地方政府及其部门和机构等通过财政拨款或注入土地、股权等资产设立，承担政府投资项目融资功能，并拥有独立法人资格的经济实体。因此，地方政府及其部门和机构等作为出资人，和融资平台公司关系紧密，致使由两方构成的债权债务关系变成了政府、融资平台、投资者三者之间的间接融资关系，地方政府成为融资平台公司履行偿债责任的兜底者，法律关系并不明晰。融资平台问题早已进入人们的视野，在前述《国务院关于加强地方政府融资平台公司管理有关问题的通知》和《关于制止地方政府违法违规融资行为的通知》没有取得实质性进展的情况下，《国务院批转发改委关于2014年深化经济体制改革重点任务意见的通知》提出规范政府举债融资制度，剥离融资平台公司政府融资职能。《关于加强地方政府性债务管理的意见》进一步明确要剥离融资平台公司政府融资职能，融资平台公司不得新增政府债务。《关于对地方政府债务实行限额管理的实施意见》取消了融资平台公司的政府融资职能，推动了有经营收益和现金流的融资平台公司市场化转型改制，通过政府和社会资本合作（PPP）、政府购买服务等措施予以支持。《关于进一步规范地方政府举债融资行为的通知》要求摸底清理处置的同时，提出地方政府不得将公益性资产、储备土地注入融资平台公司，不得承诺将储备土地预期出让收入作为融资平台公司偿债资金来源，不得利用政府性资源干预金融机构的正常经营行为。2018年，国家发展改革委和财政部联合下发《关于进一步增强企业债券服务实体经济能力严格防范地方债务风险的通知》，提出申报发行企业债券，不得将申报企业信用与地方政府信用挂钩。相关企业申报债券时应主动公开声明不承担政府融资职能，发行本期债券不涉及新增地方政府债务，纯公益性项目不得作为募投项目申报企业债券，规范以政府和社会资本合作（PPP）项目发行债券融资。

2. 禁止发债融资以外的融资

当地方政府发行债券成为唯一融资方式后，其他各种直接或间接的融资方式就成为非法途径。《关于规范金融企业对地方政府和国有企业投融资行为有关问题的通知》明确，除购买地方政府债券外，国有金融企业不得直接或通过地方国有企事业单位等间接渠道为地方政府及其部门提供任何形式的融资，不得违规新增地方政府融资平台公司贷款；不得要求地方政府违法违规提供担保或承担偿债责任；不得提供债务性资金作为地方建设项目、政府投资基金或政府和PPP项目资本金。

3. 严格限定地方政府担保

对负有担保责任的政府债务进行妥善处置，地方政府新发生或有债务，要严格限定在依法担保的范围内，并根据担保合同依法承担相关责任。

（三）地方政府发债融资市场化

地方政府发债融资市场化表现为政府本身成为市场主体，将其信用市场化，通过培育政府债券市场，使政府融资接受市场监督。

1. 成为市场主体之一

在财政部代发地方政府债的机制下，财政部是"代理人"，作为募集资金实际需求者和使用者的地方政府并不直接接触债务资本市场，对市场运行规律没有切身体会，因而市场对地方政府的约束作用十分有限，极易引发地方政府道德风险。在地方政府自主发债后，地方政府直面债务资本市场，当地经济社会发展和自身财政债务状况直接关系融资成本和规模，这将有效推动地方政府融入金融市场的生态圈，充分发挥市场机制对地方政府发债的约束力。

2. 地方政府信用市场化

不管是财政部代理发行地方政府债券时依靠中央政府信用，还是对融资平台公司融资进行政府信用担保，都不是地方信用在债务资本市场中的直接体现。与此不同，地方政府发债融资是政府信用的市场化运作，通过信用评级，作为债券发行的基础，接受市场检验。作为发行人的地方政府则面临投资者对政府信用不予认可时可能承担发行失败的风险。

3. 积极培育政府债券市场

比如2018年1月，保监会①和财政部联合发布《关于加强保险资金运用管理支持防范化解地方政府债务风险的指导意见》，鼓励保险机构购买地方政府债券，并要求地方政府及其所属部门不得以文件、会议纪要、领导批示等任何形式，向保险机构违法违规或变相举债。

（四）地方政府债务管理科学化

政府的运行需要强大的管理制度体系，对于探索实践过程中的地方政府专项债券，各个阶段都需要完善的制度控制。

1. 实行源头控制，建立法定限额管理制度和严格的预决算制度

一是省级政府举借债务的规模由国务院报全国人大或者全国人大常委会批准。地方政府在国务院下达的限额内举借债务。二是地方政府举借的债务列入本级预算调整方案，报本级人大常委会批准。政府举借债务的情况要向社会公开并做出说明。

2. 实行过程控制，提出封闭式资金管理制度

地方政府举借债务只能用于公共预算中必需的部分建设投资和公益性资本支出，不得用于经常性支出。

3. 实行末端控制，建立风险评估、风险预警和应急处置制度

降低或化解债务风险。地方政府举借债务应当有偿还计划和稳定的偿还资金来源，国务院建立地方政府债务风险评估和预警机制、应急处置机制以及责任追究制度。

三、我国地方政府债券法律管理制度体系之形成

在上述顶层设计之下，我国目前初步形成了以新《预算法》为法律依据、

---

①　根据第十三届全国人民代表大会第一次会议（2018年3月5日～20日）审议通过的国务院机构改革方案，组建中国银行保险监督管理委员会（简称银保监会），不再保留中国银行业监督管理委员会、中国保险监督管理委员会。

以《国务院关于加强地方政府性债务管理的意见》为制度框架、以国务院和财政部等有关部委下发的一系列文件为主体的地方政府债券法律管理体系，具体主要由发行管理、限额管理、预算管理和风险管理四大管理制度组成（如图3-2所示）。

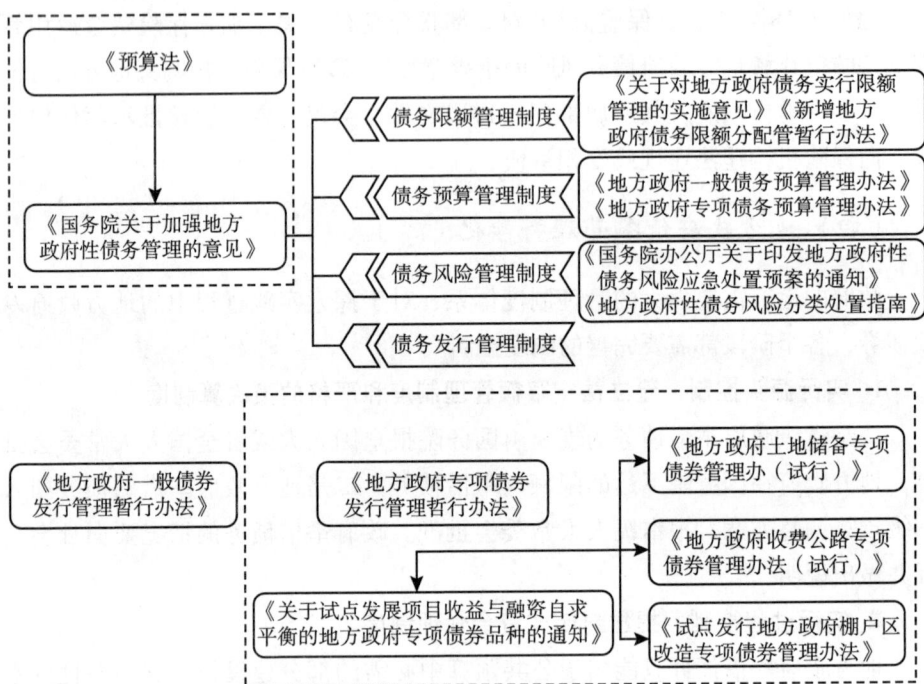

图3-2 地方政府债券法律管理制度体系

（一）地方政府债券发行管理制度

为规范地方政府债券发行行为，保护投资者等的合法权益，财政部先后下发了《地方政府一般债券发行管理暂行办法》《地方政府专项债券发行管理暂行办法》。这是首次分别围绕地方政府一般债券和专项债券发行管理制定的政策文件，对专项债券的定义、资金用途、偿债来源、承销发行、信用评级、信息披露等方面的内容进行了明确规范。两者在债券定义、资金用途、偿债来源、债券期限等方面存在一定的差异，而在承销发行、信用评级、信息披露等方面较为一致。

为健全规范地方政府举债融资机制，经十二届全国人大五次会议审议批准，准予地方发行项目收益与融资自求平衡的专项债券。对此，财政部于 2017 年 6 月 2 日出台了《关于试点发展项目收益与融资自求平衡的地方政府专项债券品种的通知》，指导地方按照本地区政府性基金收入项目分类发行专项债券，着力发展实现项目收益与融资自求平衡的专项债券品种。同时财政部也联合相关部委出台了《地方政府土地储备专项债券管理办法（试行）》《地方政府收费公路专项债券管理办法（试行）》《试点发行地方政府棚户区改造专项债券管理办法》。此外，财政部每年都下发通知，要求做好当年度地方政府债券发行工作。

（二）地方政府债务限额管理制度

为防范和化解财政金融风险，进一步贯彻落实《国务院关于加强地方政府性债务管理的意见》中提出的"对地方政府债务实行规模控制。地方政府债务规模实行限额管理，地方政府举债不得突破批准的限额。地方政府一般债务和专项债务规模纳入限额管理，由国务院确定并报全国人大或其常委会批准，分地区限额由财政部在全国人大或其常委会批准的地方政府债务规模内根据各地区债务风险、财力状况等因素测算并报国务院批准"之规定，财政部于 2015 年 12 月 21 日出台了《关于对地方政府债务实行限额管理的实施意见》。该实施意见明确了地方政府限额确定的程序、方式及类别，明确要从建立债务预警指标体系、风险化解应急处置机制和监督考核问责机制等方面加强对地方政府债务的管理，以及提出对存量债务和或有债务的妥善处理，明确了对或有债务的处置原则和方式。

为对地方政府债务限额管理做出进一步补充和完善，规范新增地方政府债务限额分配管理，财政部于 2017 年 3 月 23 日出台了《新增地方政府债务限额分配管理暂行办法》，提出"新增地方政府一般债务限额、新增地方政府专项债务限额分别按照一般公共预算、政府性基金预算管理方式不同，单独测算"。

（三）地方政府债务预算管理制度

2016 年 11 月 9 日，财政部在系统总结地方政府债务预算管理制度办法经验的基础上，依据新《预算法》《国务院关于加强地方政府性债务管理的意见》和财政管理有关规定，制定印发了《地方政府专项债务预算管理办法》，从专项债务限额确定、预算编制和批复、预算执行和决算、非债券形式债务纳入预算、监督管理等方面，提出了规范地方政府债务预算管理的具体工作要求。

（四）地方政府债务风险管理制度

2016年10月27日，《国务院办公厅关于印发地方政府性债务风险应急处置预案的通知》下发，明确把地方政府性债务风险事件划分为四个等级，实行分级响应和应急处置，并明确存量担保债务和存量救助债务不属于政府债务。随后，地方各省、自治区、直辖市相继出台了本地区政府性债务风险应急处置预案。财政部专门就地方政府性债务分类制定了《地方政府性债务风险分类处置指南》。四川省、青海省和贵州省等省份在省级层面出台了本省政府债务风险评估和预警暂行办法，明确了评估和预警对象、部门分工和职责，细化了各项指标、预警实施步骤和风险通报等。

此外，根据《国务院关于加强地方政府性债务管理的意见》和《国务院关于加强地方政府性债务管理的意见》，还要推进地方债务及有关部门举债融资行为的全过程公开和县级以上地方政府债务公开制度。

第二节　土地储备、收费公路和棚改专项债券法律管理制度

一、地方政府土地储备专项债券法律管理制度

2017年5月16日，财政部、国土资源部发布《地方政府土地储备专项债券管理办法（试行）》，明确"为完善地方政府专项债券管理，规范土地储备融资行为，建立土地储备专项债券与项目资产、收益对应的制度"，由此正式拉开我国土地储备领域发行专项债券试点的序幕。

（一）土地储备融资模式回顾

我国土地储备工作已进行多年，土地储备资金管理是其中的关键内容。我国土地储备工作及融资相关法规和文件如表3-3所示。

表 3 - 3　　　　　　　　我国土地储备工作及融资相关法规和文件

	文件名称	主要内容
1	《关于加强信托公司房地产、证券业务监管有关问题的通知》	对政府土地储备机构的贷款应以抵押贷款方式发放，所购土地应具有合法的土地使用证，贷款额度不得超过所收购土地评估值的70%，贷款期限最长不得超过 2 年
2	《关于加强信托公司房地产信托业务监管有关问题的通知》	信托公司不得以信托资金发放土地储备贷款。土地储备贷款是指向借款人发放的用于土地收购及土地前期开发、整理的贷款
3	《关于制止地方政府违法违规融资行为的通知》	地方各级政府不得将储备土地作为资产注入融资平台公司，不得承诺将储备土地预期出让收入作为融资平台公司偿债资金来源
4	《关于加强土地储备与融资管理的通知》	规定土地储备贷款规模、期限、抵押、资金管理等内容
5	《国务院关于加强地方政府性债务管理的意见》	规定加快建立规范的地方政府举债融资机制、对地方政府债务实行规模控制和预算管理、完善配套制度、妥善处理存量债务和在建项目后续融资等内容
6	《规范土地储备和资金管理等相关问题的通知》	调整土地储备筹资方式，土地储备机构新增土地储备项目所需资金，应当严格按照规定纳入政府性基金预算，从国有土地收益基金、土地出让收入和其他财政资金中统筹安排，不足部分在国家核定的债务限额内通过省级政府代发地方政府债券筹集资金解决。自 2016 年 1 月 1 日起，各地不得再向银行业金融机构举借土地储备贷款
7	《地方政府专项债务预算管理办法》	从债务限额确定、预算编制和批复、预算执行和决算、非债券形式债务纳入预算、监督管理等方面，提出了规范地方政府债务预算管理的工作要求
8	《土地储备管理办法》	土地储备专项债券资金管理执行财政部、国土资源部有关地方政府土地储备专项债券管理的规定
9	《地方政府土地储备专项债券管理办法（试行）》	对地方政府土地储备专项债券做出了额度管理、预算编制、预算执行和决算、监督管理以及职责分工等方面的规定

　　2015 年及以前，地方土地储备资金的来源以银行贷款为主，并在期限、规模、信用方式等方面受到限制：一是期限较短。2012 年以前贷款期限不得超过 2 年，2012 年以后银行业金融机构按照规定，根据贷款人的信用状况、土地储备项目周期、资金回笼计划等因素合理确定贷款期限，贷款期限最长不超过 5 年。二是实行规模控制。土地储备贷款纳入地方政府性债务统一管理，省级财政部门向土地储备机构核发年度融资规模控制卡，明确年度可融资规模并同时

反映已发生的融资额度。土地储备机构向银行业金融机构申请融资时，连同相关文件出示融资规模控制卡。三是需要通过抵押储备土地的方式进行贷款。为加强对地方政府举债融资行为的监督、遏制政府债务过快增长势头、防范政府债务风险、保障地方政府合理融资需求，从 2015 年起实施的新《预算法》规定，地方政府应当通过发行地方政府债券方式举借债务，除此以外不得以其他任何方式举债。按照新《预算法》的要求，2016 年财政部、国土资源部、中国人民银行、银监会联合印发《关于规范土地储备和资金管理等相关问题的通知》，明确各地不得再向银行业金融机构举借土地储备贷款，土地储备融资需求应当通过省级政府发行地方政府债券的方式解决。

因此财政部、国土资源部按照新《预算法》和《国务院关于加强地方政府性债务管理的意见》有关精神，并经第十二届全国人大第五次会议审议批准，根据地方政府性基金收入项目特点和相关工作进展，选择土地储备等重点领域开展项目收益专项债券试点，于 2017 年 5 月 16 日联合印发《地方政府土地储备专项债券管理办法（试行）》，保障土地储备领域的合理融资需求。

（二）《地方政府土地储备专项债券管理办法（试行）》内容要点

根据《地方政府土地储备专项债券管理办法（试行）》的定义，土地储备专项债券是指地方政府为土地储备发行，以项目对应并纳入政府性基金预算管理的国有土地使用权出让收入或国有土地收益基金收入（以下统称"土地出让收入"）偿还的地方政府专项债券。《地方政府土地储备专项债券管理办法（试行）》的内容要点总结如下。

1. 关于发行要求的规定

地方政府土地储备专项债券的发行要求如表 3 - 4 所示。

表 3 - 4　　　　　　　　地方政府土地储备专项债券的发行要求

具体项目	要求
发行主体	省级政府 经省级政府批准，计划单列市政府可以自办发行土地储备专项债券 市县级政府确需发行土地储备专项债券的，由省级政府统一发行并转贷给市县级政府

续表

具体项目	要求
债券名称	土地储备专项债券应当统一命名格式，冠以"××年××省、自治区、直辖市（本级或××市、县）土地储备专项债券（×期）——××年××省、自治区、直辖市政府专项债券（×期）"的名称，具体由省级财政部门商省级国土资源部门确定
单一或集合发行	据土地储备项目区位特点、实施期限等因素，土地储备专项债券可以对应单一项目发行，也可以对应同一地区多个项目集合发行
收益与融资自求平衡	项目应当有稳定的预期偿债资金来源，对应的政府性基金收入应当能够保障偿还债券本金和利息，实现项目收益和融资自求平衡
期限	土地储备专项债券期限应当与土地储备项目期限相适应，原则上不超过5年

从表 3 - 4 可以看出，土地储备专项债券的发行主体要求在新《预算法》和《国务院关于加强地方政府性债务管理的意见》框架下，债券名称的格式要求也与《关于试点发展项目收益与融资自求平衡的地方政府专项债券品种的通知》的要求保持一致，此外，还有以下三个特点。

（1）比较适合集合发行。

土地储备项目一般由当地土地储备机构按照年度土地储备计划管理，每个地块的土地储备工作的启动和实施具有较高一致性，比较适合统一地区多个项目集合发行的方式。

（2）项目收益与融资能够实现自求平衡。

土地储备专项债券作为第一个项目收益专项债券品种，有其本身的优势。土地使用权出让收入一直是地方政府性基金收入的重要来源，因此土地储备项目是最能实现项目收益与融资平衡条件的领域。《地方政府土地储备专项债券管理办法（试行）》明确："发行土地储备专项债券的土地储备项目应当有稳定的预期偿债资金来源，对应的政府性基金收入应当能够保障偿还债券本金和利息，实现项目收益和融资自求平衡。"

（3）期限较为明确。

《地方政府土地储备专项债券管理办法（试行）》明确土地储备专项债券期限应当与土地储备项目期限相适应，原则上不超过5年。与土地储备贷款一般为2年的期限相比，这在一定程度上缓解了地方政府的还款压力，"既避免了期限过短造成的错配风险，又减少了期限过长带来的资金闲置问题"。

2. 关于项目的规定

地方政府土地储备专项债券对应项目的规定如表 3 - 5 所示。

表 3 - 5   土地储备专项债券项目的规定

名称	内容
项目	县级以上地方各级土地储备机构应当根据土地市场情况和下一年度土地储备计划，编制下一年度土地储备项目收支计划，提出下一年度土地储备资金需求，报本级国土资源部门审核、财政部门复核
项目库	地方各级国土资源部门应当建立土地储备项目库，项目信息应当包括项目名称、地块区位、储备期限、项目投资计划、收益和融资平衡方案、预期土地出让收入等情况，并做好与地方政府债务管理系统的衔接
项目实施机构	土地储备由纳入国土资源部名录管理的土地储备机构负责实施

从表 3 - 5 可以看出：

（1）项目应纳入年度土地储备计划。

根据《地方政府土地储备专项债券管理办法（试行）》，土地储备是地方政府为调控土地市场、促进土地资源合理利用，依法取得土地，进行前期开发、储存以备供应土地的行为。该管理办法并没有明确规定项目应纳入年度土地储备计划，但其第十二条同时规定，土地储备机构应当根据土地市场情况和下一年度土地储备计划，编制下一年度土地储备项目收支计划，提出下一年度土地储备资金需求。结合《土地储备管理办法》和其他土地储备有关文件的规定，年度土地储备计划是由各地根据城市建设发展和土地市场调控的需要，结合当地社会发展规划、土地储备三年滚动计划、年度土地供应计划、地方政府债务限额等因素制定的。因此，土地储备项目应当是列入当地年度土地储备计划内的项目，应当严格按照当地年度土地储备计划，并以此作为制定年度土地储备资金收支预算、确定年度土地储备融资规模的主要依据。

（2）土地储备项目库。

项目库管理方式是《地方政府土地储备专项债券管理办法（试行）》对土地储备工作提出的创新要求，一方面符合《国务院关于加强地方政府性债务管理的意见》明确要求各地区要定期向社会公开债券对应项目建设情况并自觉接受社会监督的改革精神，另一方面适应土地储备专项债券的发行和管理要求。

土地储备债券发行和管理要求严格对应债券融资项目。

（3）项目实施机构列入当年度土地储备机构名录。

《地方政府土地储备专项债券管理办法（试行）》要求土地储备由纳入国土资源部名录管理的土地储备机构负责实施。《土地储备管理办法》对土地储备机构进行了明文规定：土地储备机构应为县级（含）以上人民政府批准成立、具有独立的法人资格、隶属于国土资源管理部门、统一承担本行政辖区内土地储备工作的事业单位。国土资源主管部门对土地储备机构实施名录制管理。

3. 关于额度管理的规定

地方政府土地储备专项债券额度管理的规定如表 3 - 6 所示。

表 3 - 6　　　　　　　　　　土地储备专项债券额度管理的规定

名称	内容
限额管理	土地储备专项债券纳入地方政府专项债务限额管理
全国年度总额度确定	财政部在国务院批准的年度地方政府专项债务限额内，根据土地储备融资需求、土地出让收入状况等因素，确定年度全国土地储备专项债券总额度
各地区年度额度确定	上报：省级财政部门会同本级国土资源部门汇总审核本地区下一年度土地储备专项债券需求，随同增加举借专项债务和安排公益性资本支出项目的建议，经省级政府批准后于每年 10 月底前报送财政部 下达：各省、自治区、直辖市年度土地储备专项债券额度应当在国务院批准的分地区专项债务限额内安排，由财政部下达各省级财政部门，抄送国土资源部 省级额度分配方案的提出与下达：省级财政部门在财政部下达的本地区土地储备专项债务额度内，根据市县近三年土地出让收入情况、市县申报的土地储备项目融资需求、专项债务风险、项目期限、项目收益和融资平衡情况等因素，提出本地区年度土地储备专项债券额度分配方案，报省级政府批准后将分配市县的额度下达各市县级财政部门，并抄送省级国土资源部门 市级额度的确定：市县级财政部门应当在省级财政部门下达的土地储备专项债券额度内，会同本级国土资源部门提出具体项目安排建议，连同年度土地储备专项债券发行建议报省级财政部门备案，抄送省级国土资源部门
额度调整	省级政府年度土地储备专项债券额度不足或者不需使用的部分，由省级财政部门会同国土资源部门于每年 8 月底前向财政部提出申请。财政部可以在国务院批准的该地区专项债务限额内统筹调剂额度并予批复，抄送国土资源部

4. 关于资金管理的规定

地方政府土地储备专项债券资金管理规定如表 3 - 7 所示。

表3-7 土地储备专项债券的资金管理

名称	内容
预算管理	土地储备专项债券资金由财政部门纳入政府性基金预算管理
资金使用主体	由纳入国土资源部名录管理的土地储备机构专项用于土地储备
资金使用禁止事项	任何单位和个人不得截留、挤占和挪用，不得用于经常性支出

土地储备专项债券募集资金必须严格对应到项目，专项用于对应项目建设，不得用于经常性支出。

5. 关于偿还机制的规定

地方政府土地储备专项债券偿还机制规定如表3-8所示。

表3-8 土地储备专项债券的偿还机制

名称	内容
债券本金、利息以及发行费用的偿还	土地储备项目取得的土地出让收入，应当按照该项目对应的土地储备专项债券余额统筹安排资金，专门用于偿还到期债券本金，不得通过其他项目对应的土地出让收入偿还到期债券本金 省级财政部门应当按照合同约定，及时偿还土地储备专项债券到期本金、利息以及支付发行费用 市县级财政部门应当及时向省级财政部门缴纳本地区或本级应当承担的还本付息、发行费用等资金
偿还禁止事项	不得通过其他项目对应的土地出让收入偿还到期债券本金
提前偿还	土地储备专项债券发行时，可以约定根据土地出让收入情况提前偿还债券本金的条款。鼓励地方政府通过结构化创新合理设计债券期限结构
不能按期偿还	因储备土地未能按计划出让、土地出让收入暂时难以实现，不能偿还到期债券本金时，可在专项债务限额内发行土地储备专项债券周转偿还，项目收入实现后予以归还

从《地方政府土地储备专项债券管理办法（试行）》设计的偿还机制来看，债券本金必须由对应项目的土地出让收入来偿还，而利息、发行费用等资金应当由对应项目的土地出让收入支付，但收益未实现或收益不足以支付时，可以通过财政预算解决。此外，不同于普通专项债券，土地储备专项债券可以约定提前偿还的条款，避免资金闲置，提高资金使用效率。

6. 职责分工

地方政府土地储备专项债券职责分工的相关规定如表3-9所示。

表 3 - 9   土地储备专项债券的职责分工

部门	内容
财政部	负责牵头制定和完善土地储备专项债券管理制度，下达分地区土地储备专项债券额度，对地方土地储备专项债券管理实施监督
国土资源部	配合财政部加强土地储备专项债券管理，指导和监督地方国土资源部门做好土地储备专项债券管理相关工作
省级财政部门	负责本地区土地储备专项债券额度管理和预算管理、组织做好债券发行、还本付息等工作，并按照专项债务风险防控要求审核项目资金需求
省级国土资源部门	负责审核本地区土地储备规模和资金需求（含成本测算等），组织做好土地储备项目库与地方政府债务管理系统的衔接，配合做好本地区土地储备专项债券发行准备工作
市县级财政部门	负责按照政府债务管理要求并根据本级国土资源部门建议以及专项债务风险、土地出让收入等因素，复核本地区土地储备资金需求，做好土地储备专项债券额度管理、预算管理、发行准备、资金监管等工作
市县级国土资源部门	负责按照土地储备管理要求并根据土地储备规模、成本等因素，审核本地区土地储备资金需求，做好土地储备项目库与政府债务管理系统的衔接，配合做好土地储备专项债券发行各项准备工作，监督本地区土地储备机构规范使用土地储备专项债券资金，合理控制土地出让节奏并做好与对应的专项债券还本付息的衔接，加强对项目实施情况的监控
土地储备机构	负责测算提出土地储备资金需求，配合提供土地储备专项债券发行相关材料，规范使用土地储备专项债券资金，提高资金使用效益

二、地方政府收费公路专项债券法律管理制度

为完善地方政府专项债券管理、规范政府收费公路融资行为、进一步促进政府收费公路事业的持续健康发展，贯彻落实《中华人民共和国预算法》和《国务院关于加强地方政府性债务管理的意见》的指导精神，财政部和交通运输部于 2017 年 6 月 26 日联合印发《地方政府收费公路专项债券管理办法（试行）》，明确收费公路专项债券是地方政府为发展政府收费公路而向社会举债，进行债券发行，最后通过项目对应的且纳入政府性基金预算管理的收入进行偿还的一种专项债券，是地方政府专项债券的一个品种，同时也是继土地储备专项债券之后的第二个专项债券品种。

（一）关于发行要求的规定

地方政府收费公路专项债券的发行要求如表 3 – 10 所示。

表 3 – 10 收费公路专项债券发行要求的规定

项目	内容
债券适用对象	收费公路专项债券针对的对象为采取政府收取车辆通行费等方式偿还债务而建设的收费公路，主要包括国家高速公路、地方高速公路及收费一级公路等。根据政府收费公路相关性、收费期限等因素，收费公路专项债券可以对应单一项目发行，也可以对应一个地区的多个项目集合发行
债券发行主体	省、自治区、直辖市政府为收费公路专项债券的发行主体。设区的市、自治州，县、自治县、不设区的市、市辖区级政府如需要发行收费公路专项债券的，由省级政府统一发行并转贷给市县级政府。除此之外，经省级政府批准，计划单列市政府可以自办发行收费公路专项债券
债券发行时间	收费公路专项债券期限应当与政府收费公路收费期限相适应，原则上单次发行不超过 15 年
债券命名格式	公路专项债券应当统一命名格式，冠以"××年××省、自治区、直辖市（本级或××市、县）收费公路专项债券（×期）——××年××省、自治区、直辖市政府专项债券（×期）"的名称，具体由省级财政部门商省级交通运输部门确定

从《地方政府收费公路专项债券管理办法（试行）》的规定可以看出，收费公路专项债的发行主体限制在省级政府，市县级政府如需发行，由省级政府统一发行并进行转贷，经省级政府批准，计划单列市政府可以自办发行。

债券的发行期限单次发行不超过 15 年，鼓励地方政府通过结构化创新合理设计债券期限结构，可以约定提前或延迟偿还债券本金的条款，但《地方政府收费公路专项债券管理办法（试行）》对延迟偿还本金条款并未做明确规定。

（二）关于债券资金管理的规定

地方政府收费公路专项债券的资金管理如表 3 – 11 所示。

表 3 – 11   收费公路专项债券的资金管理规定

项目	内容
项目资金要求	发行收费公路专项债券的政府收费公路项目应当有稳定的预期偿债资金来源，对应的政府性基金收入应当能够保障偿还债券本金和利息，实现项目收益和融资自求平衡
募集资金用途	收费公路专项债券资金应当专项用于政府收费公路项目建设，优先用于国家高速公路项目建设，重点支持"一带一路"、京津冀协同发展、长江经济带三大战略规划（倡议）的政府收费公路项目建设，不得用于非收费公路项目建设，不得用于经常性支出和公路养护支出。任何单位和个人不得截留、挤占和挪用收费公路专项债券资金
债券额度管理	财政部在国务院批准的年度地方政府专项债务限额内，根据政府收费公路建设融资需求、纳入政府性基金预算管理的车辆通行费收入和专项收入状况等因素，确定年度全国收费公路专项债券总额度 各省、自治区、直辖市年度收费公路专项债券额度应当在国务院批准的分地区专项债务限额内安排，由财政部下达各省级财政部门，抄送交通运输部 省、自治区、直辖市年度收费公路专项债券额度不足或者不需使用的部分，由省级财政部门会同交通运输部门于每年 7 月底前向财政部提出申请。财政部可以在国务院批准的该地区专项债务限额内统筹调剂额度并予批复，抄送交通运输部

在收费公路专项债券发行的过程中，资金管理是非常重要的一部分，因此对于资金的管理就更为严格、具体。

1. 项目收益与融资自求平衡

项目本身应当有稳定的预期偿债资金来源，对应的政府性基金收入应当能够保障偿还债券本金和利息，实现项目收益和融资盈亏平衡。

2. 募集资金必须专款专用

债券资金与项目严格对应，专款专用。债券资金专项用于政府收费公路项目建设，不得用于非收费公路项目建设、经常性支出和公路养护支出，也不得用于偿还存量债务。项目优先支持重点领域项目建设。

3. 债券规模与额度也有严格要求

由财政部确定年度全国收费公路专项债券总额度。省、自治区、直辖市年度收费公路专项债券额度不足或者不需使用的部分，由省级财政部门会同交通运输部门于每年 7 月底前向财政部提出申请。项目应当纳入国家和省级交通发展规划，并保证所有规划内政府收费公路的资金缺口都能通过专项债券解决。同时，为发行收费公路专项债而建设的政府收费公路项目，其资产和收费权均不得用于抵质押，防止资产重复融资。

（三）部门职责分工

地方政府收费公路专项债券的部门职责分工如表 3 – 12 所示。

表 3 – 12　　　　　　　　　收费公路专项债券的部门职责分工

部门	内容
财政部	负责牵头制定和完善收费公路专项债券管理制度，下达分地区收费公路专项债券额度，对地方收费公路专项债券管理实施监督
交通运输部	配合财政部加强收费公路专项债券管理，指导和监督地方交通运输部门做好收费公路专项债券管理相关工作
省级财政部门	负责本地区收费公路专项债券额度管理和预算管理，组织做好债券发行、还本付息等工作，并按照专项债务风险防控要求审核项目资金需求
省级交通运输部门	负责审核汇总本地区国家公路网规划、省级公路网规划建设的政府收费公路资金需求，组织做好政府收费公路项目库与地方政府债务管理系统的衔接，配合做好本地区收费公路专项债券各项发行准备工作，规范使用收费公路专项债券资金，组织有关单位及时足额缴纳车辆通行费收入、相关专项收入等
市县级交通运输部门	测算本地区下一年度收费公路专项债券需求，提交同级财政部门审核
市县级财政部门	会同本级交通运输部门做好收费公路专项债券发行准备工作

1. 明确了相关部门监督管理职责，落实了市县政府管理责任

进一步明确了在收费公路专项债券使用管理过程中各级财政部门和交通运输部门的监督管理责任和职责分工。要求各级财政部门、交通运输部门协调配合，发挥部门各自优势，保障专项债券顺利发行、使用和偿还。

2. 要求严格依法依规举借债务

强调地方各级财政部门、交通运输部门不得通过企事业单位举借债务，不得通过地方政府债券以外的任何方式举借债务，不得为任何单位和个人的债务以任何方式违规提供担保。

3. 加大对违法违规行为的查处问责力度

强调违反《地方收费公路专项债券管理办法（试行）》规定情节严重的，财政部可暂停其发行地方政府专项债券。各级财政部门、交通运输部门在地方政府收费公路专项债券监督和管理工作中，存在滥用职权、玩忽职守、徇私舞弊等违纪违法行为的，按照国家有关规定追究相应责任；涉嫌犯罪的，移送司法机关处理。

三、地方政府棚户区改造专项债券法律管理制度

2018年3月1日，财政部、住建部联合发布《试点发行地方政府棚户区改造专项债券管理办法》，确定试点发行地方政府棚户区改造专项债券。这是继土地储备、收费公路专项债券之后第三个全国性的"市政收益债"品种，探索建立棚户区改造专项债券与项目资产、收益相对应的制度，发挥政府规范适度举债改善群众住房条件的积极作用。

(一) 棚户区改造融资模式回顾

我国城市棚户区改造及融资相关法规和文件如表3-13所示。

表3-13 　　　　　　　　　　棚户区改造及融资相关法规和文件

	文件名称	主要内容
1	《国务院关于加快棚户区改造工作的意见》	加大各级政府资金支持 加大信贷支持 鼓励民间资本参与改造 规范利用企业债券融资 鼓励企业出资参与棚户区改造，加大改造投入
2	《关于企业债券融资支持棚户区改造有关问题的通知》	要求对棚改项目债券融资"开绿灯"，棚改债券规模可以达到项目总投资的70%
3	《扎实推进棚户区改造建设有关问题的通知》	支持符合条件的地区，适当放宽企业债券发行条件，且不占用地方政府所属投融资平台公司年度发债指标
4	《关于进一步做好城镇棚户区和城乡危房改造及配套基础设施建设有关工作的意见》	推广政府与社会资本合作模式 发挥开发性金融支持作用
5	《关于进一步加强棚户区改造工作的通知》	研究推出棚改项目收益债券
6	《关于进一步做好棚户区改造相工作的通知》	地方政府债券融资要继续向棚户区改造倾斜 推进政府购买棚户区改造服务，做好与贷款衔接工作 采取切实有效的措施，妥善解决财力困难市县资金问题

棚户区改造项目通常都需要几十亿元甚至上百亿元资金投入，当前政府财政拨款、土地出让金净收益以及国家政策性银行贷款等融资方式已显现出资金规模不够、持续性不足等问题。部分地区利用棚改形成的土地做杠杆开展大规模基建投资，可能产生效率不高、风险隐匿等问题。过去，地方政府棚改资金主要通过贷款解决，占棚改项目投资的比例达到97%以上。近年来也通过融资平台公司按照《企业债券管理条例》发行企业债券融资，但融资成本相对较高。

（二）《试点发行地方政府棚户区改造专项债券管理办法》内容要点

1. 关于发行要求的规定

地方政府棚户区改造专项债券的发行要点如表3-14所示。

表3-14   棚户区改造专项债券的发行要点

名称	内容
发行主体	省级政府 经省级政府批准，计划单列市政府可以自办发行棚户区改造专项债券 市县级政府确需发行棚户区改造专项债券的，由省级政府统一发行并转贷给市县级政府
债券名称	棚改专项债券应当统一命名格式，冠以"××年××省、自治区、直辖市（本级或××市、县）棚改专项债券（×期）——××年××省、自治区、直辖市政府专项债券（×期）"的名称，具体由省级财政部门商省级住房城乡建设部门确定
单一或集合发行	根据项目地理位置、征拆户数、实施期限等因素，棚改专项债券可以对应单一项目发行，也可以对应同一地区多个项目集合发行，具体由市县级财政部门会同本级棚改主管部门提出建议，报省级财政部门确定
收益与融资自求平衡	试点项目应当有稳定的预期偿债资金来源，对应的纳入政府性基金的国有土地使用权出让收入、专项收入应当能够保障偿还债券本金和利息，实现项目收益和融资自求平衡
期限	棚改专项债券期限应当与棚户区改造项目的征迁和土地收储、出让期限相适应，原则上不超过15年，可根据项目实际适当延长，避免期限错配风险 鼓励地方政府通过结构化设计合理确定债券期限

从发行要求来看，棚户区改造专项债券的发行主体要求在《预算法》和《国务院关于加强地方政府性债务管理的意见》框架下，债券名称的格式要求也与《关于试点发展项目收益与融资自求平衡的地方政府专项债券品种的通知》的要求保持一致，此外，还有三个特点：

（1）比较适合集合发行。

棚户区改造项目一般按照棚户区改造计划管理，同一地区棚户区改造项目的启动和实施具有较高的一致性，比较适合统一地区多个项目集合发行的方式

（2）收益与融资能够实现平衡。

根据《试点发行地方政府棚户区改造专项债券管理办法》第六条的规定，试点发行棚改专项债券的棚户区改造项目应当有稳定的预期偿债资金来源，对应的纳入政府性基金的国有土地使用权出让收入、专项收入应当能够保障偿还债券本金和利息，实现项目收益和融资自求平衡。

（3）期限较长。

《试点发行地方政府棚户区改造专项债券管理办法》明确棚户区专项债券期限应当与棚户区改造项目的征迁和土地收储、出让期限相适应，原则上不超过 15 年。土地储备专项债券和收费公路专项债券的期限均为 10 年以下，而棚改专项债券则"可根据项目实际适当延长，避免期限错配风险"，实际上是首次允许突破 15 年上限。

2. 关于项目的规定

对地方政府棚户区改造专项债券项目的规定如表 3 – 15 所示。

表 3 – 15　　　　　　　　棚户区改造专项债券项目的规定

名称	内容
国家棚改计划	棚户区改造是指纳入国家棚户区改造计划，依法实施棚户区征收拆迁、居民补偿安置以及相应的腾空土地开发利用等的系统性工程，包括城镇棚户区（含城中村、城市危房）、国有工矿（含煤矿）棚户区、国有林区（场）棚户区和危旧房、国有垦区危房改造项目等
项目实施机构	本级棚改主管部门是指各级住房城乡建设部门以及市县级政府确定的棚改主管部门

（1）项目列入国家棚户区改造计划。

根据《试点发行地方政府棚户区改造专项债券管理办法》第二条的规定，能够发行棚户区改造专项债券的对应项目需以纳入国家棚户区改造计划为前提。目前，国家尚未对各地棚户区改造项目进行统一、集中的管理，一般以纳入省级住建部门公布的省级棚户区改造计划为实际认定标准。

（2）实施机构为政府部门。

《试点发行地方政府棚户区改造专项债券管理办法》明确棚户区改造项目的实施机构为本级棚改主管部门，指各级住房城乡建设部门以及市县级政府确

定的棚改主管部门，也就是说，市县政府通过制定本地棚户区改造有关文件授权或决定住房城乡建设部门为棚改主管部门，比如房地产管理部门。

3. 额度管理

地方政府棚户区改造专项债券的额度管理如表 3 – 16 所示。

表 3 – 16　　　　　　　　　棚户区改造专项债券的额度管理规定

项目	内容
限额管理	棚改专项债券纳入地方政府专项债务限额管理
全国年度总额度确定	财政部在国务院批准的年度地方政府专项债务限额内，根据地方棚户区改造融资需求及纳入政府性基金预算管理的国有土地使用权出让收入、专项收入状况等因素，确定年度全国棚改专项债券总额度
各地区年度额度确定	上报：省级财政部门会同本级住房城乡建设部门汇总审核本地区下一年度棚改专项债券需求，随同增加举借专项债务和安排公益性资本支出项目的建议，经省级政府批准后于每年 10 月 31 日前报送财政部 下达：各省、自治区、直辖市年度棚改专项债券额度应当在国务院批准的本地区专项债务限额内安排，由财政部下达各省级财政部门，并抄送住房城乡建设部 省级额度分配方案的提出与下达：省级财政部门在财政部下达的本地区棚改专项债券额度内，根据市县近三年纳入政府性基金预算管理的国有土地使用权出让收入和专项收入情况、申报的棚改项目融资需求、专项债务风险、项目期限、项目收益和融资平衡情况等因素，提出本地区年度棚改专项债券分配方案，报省级政府批准后下达各市县级财政部门，并抄送省级住房城乡建设部门 市级额度的确定：市县级财政部门应当在省级财政部门下达的棚改专项债券额度内，会同本级棚改主管部门提出具体项目安排建议，连同年度棚改专项债券发行建议报省级财政部门备案，抄送省级住房城乡建设部门
额度调整	各省、自治区、直辖市年度棚改专项债券额度不足或者不需使用的部分，由省级财政部门会同住房城乡建设部门于每年 8 月 31 日前向财政部提出申请。财政部可以在国务院批准的该地区专项债务限额内统筹调剂额度并予批复，同时抄送住房城乡建设部

4. 关于资金管理的规定

地方政府棚户区改造专项债券的资金管理如表 3 – 17 所示。

表 3 – 17　　　　　　　　　棚户区改造专项债券的资金管理规定

项目	内容
预算管理	棚改专项债券资金由财政部门纳入政府性基金预算管理
资金使用主体	由本级棚改主管部门专款用于棚户区改造，严禁用于棚户区改造以外的项目
资金使用禁止事项	任何单位和个人不得截留、挤占和挪用，不得用于经常性支出

棚户区改造专项债券募集资金必须严格对应到项目，专项用于对应项目建设，不得用于经常性支出。

5. 偿还机制

地方政府棚户区改造专项债券的偿还机制如表 3 – 18 所示。

表 3 – 18　　　　　　　　地方政府棚户区改造专项债券的偿还机制

项目	内容
债券本金、利息以及发行费用的偿还	棚户区改造项目征迁后腾空土地的国有土地使用权出让收入、专项收入，应当结合该项目对应的棚改专项债券余额统筹安排资金，专门用于偿还到期债券本金 省级财政部门应当按照合同约定，及时偿还棚改专项债券到期本金、利息以及支付发行费用 市县级财政部门应当及时向省级财政部门缴纳本地区或本级应当承担的还本付息、发行费用等资金
偿还禁止事项	不得通过其他项目对应的国有土地使用权出让收入、专项收入偿还到期债券本金
提前偿还	棚改专项债券发行时，可以约定根据项目收入情况提前偿还债券本金的条款
不能按期偿还	因项目对应的专项收入暂时难以实现，不能偿还到期债券本金时，可在专项债务限额内发行棚改专项债券周转偿还，项目收入实现后予以归还

从《试点发行地方政府棚户区改造专项债券管理办法》设计的偿还机制来看，债券本金必须由对应项目的收入来偿还，而利息、发行费用等资金应当由对应项目的收入支付，但收益未实现或收益不足以支付时，可以由财政部门通过财政预算解决。此外，与土地储备专项债券一样，棚户区改造专项债券可以约定提前偿还的条款，避免资金闲置，提高资金使用效率。

（1）偿债资金来源包括商业设施销售、租赁收入。

《试点发行地方政府棚户区改造专项债券管理办法》规定："以项目对应并纳入政府性基金预算管理的国有土地使用权出让收入、专项收入偿还的地方政府专项债券"，"专项收入包括属于政府的棚改项目配套商业设施销售、租赁收入以及其他收入"。也就是说，棚改专项债券的偿债资金来源包括两个部分：一是对应土地使用权出让收入，这部分资金纳入政府性基金预算管理；二是配套商业项目的销售、租赁等专项收入，比如棚改项目经常可见安置住房配套的商铺和停车位的销售或出租收入、棚户区对应土地一级开发过程中形成的国有资产租赁收入等。

（2）可设置提前偿还条款。

《试点发行地方政府棚户区改造专项债券管理办法》允许棚改专项债券约定提前偿还债券本金的条款，土地储备专项债券的文件《地方政府土地储备专项债券管理办法（试行）》中也有相同的规定。

（3）可以周转偿还。

周转偿还意味着地方债到期后，如果债券对应项目无法实现收入或者实现的收入尚无法覆盖本息偿付，地方政府可以在专项债券限额内，继续发行棚改专项债"周转偿还"。

第三节 项目收益专项债券法律管理制度

为进一步开好政府规范举债的"前门"，在依法增加地方政府债务限额的同时，财政部积极推动完善政府债务管理机制，充分发挥政府债务限额资源的使用效益，指导地方在法定专项债务限额内，按照地方政府性基金收入项目分类发行专项债券，发展实现项目收益与融资自求平衡的专项债券品种，同步研究建立专项债券与项目资产、收益相对应的制度，立足我国国情、从我国实际出发，打造中国版的地方政府"市政项目收益债"，从而保障重点领域合理的融资需求，加大补短板力度。

一、项目收益专项债券发行前提

土地储备、收费公路和棚户区改造三个专项债券是目前财政部已经印发专门文件并规定了相关发行管理事项的品种，但财政部出台了《关于试点发展项目收益与融资自求平衡的地方政府专项债券品种的通知》，鼓励地方探索发行其他品种，因为目前针对众多地方政府投资项目类型，没有具体的发行管理办法，只提出基本要求。对于一个项目，审查项目，发行项目收益专项债有几个前提性要求，如表 3 – 19 所示。

表3-19　　　　　　　　　项目收益专项债券发行的前提性要求

项目	相关文件	内容
项目领域	《关于做好 2018 年地方政府债务管理工作的通知》	重大区域发展以及乡村振兴、生态环保、保障性住房、公立医院、公立高校、交通、水利、市政基础设施等领域
项目融资与收益平衡	《关于试点发展项目收益与融资自求平衡的地方政府专项债券品种的通知》	利用项目收益专项债券筹集资金建设的项目，应当能够产生持续稳定、反映为政府性基金收入或专项收入的现金流，且现金流应当能够覆盖专项债券还本付息
实施方案	《关于试点发展项目收益与融资自求平衡的地方政府专项债券品种的通知》	各省、自治区、直辖市、计划单列市（以下简称省级）财政部门负责制定分类发行专项债券试点工作实施方案，重点明确专项债券对应的项目概况、项目预期收益和融资平衡方案、分年度融资计划、年度拟发行专项债券规模和期限、发行计划安排等事项

（一）项目应属于公益性事业领域

《关于试点发展项目收益与融资自求平衡的地方政府专项债券品种的通知》只强调要在有一定收益的公益性事业领域探索发行项目收益专项债券。《关于做好 2018 年地方政府债务管理工作的通知》对公益性事业领域进行了进一步的列举，如重大区域发展以及乡村振兴、生态环保、保障性住房、公立医院、公立高校、交通、水利、市政基础设施等领域。

（二）项目融资与收益平衡是核心

项目收益专项债券筹集资金建设的项目，应当能够产生持续稳定、反映为政府性基金收入或专项收入的现金流，且现金流应当能够覆盖专项债券还本付息。

（三）编制实施方案

不同于一般债券和普通专项债券，编制详细而具有可操作性的实施方案是发行项目收益专项债券的额外要求，在实施方案中，很多项目的具体情况，包括项目是否进行了立项、是否编制了可行性研究报告、环境影响评价审批履行等情况，都将进行呈现。

二、项目收益专项债券的发行与偿还

有关项目收益专项债券发行与偿还的规定如表 3-20 所示。

表 3-20　　　　　　　　　项目收益专项债券发行与偿还的相关规定

项目	相关文件	内容
单一或集合发行	《关于试点发展项目收益与融资自求平衡的地方政府专项债券品种的通知》	专项债券可以对应单一项目发行，也可以对应同一地区多个项目集合发行，具体由市县级财政部门会同有关部门提出建议，报省级财政部门确定。
	《关于做好 2018 年地方政府债券发行工作的意见》	地方财政部门应当加强与当地国土资源、交通运输等项目主管部门的沟通协调，按照相关专项债券管理办法，合理搭配项目集合发债，适当加大集合发行力度
	《关于做好地方政府专项债券发行工作的意见》	各地可在省内集合发行不同市、县相同类型专项债券，提高债券发行效率
期限	《关于做好 2018 年地方政府债券发行工作的意见》	公开发行的项目收益专项债券，各地应当按照相关规定，充分结合项目建设运营周期、资金需求、项目对应的政府性基金收入和专项收入情况、债券市场需求等因素，合理确定专项债券期限
	《关于做好地方政府专项债券发行工作的意见》	财政部不再限制专项债券期限比例结构，各地应当根据项目建设、债券市场需求等合理确定专项债券期限
承销	《关于做好 2018 年地方政府债务管理工作的通知》	对于单只债券募集额不足 5 亿元的债券，地方财政部门可以积极研究采用公开承销方式发行，提高发行效率
偿还	《关于试点发展项目收益与融资自求平衡的地方政府专项债券品种的通知》	专项债券对应的项目取得的政府性基金或专项收入，应当按照该项目对应的专项债券余额统筹安排资金，专门用于偿还到期债券本金 不得通过其他项目对应的项目收益偿还到期债券本金 因项目取得的政府性基金或专项收入暂时难以实现，不能偿还到期债券本金时，可在专项债务限额内发行相关专项债券周转偿还，项目收入实现后予以归还
	《关于做好 2018 年地方政府债务管理工作的通知》	在按照市场化原则保障债权人合法权益的前提下，地方政府发行政府债券时可以约定到期偿还、提前偿还、分年偿还等不同形式的本金偿还条款，避免偿债资金闲置，防范资金挪用风险

（一）项目集合发行成趋势

项目收益专项债券严格对应项目发行是基本要求，但对于一次发行是单一项目还是同一地区多个项目集合发行，基本原则是可以选择，具体由省级财政部门确定。但在考虑效率的基础上，政策鼓励集合发行，地方财政部门应当加强与当地国土资源、交通运输等项目主管部门的沟通协调，按照相关专项债券管理办法，合理搭配项目集合发债，适当加大集合发行力度。

（二）期限

《关于试点发展项目收益与融资自求平衡的地方政府专项债券品种的通知》没有明确对项目收益专项债券的期限做出规定，在债券期限方面，应遵循《地方政府专项债券发行管理暂行办法》的规定，"专项债券期限为 1 年、2 年、3 年、5 年、7 年和 10 年，由各地综合考虑项目建设、运营、回收周期和债券市场状况等合理确定"，但并未严格限制在 10 年以内。《关于做好 2018 年地方政府债券发行工作的意见》也进一步规定，公开发行的项目收益专项债券，各地应当按照相关规定，充分结合项目建设运营周期、资金需求、项目对应的政府性基金收入和专项收入情况、债券市场需求等因素，合理确定专项债券期限。因此，债券的期限也可能达到 15 年甚至 20 年之久，比如棚改专项债券原则上不超过 15 年。期限匹配原则的目的是避免期限错配风险和防范资金挪用风险。该规定的落脚点还是债券的本息偿还问题，旨在保证债券有稳定的预期偿债资金来源，如果出现期限错配，则可能导致专项债券不能按期偿还，影响政府信用。

（三）偿债责任较为严格

项目收益专项债券对应的项目取得的政府性基金或专项收入，应当按照项目对应的专项债券余额统筹安排资金，专门用于偿还到期债券本金，不得通过其他项目对应的项目收益偿还到期债券本金。

三、项目收益专项债券管理机制

项目收益专项债券的管理机制如表 3 – 21 所示。

表 3 – 21　　　　　　　　　　　项目收益专项债券的管理机制

项目	相关文件	内容
法定限额管理	《关于试点发展项目收益与融资自求平衡的地方政府专项债券品种的通知》	严格执行法定限额管理，地方政府专项债券余额不得突破专项债务限额。各地试点分类发行专项债券的规模，应当在国务院批准的本地区专项债务限额内统筹安排，包括当年新增专项债务限额、上年年末专项债务余额低于限额的部分
	《关于做好2018年地方政府债务管理工作的通知》	(1) 合理确定分地区地方政府债务限额 (2) 加快地方政府债务限额下达进度 (3) 用好地方政府债务限额，鼓励项目收益专项债券积极利用上年年末专项债务未使用的限额
市县管理责任	《关于试点发展项目收益与融资自求平衡的地方政府专项债券品种的通知》	市县级政府及其部门负责承担专项债券的发行前期准备、使用管理、还本付息、信息公开等工作
信息披露	《关于试点发展项目收益与融资自求平衡的地方政府专项债券品种的通知》	分类发行专项债券的地方政府应当及时披露专项债券及其项目信息。财政部门应当在门户网站等及时披露专项债券对应的项目概况、项目预期收益和融资平衡方案、专项债券规模和期限、发行计划安排、还本付息等信息。行业主管部门和项目单位应当及时披露项目进度、专项债券资金使用情况等信息
	《关于做好2018年地方政府债务管理工作的通知》	发行项目收益专项债券和发行专项债券一样，应当重点披露本地区及使用债券资金相关地区的政府性基金预算收入、专项债务风险等财政经济信息，以及债券规模、利率、期限、具体使用项目、偿债计划等债券信息，还应当披露债券投向的公益性项目概况、投资规模及分年投资计划、建设资金来源、项目融资平衡方案、潜在风险评估等信息，以及由第三方专业机构出具的财务审计报告、信用评级报告、法律意见书等
	《关于做好2018年地方政府债券发行工作的意见》	对于土地储备、收费公路专项债券等项目收益专项债券，地方财政部门应当在积极与国土资源、交通运输等相关部门沟通协调的基础上，充分披露对应项目详细情况、项目融资来源、项目预期收益情况、收益和融资平衡方案、潜在风险评估等信息
	《关于做好地方政府专项债券发行工作的意见》	简化债券信息披露流程。省级财政部门应当及时在本单位门户网站、中国债券信息网等网站披露地方债券发行相关信息，不再向财政部备案需公开的信息披露文件。省级财政部门对信息披露文件的合规性、完整性负责，要严格落实专项债券对应项目主管部门和市县责任，督促其科学制定项目融资与收益自求平衡方案。信息披露情况作为财政部评价各地地方债券发行工作的重要参考

续表

项目	相关文件	内容
资产管理	《关于试点发展项目收益与融资自求平衡的地方政府专项债券品种的通知》	省级财政部门应当按照财政部统一要求同步组织建立专项债券对应资产的统计报告制度。地方各级财政部门应当会同行业主管部门、项目单位等加强专项债券项目对应资产的管理，严禁将专项债券对应的资产用于为融资平台公司等企业融资提供任何形式的担保

（一）严守债券规模是底线

一方面要严格执行法定限额管理，各地试点分类发行项目收益专项债券的规模，应当在国务院批准的本地区专项债务限额内统筹安排，包括当年新增专项债务限额、上年年末专项债务余额低于限额的部分。但另一方面，也不可过于保守，项目收益专项债券使用限额受到鼓励，各地要积极利用上年年末专项债务未使用的限额，结合项目对应的政府性基金收入、专项收入情况，合理选择重点项目试点分类发行，保障重点领域合理的融资需求。

（二）市县管理责任明确化

市县级政府确需举借相关专项债务的，依法由省级政府代为分类发行专项债券，转贷市县使用。一方面，应明确省级政府只是代为发行和代为还本付息；另一方面，也应明确市县负有偿债职责，落实其管理债券发行的管理责任，承担专项债券的发行前期准备、使用管理、还本付息、信息公开等工作。同时，市县级政府及其部门项目收益专项债券冠名到具体项目。

（三）信息披露体现市场化

我国地方政府债券市场化的一个基本要求是建立债券信息披露制度。对于项目收益专项债券，政策要求更加严格，不仅要披露本地区及使用债券资金相关地区的政府性基金预算收入、专项债务风险等财政经济信息，以及债券规模、利率、期限、具体使用项目、偿债计划等债券信息，更要披露其项目信息，包括专项债券对应的项目概况、项目预期收益和融资平衡方案、专项债券规模和期限、发行计划安排、还本付息等信息，以及投资规模及分年投资计划、建设资金来源、潜在风险评估、项目进度、专项债券资金使用情况等信息。此外，还要披露由第三方专业机构出具的财务审计报告、信用评级报告、法律意见书等。《关于做好地方政府专项债券发行工作的意见》对信息披露工作机制又进行了简化。

（四）项目资产监管精细化

项目形成的资产是国有资产的重要组成部分，严格管理是基本要求，而且项目资产是产生项目收益的基础，必须更加严格地管理，为今后到期专项债务偿还提供有力保障。对此，项目收益专项债券管理制度要求形成一套精细化的管理要求：一是摸清底数，动态监测。省级财政部门要按照财政部统一要求，同步组织建立专项债券对应资产的统计报告制度，实现对专项债券对应资产的动态监测。二是强化管理，合规使用。地方各级财政部门应当会同行业主管部门、项目单位等加强专项债券项目对应资产管理，严禁将专项债券对应的资产用于为融资平台公司等企业融资提供任何形式的担保。

第四章

专项债券发行实务

第一节　专项债券发行结构

一、项目收益专项债券整体发行特点

（一）专项债券发行的主要特点

1. 发行主体为地方政府

根据《关于试点发展项目收益与融资自求平衡的地方政府专项债券品种的通知》《地方政府土地储备专项债券管理办法（试行）》《地方政府收费公路专项债券管理办法（试行）》《试点发行地方政府棚户区改造专项债券管理办法》等的规定，各省、自治区、直辖市、计划单列市财政部门负责制定分类发行专项债券试点工作的实施方案。市县级政府确需举借相关专项债务的，可依法由省级政府代为分类发行专项债券，转贷市县使用，市县级政府以及有关部门负责发行前期准备、使用管理等工作。

综上所述，项目收益专项债券的发行主体为省级政府，如果有市县参与的，市县级政府可以作为与发行有关主体。

2. 发行额度受新《预算法》控制

项目收益专项债券的发行额度严格执行法定限额管理，各地试点分类发行项目收益专项债券的规模，应当在国务院批准的本地区专项债务限额内统筹安排，包括当年新增专项债务限额、上年年末专项债务余额低于限额的部分。并且发行额度需经过层层审批，财政统管。

3. 发行工作以项目为中心进行

一是项目发行工作不考察政府，主要考察项目情况。二是项目封闭式运行。

4. 发行过程法治化、市场化

一是不同于传统政府一般债务处理。二是有专业机构全程参与，保证发行依法合规。三是与国家债券市场接轨。

5. 债券资金使用全程信息披露

一是信息披露解决了政府债务信息不透明、不公开等问题。二是由市场监督债券资金使用。

（二）项目收益专项债券与地方政府其他专项债券、一般债券对比

项目收益专项债券与地方政府专项债券、一般债券的比较如表4-1所示。

表4-1　　　　项目收益专项债券与地方政府专项债券、一般债券的比较

债券类型	地方政府一般债券	地方政府专项债券	项目收益专项债券
发行主体	省、自治区、直辖市政府（含经省级政府批准自办债券发行的计划单列市政府）	省、自治区、直辖市政府（含经省级政府批准自办债券发行的计划单列市政府）	省级人民政府、省、自治区、直辖市、计划单列市
发行方式	全部为自发自还	全部为自发自还	分类发行专项债券建设的项目
资金用途	没有收益的公益性项目，不得用于经常性支出	有收益的公益性项目，不得用于经常性支出	项目应当能够产生持续稳定的反映为政府性基金收入或专项收入的现金流收入，且现金流收入应当能够完全覆盖专项债券还本付息的规模

续表

债券类型	地方政府一般债券	地方政府专项债券	项目收益专项债券
偿债来源	主要以一般公共预算收入还本付息	单只专项债券应当以单项政府性基金或专项收入为偿债来源	对应的项目取得的政府性基金或专项收入
票息形式	记账式固定利率附息形式	记账式固定利率附息形式	记账式固定利率附息形式
发行额度	依照国务院下达的限额	依照国务院下达的限额	依照国务院下达的限额，在国务院及财政部门设定的专项债券限额内
预算管理	债券资金收支列入一般公共预算管理	债券资金列入专项债务预算管理	债券资金列入专项债务预算管理
债券期限	1年、2年、3年、5年、7年、10年、15年、20年	1年、2年、3年、5年、7年、10年、15年、20年	结合项目建设运营周期、资金需求、项目对应的政府性基金收入和专项收入情况、债券市场需求等因素，合理确定专项债券期限
信息披露	对弄虚作假、存在违法违规行为的登记结算机构、承销机构、信用评级机构，列入负面名单并向社会公示	对弄虚作假、存在违法违规行为的登记结算机构、承销机构、信用评级机构，列入负面名单并向社会公示	对弄虚作假、存在违法违规行为的登记结算机构、承销机构、信用评级机构，列入负面名单并向社会公示
信用评级	择优选择评级机构	择优选择评级机构	择优选择评级机构
政府监管	财政部驻各地财政监察专员办事处负责监督检查；地方政府及时报备一般债券发行情况	财政部驻各地财政监察专员办事处负责监督检查；地方政府及时报备专项债券发行情况	财政部驻各地财政监察专员办事处负责监督检查；地方政府及时报备专项债券发行情况

二、项目收益专项债券发行整体流程

（一）整体流程图

项目收益专项债券的整体发行流程如图4-1所示。

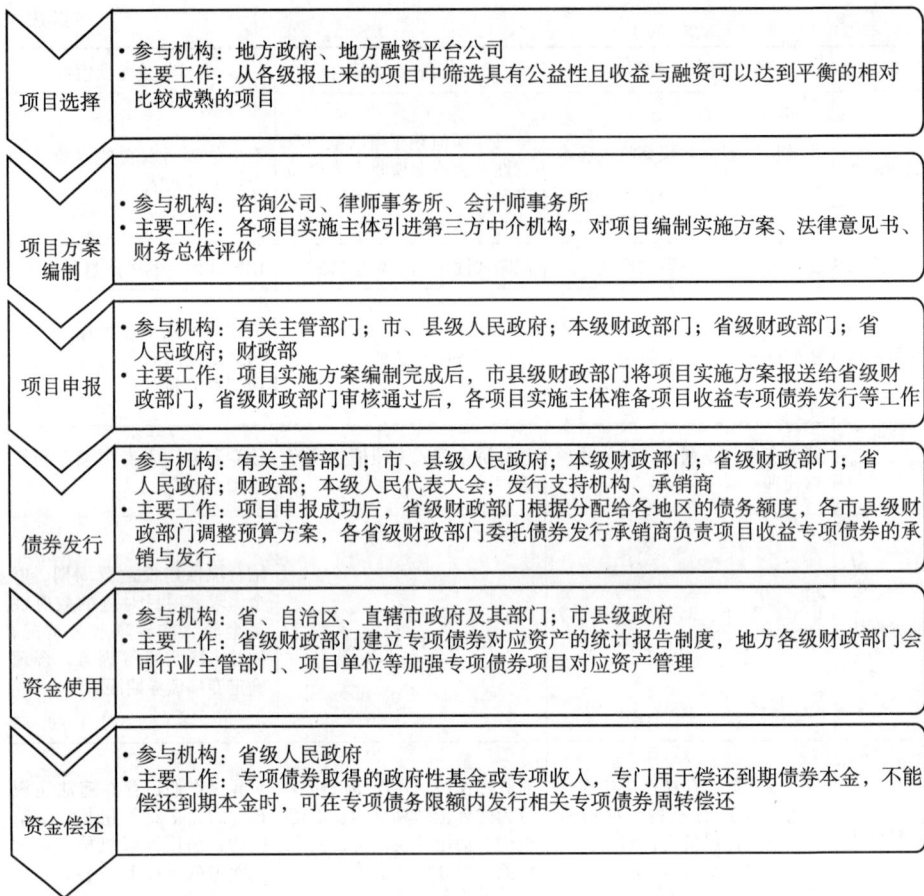

图 4 - 1　项目收益专项债券的整体发行流程

（二）发行流程说明

1. 项目选择

项目选择阶段，根据《关于试点发展项目收益与融资自求平衡的地方政府专项债券品种的通知》《地方政府土地储备专项债券管理办法（试行）》《地方政府收费公路专项债券管理办法（试行）》《试点发行地方政府棚户区改造专项债券管理办法》的规定，确需发行专项债的各地区、各相关部门根据自身情况向本级财政部门提出建议，并编制项目建议书上报审核。

2. 项目实施方案编制

项目建议书通过之后，各项目实施主体或有关主体、行业主管部门、项目单位可以引进第三方机构编制项目实施方案。

3. 专业机构评价

项目实施方案编制完成后，针对项目融资收益平衡情况，实施主体应当委托符合资质条件的第三方审计机构进行专业的财务评价，并出具评价报告；针对项目本身的合法性问题，以及项目申请债券融资的其他合法性问题，实施主体应当委托律师事务所进行法律审查，并出具法律意见书。

4. 项目申报

项目申报阶段，鉴于项目属于本级人民政府直接投资，且财政部相关文件并未明确具体规定资料提交的主体和程序要求，实践中省级项目主要由省级财政部门组织编制和提交本级政府审核，市县级项目应当由本级政府提交，也可由政府指示本级财政部门提交，项目实施主体和其他行业主管部门负责配合做好专项债券发行准备工作。

申报提交资料主要为项目实施方案、信息披露材料等，财务评价报告和法律意见书应当连同实施方案一同提交申报。省级财政部门负责按照专项债务管理规定，审核确定分类发行专项债券实施方案和管理办法。

5. 债券发行

项目发行阶段，由省级财政部门根据本地区余额和限额情况，综合各地区项目申报情况，确定每个项目发行债券的规模和期限、发行计划安排、还本付息等信息，并由债券承销商进行债券的承销。

6. 资金使用

地方政府债券资金到位后，通过各地财政建立的专项债券资金使用平台，将债券募集到的资金严格使用到所申报的项目上，债券资金的使用必须严格限制在债券对应项目是项目收益专项债券的核心特点之一，资金不得挪做他用，也不能用在其他项目上，且不得用于为其他融资平台公司等企业融资提供担保。

7. 融资偿还

资金偿还阶段，地方政府可以到期偿还、提前偿还、分年偿还等，偿还资金须为项目收益专项债券发行对应的项目专项收入以及政府性基金收入。

三、项目收益专项债券发行主要参与主体及其工作

（一）发行负责部门：财政部门

1. 发行负责部门介绍

省级财政部门是地方政府的发行主要负责部门，省级财政部门的主要职责

是负责发行额度的制定、发行计划安排、审核确定分类发行专项债券实施方案和管理办法。如果有市县参与，市县级政府作为实际借债人，市县级财政部门负责具体组织工作。

2. 主要工作内容

专项债发行负责部门的主要工作内容如表 4-2 所示。

表 4-2   专项债发行负责部门的主要工作

项目		工作内容
定位		财政部门作为地方政府专项债券发行的组织者、统筹者，牵头负责债券发行各项工作，有效协调有关主管部门、项目单位与第三方中介机构的沟通
职责	省级财政部门	审核实施方案 发行前期准备工作 资金使用管理工作 债券还本付息工作 信息披露工作
	市县级财政部门	提出项目建议 发行前期准备工作 组织编制实施方案 资金使用管理工作 债券还本付息工作 信息披露工作

（二）专业机构

1. 咨询公司

（1）咨询公司介绍。

咨询公司辅助发行主体编制项目收益专项债券实施方案，编制项目收益专项债券在项目筛选以及项目发行前期均需要咨询公司的参与，咨询公司的主要职能是帮助地方政府选择优质、符合条件的项目，并根据选出的项目进行项目建议书以及实施方案的编制。

（2）主要工作内容。

作为第三方辅助机构，咨询公司提供的主要服务内容有：

①配合项目单位、项目有关部门、实施主体筛选项目；

②对项目实施主体以及项目情况进行尽职调查；

③编制项目建议书；

④编制实施方案。

2. 律师事务所

（1）律师事务所介绍。

项目在筛选阶段，项目单位及政府指定的有关部门可以委托律师事务所对项目的合法性、合规性进行审查，项目建议书经省级财政部门审核通过后，律师事务所一方面为项目实施方案编制提供法律咨询，另一方面运用自己的专业对项目进行法律审查，出具法律意见书。

（2）主要工作内容。

①基本信息尽职调查。项目法律意见书在编制前，需要对整个项目的基本信息进行调查。其中，项目收益专项债券的基本信息通常包括发行主体与实施主体的基本资料，项目有关基本信息，如项目立项、环境影响评价、用地、工程设计等审批、核准或备案情况，以及项目涉及收费许可等运营有关情况。

②项目相关法律政策收集整理。项目基本信息尽职调查之后，对项目实施全过程中的各方应当遵守的项目收益专项债券的相关法律法规、地方政府性法律规范及政策进行收集整理。

③对项目有关部门（单位）和项目现场进行调查。政府投资项目具有规模大、投资大、工程量大、建设期长等特点，往往涉及众多部门（单位），牵涉面广、复杂程度高，不少项目都需要进行征地拆迁安置。对此，项目的审查必须多次走访相关部门，如财政、发改、规划、环保、住建等部门以及其他主管部门，了解项目审批情况，并对现场进行调查，了解项目建设是否符合审批规定，掌握项目进程。

④法律意见书编制。在法律尽职调查和项目尽职调查的基础上，由持有律师执业证并经过年度检查的专业律师，结合专业评判，对项目申请发行地方政府专项债券出具法律意见书。

3. 会计师事务所

（1）会计师事务所介绍。

根据有关规定，项目收益专项债券发行需要限制在地方政府债务限额内，且需具有能完全覆盖专项债券还本付息的持续稳定的现金收入。因此，在项目筛选过程中，应当委托专业的会计师事务所对项目的收益与融资平衡情况进行评价。

（2）主要工作内容。

①基本信息尽职调查。项目收益专项债券总体评价在编制前需对整个项目的基本情况以及发行方的财政情况进行信息收集。需要收集的信息包括但不仅限于项目的建设情况、项目投资额及融资情况等。

②项目相关数据分析。项目相关数据分析主要包括对项目经营活动产生的现金流、项目投资产生的现金流、项目融资活动产生的现金流、项目现金等情况进行分析。市场方面，需要对市场竞争对手的情况、市场供求情况等方面进行分析。例如涉及房屋销售的，需要对销售情况进行分析。政府方面，第三方机构需要对政府的财政收入以及上一年度债务余额等情况进行分析。

③项目总体评价。第三方机构需要审阅项目的资金测算平衡表以及编制过程。在实施审阅工作的基础上对专项债券的稳定现金流收益规模、项目收益、支出及融资平衡情况进行总体评价，出具评价报告。

4. 信用评级机构

项目实施方案通过之后，项目实施主体或有关主管部门需引进信用评级机构对本次发行的项目收益专项债券进行评级，项目收益专项债券发行之后，每年需要跟踪评级。其主要工作内容：

（1）前期准备阶段。

①评估客户向评估公司提出信用评级申请，双方签订信用评级协议书。

②评估公司指派项目评估小组，并制定评估方案。

③评估小组向评估客户发出评估调查资料清单。

（2）信息收集阶段。

①评估小组对现场调查研究，对评估客户提供的资料进行阅读分析，围绕信用评级指标体系的要求，明确已经齐备的资料，明确还需要补充的资料和情况。

②就主要问题同评估客户有关职能部门领导进行交谈。

③根据需要，评估小组还要向主管部门、工商部门、银行、税务部门及有关单位进行调查了解与核实。

（3）信息处理阶段。

对收集的资料进行分类、保密处理，并进行定量分析。

（4）出具信用评级报告。

①评级小组根据信用评级标准的要求，将定性分析资料和定量分析资料结

合起来，进行综合评价和判断，形成小组统一意见，提出评级初步结果。

②出具正式信用评级报告。

（5）公布评级结果。

（6）跟踪评级。

由于专项债券具有对应项目建设期长、发行期限长的特点，债券发行后，需要根据项目进程和运营情况，制订跟踪评级计划，由评级机构开展跟踪评级，出具跟踪评级报告。

（三）项目实施主体

因项目类型以市政基础设施建设等方面的公益性项目为主，建设周期比较长，即使在《关于试点发展项目收益与融资自求平衡的地方政府专项债券品种的通知》中没有对项目实施主体的资质资格进行重点描述，但从土地储备、收费公路和棚户区改造三个专项债券的规定来看，项目收益专项债券对应项目的具体实施主体为政府部门或依法依规授权的事业单位。

因此，地方在组织专项债券发行过程中，除地方财政部门要严格履行牵头负责的职责外，地方政府可以选择指定有关部门、单位或其本身作为项目实施主体，对项目的建设和运营负主体责任。

（四）项目建设运营主体

1. 项目建设运营主体介绍

由于项目的专业性以及复杂性，政府及有关部门只具有监督管理职能，不能直接参与具体建设和运营，但地方政府可以选择一些具备项目建设运营经验的企事业单位进行项目建设和项目运营，从而履行监督管理职责。因此，项目建设运营主体必须是项目实施主体根据政府授权，通过委托方式，包括通过公开招投标方式选择的符合条件的建设运营单位，这些单位通常以地方政府大型平台公司为主，也可以是国有企业或者民营企业。

2. 项目建设运营主体主要工作内容

（1）项目初选时期配合项目实施方案编制方准备相关项目资料。

（2）负责项目前期的发行准备工作。

（3）项目建设阶段，项目建设主体负责项目的具体建设工作。

（4）项目建成后，项目收益需要通过运营实现，政府及授权的部门可以作为项目业主委托专业的企事业单位对建成项目进行运营。

（五） 项目发行期承销、托管等参与主体

1. 项目发行期承销、托管主体介绍

证券公司、银行等机构是项目收益专项债券的发行承销商，可以选择在交易所市场以及银行间债券市场发行地方债券。在招标结束后，各中标承销团成员在中央结算公司办理总登记托管，在国家规定的证券登记结算机构办理分登记托管。

2. 项目发行期承销、托管等参与主体主要工作内容

（1）债券承销。

各地要组建专项债券承销团，承销团成员应当是在中国境内依法成立的金融机构，具有债券承销业务资格，资本充足率、偿付能力或者净资本状况等指标达到监管标准。

地方政府财政部门与专项债券承销商签署债券承销协议，明确双方的权利和义务。承销商可以书面委托其分支机构代理签署并履行债券承销协议。

各地可以在专项债券承销商中择优选择主承销商，主承销商为专项债券提供发行定价、登记托管、上市交易等咨询服务。

（2）债券登记和托管。

专项债券应当在中央国债登记结算有限责任公司办理总登记托管，在国家规定的证券登记结算机构办理分登记托管。

（3）债券分销

地方政府债券可以采用分销的方式，承销人应按照债券发行管理办法等规定办理债券分销手续，并与分销认购人签订分销认购协议。

第二节　土地储备、收费公路、棚改专项债券发行实务

一、土地储备、收费公路、棚户区改造专项债券发行流程

专项债券的发行流程如图4-2所示。

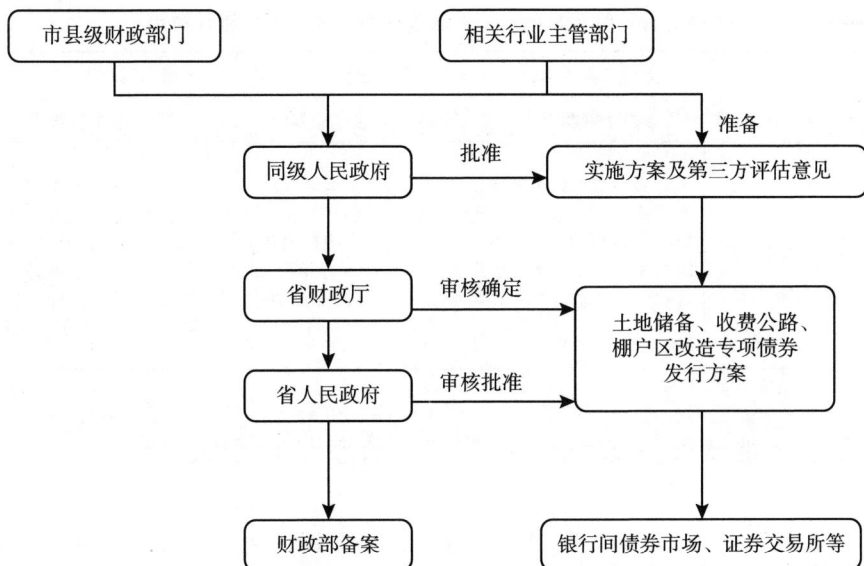

图 4 - 2 专项债券发行流程

根据《关于试点发展项目收益与融资自求平衡的地方政府专项债券品种的通知》的规定，各级地方政府需结合自身实际情况，围绕省（自治区、直辖市）党委、政府确定的重大发展战略去选择有一定收益的公益性事业领域的项目发行专项债券。具体发行报批流程如下：

项目实施机构在完成项目实施方案的撰写并经会计师事务所、律师事务所等合法第三方机构出具实施方案的财务评估报告和法律意见书之后，由本级财政部门将实施方案及第三方评估意见汇总报送同级人民政府批准，由同级人民政府将实施方案及第三方评估意见报送省财政厅。

省级财政部门根据本级人大常委会批准的预算调整方案，审核确定土地储备、收费公路、棚户区改造专项债券发行方案，明确债券发行时间、批次、规模、期限等事项。

专项债券发行方案经省级人民政府审核批准后，遵循公开、公平、公正原则采取市场化方式发行，在银行间债券市场、证券交易所市场等交易场所发行和流通，并报送财政部备案。

土地储备、收费公路、棚户区改造专项债券发行流程的对比如表 4 - 3所示。

表4-3　　　　土地储备、收费公路、棚户区改造专项债券发行流程对比

	土地储备专项债券	收费公路专项债券	棚户区改造专项债券
市县级行业主管部门	国土资源部门	交通运输部门	棚改主管部门
相关工作	配合做好本地区土地储备专项债券发行准备工作，及时准确提供相关材料，配合做好信息披露、信用评级、土地资产评估等工作	配合做好本地区政府收费公路专项债券发行准备工作，及时准确提供相关材料，配合做好信息披露、信用评级、资产评估等工作	配合做好本地区棚改专项债券试点发行准备工作，及时准确地提供相关材料，配合做好项目规划、信息披露、信用评级、资产评估等工作

二、土地储备、收费公路、棚户区改造专项债券发行工作

根据实务经验，项目实施机构需完成八个阶段的工作，分别为项目筛选、项目相关发行主体确定、项目依法合规性评估、项目建设运营方案制定、项目收益平衡评价、项目风险管理方案制定、债券发行计划制定与债券信息披露计划制定，如图4-3所示。

图4-3　专项债券发行工作

（一）第一阶段：项目筛选

1. 项目筛选范围

三种专项债券项目的筛选范围如表4-4所示。

表4-4　　　　土地储备、收费公路、棚户区改造专项债券项目筛选范围

	土地储备专项债券	收费公路专项债券	棚户区改造专项债券
项目筛选范围	地方政府为调控土地市场、促进土地资源合理利用，依法取得土地，进行前期开发、储存以备供应土地的项目	根据相关法律法规，采取政府收取车辆通行费等方式偿还债务而建设的收费公路，主要包括国家高速公路、地方高速公路及收费一级公路等	纳入国家棚户区改造计划，依法实施棚户区征收拆迁、居民补偿安置以及相应的腾空土地开发利用等的系统性工程，包括城镇棚户区（含城中村、城市危房）、国有工矿（含煤矿）棚户区、国有林区（场）棚户区和危旧房、国有垦区危房改造项目等

2. 项目发行需满足的条件

（1）土地储备专项债券。

土地储备是指地方政府为调控土地市场、促进土地资源合理利用，依法取得土地，进行前期开发、储存以备供应土地的行为。

根据相关规定，项目需满足如下条件才可发行土地储备专项债券：

①项目实施主体列入国土资源部门发布的土地储备机构名录。土地储备由纳入国土资源部（现为自然资源部）名录管理的土地储备机构负责实施。因此，项目发行前需核实项目的实施主体是否为列入国土资源部门发布的土地储备机构名录，该名录由国土资源部每年发布，每个进入名录的土储机构都有对应名录代码，多数土储机构名称为"某市（县、区）土地储备中心"。

②项目应纳入本地土地储备计划。根据规定，县级以上地方各级土地储备机构应当根据土地市场情况和下一年度土地储备计划，编制下一年度土地储备项目收支计划，提出下一年度土地储备资金需求，报本级国土资源部门审核、财政部门复核。

因此，只有列入土地储备计划的土地才具有资金需求，土地储备计划一般由土地储备机构具体提出，由所属国土资源部门或者上级国土资源部门审核，最后提交市县人民政府进行批复，只有获得人民政府批复的土储计划才是有效的。

③项目涉及地块产权明晰。土储债券以项目对应并纳入政府性基金预算管理的国有土地使用权出让收入或国有土地收益基金收入偿还。因此，土地顺利按计划进行储备、按照预期出让是收益的保障之一，而项目涉及地块产权问题，经常构成储备顺利与否的重要问题。

这里需要区分国有土地和集体土地：如果是国有土地，则是国有土地回收，土地使用权利用情况较为复杂，与地上构筑物产权人的收储协议谈判是关键；如果是集体土地，那么土地储备的过程也是土地性质转变的过程，能够顺利进行收储的土地，需要已经取得省级政府关于本省（市、自治区）建设用地的批复。

案例一：

第一批北京市政府土地储备专项债券①

2017 年 7 月 7 日，北京市财政局公开发行 2017 年第一批北京市政府土地储备专项债券，该项目是由同一地区多个同类型项目集合发行的项目收益专项债。

土地储备项目以谋取公众福利最大化为目的。项目建设更多的体现社会效益，区内的交通顺畅、环境优美、街道整洁、工业带动，受益的是民众，并为周边地区的经济和社会发展奠定良好的基本环境，同时可以盘活土地资产，带动商贸、旅游业的发展，促进劳务输出，有助于促进当地贫困人口脱贫致富。2017 年第一批北京市政府土地储备专项债券发行的目的是调控当地土地市场，促进土地资源合理利用，促进生态建设与当地经济发展，符合土地储备项目的发行范围规定。

2017 年第一批北京市政府土地储备专项债券发行总额 90.00 亿元，品种为记账式固定利率附息债，全部为新增土地储备专项债券。本批债券分为五期发行，本次公开招标发行的 2017 年第一批北京市政府土地储备专项债券共涉及朝阳区、东城区、石景山区、大兴区四个区。其中，朝阳区土地储备专项债券分两期发行，期限分别为 3 年期、5 年期，发行规模分别为 13.1 亿元、30.5 亿元；东城区土地储备专项债券发行一期，期限为 5 年期，发行规模为 3.6 亿元；石景山区土地储备专项债券发行一期，期限为 5 年期，发行规模为 36.3 亿元；大兴区土地储备专项债券发行一期，期限为 5 年期，发行规模为 6.5 亿元。上述 3 年期、5 年期的北京市政府土地储备专项债券利息按年支付，发行后可按规定在全国银行间债券市场和证券交易所债券市场上市流通，各期债券到期后一次性偿还本金。

因本项目为集合发行项目，条款较多，并且考核要点基本类似，在此不一一赘述，仅以朝阳区土地储备专项债项目为例。

---

① 资料来源：中国债券信息网，http://www.chinabond.com.cn/cb/cn/。

　　朝阳区城市化水平较高，但仍未完全城市化，近年来着力构建"高精尖"经济结构，人口密度较高，由于非首都功能疏解，2016年常住人口比2015年降低了2.5%。虽然近年来土地供应量呈下滑态势，但考虑到朝阳区区域内仍有部分闲置土地，预计未来作为城六区之一，土地供应量依然较为稳定。受益于较完善的城市基础设施水平和产业结构，区内土地出让平均单价高出全市平均水平，预计中长期内朝阳区房地产存在较强的刚性需求，有望支撑区域内土地市场价格。

　　朝阳区（一、二期）土储专项债主要用于孙河乡、豆各庄乡、电子城北、东坝边缘集团南区4个地块的土地储备项目，预计总投资额为785.56亿元，其中资本金741.96亿元；其余资金43.6亿元，通过发行土地储备专项债券解决。

　　该项目的主要收入为专项收入，即土地出让收入。根据近年来朝阳区相近位置的地块历史出让情况，上述区域地块近五年历史成交较活跃，土地成交单价逐渐增长。近五年上述地块相近区域历史成交单价约为2610.38万元/亩，由于未获得当期土地储备项目的规划用途，仅根据相近地块历史均价测算，若相应地块4146亩全部出让，预计可实现土地出让收入约1082.27亿元。本项目成本包括土地征用、房屋拆迁、基础设施补偿、"五通一平"、相关税费、预备费用、财务费用等。预期收入可覆盖对应地块全部投资，对北京市朝阳区（一、二期）土储专项债的覆盖倍数达到24.82倍，上述地块国有土地出让收入对债券的保障程度较高。

案例总结：

　　由上述披露文件以及中国债券网披露的相关附件资料（见相关网页）可知，自2017年5月19日《地方政府土地储备专项债券管理办法（试行）》公布以来，各地已发行多期土地储备专项债券，2017年第一批北京市政府土地储备专项债券是典型的土地储备地方政府专项债券项目，是北京市2017年重点项目之一。

　　该土地储备项目的实施是推动北京市发展的需要。实施本项目，可实现有序供地，满足北京市快速发展的用地需求，使发展不受土地储备不足的限制，故实施本项目非常必要。

从发行主体来看，本项目的实施机构为土地储备中心，已列入国土资源部门发布的土地储备机构名录，本次发行债券的土地储备项目均已纳入国家土地储备计划，该项目涉及地块产权明晰，均为国有土地。

本次专项债券还本付息资金来源于项目自身收入，债务风险锁定在项目内，并按照市场规则向投资者进行详细的项目信息披露，保障投资者权益，满足项目运营管理条件。

根据中国债券网披露的该项目的基本情况以及会计师事务所出具的财务总体评价报告可知，每个项目的投资估算及预期项目收益均能全额覆盖分配给每个项目的债券本息。在债券存续期内，该项目具有持续稳定的现金流，符合相关政策要求。2017年第一批北京市政府土地储备项目符合财政部《地方政府土地储备专项债券管理办法（试行）》规定的项目要求，具有稳定的预期偿债资金来源，对应的政府性基金收入应当能够保障偿还债券本金和利息，实现项目收益和融资自求平衡，符合发行条件。

综上分析，本项目是具有一定收益的土地储备类公益性项目。

（2）收费公路专项债券。

根据相关规定，项目需满足如下条件才可发行收费公路专项债券：

①项目必须为公益性项目，具有一定的经济与社会效益。《关于试点发展项目收益与融资自求平衡的地方政府专项债券品种的通知》要求，专项债券项目需为有一定收益的公益性项目，要对项目进行重大经济社会效益分析，尤其要对是否积极践行"创新、协调、绿色、开放、共享"新发展理念，能否促进地方经济社会可持续发展进行分析。因此拟发行专项债券的项目应为公益性项目，且具有一定的经济与社会效益。

②项目必须为收费公路。《地方政府收费公路专项债券管理办法（试行）》第一章第二条规定，可发行该专项债券的收费公路需为根据相关法律法规，采取政府收取车辆通行费等方式偿还债务而建设的收费公路，主要包括国家高速公路、地方高速公路及收费一级公路等。

③优先用于符合国家战略的项目建设。《地方政府收费公路专项债券管理办法（试行）》第一章第八条明确，收费公路专项债券资金应当专项用于政府收费公路项目建设，优先用于国家高速公路项目建设，重点支持"一带一路"建设、京津冀协同发展、长江经济带建设的政府收费公路项目建设。

案例二：

第一批天津市政府收费公路专项债券①

2018 年 8 月 2 日，天津市财政局公开发行2018 年第一批天津市政府收费公路专项债券，天津市政府收费公路专项债券是典型的收费公路专项债券项目之一。

本项目自天津市滨海新区南港工业区至西青区，是国家公路网规划（2013～2030 年）京沪国家高速（G2）天津至石家庄联络线（G0211）的起点路段。G0211 津石联络线东起天津南港海滨大道（已经规划为京哈国家高速（G1）秦滨联络线（G0111）线位），向西南交京沪高速后，经河北大城、任丘、安国，终于石家庄，与京港澳国家高速（G4）和京昆国家高速（G7）衔接，沿线连接了多条国家、省级高速公路和国省干线公路，是天津市滨海新区南部港区辐射华北、华东及西部地区的通道，同时还连接了天津与石家庄两大城市，对促进京津冀交通一体化具有重要意义。津石联络线全长约295 公里，其中天津境内全长约80.3 公里，除与长深国家高速（G25）共线段约36 公里已建成通车外，本项目及天津西段约13 公里均处于前期工作研究阶段。本项目建成后，即可自东向西将天津南部港区、秦滨国家高速与长深国家高速、荣乌国家高速相连通，构成天津市南部区域交通主干线和疏港快速通道网络，提升高速公路网整体通行能力和服务水平，改善区域对外交通环境。因此，本项目的建设对完善国家高速公路网是必要的。

天津港疏港通道过于集中在北部港区，而南港工业区疏港通道网络则不尽完善，尤其缺乏西向疏港通道。为此，南部港区集疏运规划中规划了西向的南港铁路及津石、南港高速。当前天津港作为国家沿海主要港口和国家综合交通运输体系的主要枢纽正在按新规划加速建设和发展，与此相适应，区域综合运输网络加强通港达港的集疏运能力、突出加强沟通港口腹地方向的快速通道建设，已成为当务之急。目前南港铁路已经开工。该项目将南部港区、秦滨国家

---

① 资料来源：中国债券信息网，http://www.chinabond.com.cn/cb/cn。

高速与国家长深、荣乌高速直接连通，并与津石高速其他在建、待建路段共同构成西向快速公路通道，是基本满足天津港南港工业区发展所需的快速公路网络主骨架。因此，本项目的建设已显迫切。

该项目法人为天津滨海新区高速公路投资发展有限公司，符合《地方政府收费公路专项债券管理办法（试行）》的相关规定。本项目起自滨海新区南港工业区，与已建成的海滨大道（秦滨国家高速线位）及南港工业区港北路衔接，经大港电厂南、东台子，止于西青区小张庄附近，顺接已建成的津石高速公路和长深高速公路共线段，并向西北设高速连接线与荣乌高速公路衔接。具体内容为利用既有的滨海新区管理中心承接本项目的管理职责，设匝道收费站3处。

根据2018年天津市政府滨海新区收费公路专项债券（一期）——2018年天津市政府专项债券（四期）中国信息网公开发行的文件可知，本项目津石高速公路全长约36.5公里。主线全长31.3公里，设6323米特大桥1座，设南港工业区（枢纽）、大港油田、东台子和小张庄（枢纽）共4处互通式立交；设终点高速连接线长约52公里，含34.7米中桥1座和终点小泊（枢纽）互通式立交1处；利用既有的滨海新区管理中心承接本项目的管理职责，设匝道收费站3处。综合考虑本项目建设条件、技术标准、建设规模等具体情况，提出本项目计划2017年12月开工建设，2020年12月建成通车，建设工期3年。本项目投资估算为76.20亿元（其中主线67.98亿元，连接线8.22亿元）；静态投资为73.59亿元（其中主线65.65亿元，连接线7.94亿元）；平均每公里造价20877.00万元。

资金筹措方面，本项目共需投资金76.20亿元，其中资本金38.10亿元，占总投资的50%，拟申请国家补助资金，不足部分由滨海新区财政承担；其余资金38.10亿元，通过发行收费公路专项债券解决。

此次公开发行的2018年天津市政府滨海新区收费公路专项债券（一期）——2018年天津市政府专项债券（四期）发行总额为3亿元，品种为记账式固定利率附息债券，全部为新增债券，期限为5年期，按年付息，到期后一次性偿还本金，发行后可按规定在全国银行间债券市场和证券交易所债券市场上市流通。

　　根据融资主体目前的业务情况，项目收入主要通过收取高速公路通行费获得，依据以上车流量测算和收费标准，募投项目 15 年经营期（2021～2035 年）预计可产生通行费收入 74.04 亿元，对计划发行的金额合计 38.10 亿元的收费公路专项债本息的覆盖倍数为 1.28 倍；扣除维修、养护及管理成本后净收益 69.72 亿元，对计划发行的金额合计 38.10 亿元的收费公路专项债本息的覆盖倍数为 1.21 倍。本期收费公路专项债券存续期内（2018～2023 年）募投项目预计可产生通行费收入 9.22 亿元，为本期收费公路专项债券本息的 2.57 倍，募投项目未来预期收入可足额覆盖本期收费公路专项债券本息。

　　目前本项目所在的天津市滨海新区南港工业区对外联系的公路通道主要有二级标准的津淄、津歧公路及秦滨国家高速相关路段（海滨大道），均为南北走向，东西向交通需通过南北通道绕行，严重影响了通行效率。随着南港工业区的发展，迫切需要建设快速的东西向高等级公路，以满足该区域经济发展及集疏港交通发展的需要。因此，本项目的建设对适应区域交通运输发展是必要的。

案例总结：

　　本项目起自滨海新区南港工业区，接已建的海滨大道及南港工业区港北路，止于西青区小张庄附近，接已建的津石高速公路和长深高速公路共线段，同时根据天津市高速公路路网规划，将项目延长至荣乌高速，作为津石高速联络线。主线及连接线总长 36.5 公里，均采用双向四车道高速公路标准建设，设计速度 100 公里/小时，桥涵设计汽车荷载等级采用公路 - Ⅰ 级。全线设互通立交 5 座，跨独流减河特大桥 1 座，收费站 3 处。本项目全线位于天津市内，建设完成后将是天津市境内的重要路段，是天津市东西交通主干线和省际出口通道之一，在区域路网中具有重要的地位和作用。该项目属于交通工程项目，且满足公益性要求。

　　从发行主体来看，本项目法人为天津滨海新区高速公路投资发展有限公司，符合《地方政府收费公路专项债券管理办法（试行）》的相关规定。

　　根据信息披露文件及出具的法律意见书可知，项目收入主要通过收取高速公路通行费获得，该项目符合国家产业政策，依法履行行政审批手续，并承诺后续审批依法进行。以上项目均满足《国务院关于加强地方政府融资平台公司管理有关问题的通知》对项目实施运营主体的管理要求。本次专项债券还本付息资金来源于项目自身收入，债务风险锁定在项目内，并按照市场规则向投资者进行详细的项目信息披露，能够保障投资者权益，满足项目运营管理条件。

根据中国债券网披露的该项目的基本情况以及会计师事务所出具的财务总体评价报告可知，该项目投资估算及预期项目收益均能全额覆盖分配给每个项目的债券本息。在债券存续期内，该项目具有持续稳定的现金流，符合财政部《地方政府收费公路专项债券管理办法（试行）》规定的项目要求，具有稳定的预期偿债资金来源，对应的政府性基金收入应当能够保障偿还债券本金和利息，实现项目收益和融资自求平衡，符合发行条件。

由上述披露文件以及相关附件资料可知，该项目海滨大道—长深高速段是《国家公路网规划》（2013~2030年）津石高速公路（G0211）的重要组成部分。所以 2018 年第一批天津市政府收费公路项目是典型的收费公路地方政府专项债券项目，是天津市 2018 年重点项目之一。

（3）棚户区改造专项债券。

棚户区改造是指纳入国家棚户区改造计划，依法实施棚户区征收拆迁、居民补偿安置以及相应的腾空土地开发利用等的系统性工程，包括城镇棚户区（含城中村、城市危房）、国有工矿（含煤矿）棚户区、国有林区（场）棚户区和危旧房、国有垦区危房改造项目等。根据相关规定，项目需满足如下条件才可发行棚户区改造专项债券：

①项目必须已纳入国家棚改计划。《试点发行地方政府棚户区改造专项债券管理办法》明确项目须纳入国家棚改计划，但是目前国家住房和城乡建设部对棚改计划的管理，尚未做到直接管理而每年公布全国棚改计划库，主要是采用间接的方式，各省级住建部门对本行政区域内各地区上报的棚改项目进行审核确定。因此，在实务中，项目是否纳入国家棚改计划主要通过审查是否获得省级住建部门关于纳入国家棚改计划的批复、复函为主。

②项目实施主体符合规定。本级棚改主管部门是指各级住房城乡建设部门以及市县级政府确定的棚改主管部门，比如有些市县人民政府结合实际设立了房地产管理部门，也可以被授权实施。

③项目符合国家棚改安置政策。目前棚改区安置方式主要采用实物安置或者货币化安置的方式，或者两者相结合。货币化安置以现金的形式作为补偿，让拆迁居民到市场上自行购房，不受地域限制，这种安置方式有助于政府对本地区房地产市场的调控，但运用不当也会给当地房价带来负面影响，所以货币

化安置的比例设定需要结合本地实际情况、因地制宜地采用。

案例三：

天津市滨海新区棚户区改造专项债券①

2018 年 9 月 29 日，天津发行了 2018 年天津市滨海新区棚户区改造专项债券（一期）——2018 年天津市政府专项债券（三十期），天津市滨海新区棚户区改造专项债券是典型的棚户区改造专项债券项目之一。

滨海新区位于天津东部沿海，地处环渤海经济带和京津冀城市群的交汇点，作为天津城市双核心之一，滨海新区是天津市当前与未来的发展重点，做好棚户区改造工作是改善民生、构建和谐社会、实现可持续发展、早日实现规划定位的重要工作内容。近年来，滨海新区建设不断提速，新建城区规模日益扩大，城镇面貌正处于快速变化中，现代化建设水平日益提升。在滨海新区主要建成区及周边区域，由于历史原因形成了多片老旧居住区（含棚户区、城中村），房屋破旧、基础设施落后，与新建区域对比差距突出，居民生活条件较差，改善住房条件和生活环境的愿望较为迫切。地方政府为落实李克强总理关于"保障性住房建设是政府的硬任务、硬承诺"的要求，坚持把棚户区改造和保障性住房建设放在民生工程的首要位置，攻坚克难，扎实推进。为了调控当地土地市场、促进土地资源合理利用，促进生态建设与当地经济发展而依法取得土地，进行前期开发、储存以备供应，符合棚户区改造项目的发行范围规定。该项目为公益性项目。

2018 年天津市滨海新区棚户区改造专项债券发行总额为 40 亿元，品种为记账式固定利率附息债券，期限为 5 年期，全部为新增债券。本期债券利息按年付息，到期后一次性偿还本金，发行后可按规定在全国银行间债券市场和证券交易所债券市场上市流通。

---

① 资料来源：中国债券网，http://www.chinabond.com.cn/cb/cn/。

根据滨海新区棚户区改造工作安排，此项目包含滨海新区新河街片区、新北街片区、杭州道街片区、塘沽街片区、大沽街片区、塘沽农场片区、茶淀街片区、汉沽街片区、寨上街片区、海滨街片区、古林街片区、大港街片区、胡家园片区等棚户区改造（旧城区改建）子项目。共涉及塘沽地区、大港地区和汉沽地区三个区域，征收房屋总建筑面积120.95万平方米，共19037.00户。为保障棚户区改造等重点领域合理的融资需求，按照新《预算法》《国务院关于加强地方政府性债务管理的意见》《试点发行地方政府棚户区改造专项债券管理办法》等文件精神，结合天津市滨海新区2018年棚户区改造计划，天津市滨海新区政府决定通过发行地方政府棚户区改造专项债券实施本项目，以满足棚户区改造的融资需求。

资金筹措方面，本次项目总投资2385841.00万元，其中，建设投资2299002.00万元，建设期利息85343.00万元，债券发行费1497.00万元，所需资金计划通过财政投入资本金和发行地方政府棚户区改造专项债券的方式筹集。资本金889327万元，其中已投入资金约350500万元，拟发行债券额度1496515万元。

本期债券募集资金投资项目现金流入通过土地出让实现。相应土地位于天津市滨海新区大港地区、汉沽地区及塘沽地区，基准低价参考历史成交宗地均价。考虑出让土地位置、周边环境、交通和配套调教以及大港、汉沽、塘沽三地区近年来房地产售价增长情况，结合当前政策调控情况，本项目出让期内土地价格年增长率按10%进行预测。依据相关规定，土地出让收入2471585.00万元，扣除三地区政府净收益（25%）中的政策性基金（36%）222443.00万元和政策性成本（包括铁路建设费、市容环境管理维护费、市政基础设施建设费）122597.00万元后，剩余2126545.00万元，为本次棚户区改造项目土地出让总收益。根据项目资金平衡分析的结果，天津市滨海新区棚户区改造专项债券本息资金覆盖率可达到1.22倍，我们未注意到不能够满足资金筹措充足性要求的情况。另外，通过对土地出让收入变动进行压力测试后，结果显示，本项目在收入下降15%时，债券本息资金覆盖率仍然大于1，因此项目收益能够覆盖债券的还本付息。

案例总结：

由上述披露文件以及中国债券网披露的相关附件资料（见相关网页）可知，2018 年天津市滨海新区棚户区改造专项债券（一期）是典型的棚户区改造专项债券项目，是天津市 2018 年重点项目之一。

该建设项目实施产生的效益主要是社会效益，有助于改善居民生活条件，完善城市功能，让全体人民共享改革发展的成果，让广大人民群众可以享有可靠的社会保障，有助于构建社会主义和谐社会，促进社会安定团结。

综上所述，本项目的建设是以一定公益性为载体，以非营利性为目的，有助于促进当地可持续发展，是符合棚户区改造的典型项目。

从发行主体来看，本项目的发行主体为天津市人民政府，符合相关政策规定。该项目涉及地块产权明晰，均为国有土地，且该项目有充足的自有资金可满足建设期的利息支出。

根据信息披露文件及法律意见书可知，本期债券对应的除塘沽胡家园片区以外的棚户区改造项目均已经纳入滨海新区 2018～2020 年棚户区改造计划并已上报天津市国土资源和房屋管理局，塘沽胡家园片区棚户区（城中村）改造项目已经纳入天津市棚户区改造总体规划，并已上报住房城乡建设部备案。

该项目符合国家产业政策，依法履行行政审批手续，并承诺后续审批依法进行。以上项目均满足《国务院关于加强地方政府融资平台公司管理有关问题的通知》对项目实施运营主体的管理要求。本次专项债券还本付息资金来源于项目自身收入，债务风险锁定在项目内，并按照市场规则向投资者进行详细的项目信息披露，能够保障投资者权益，满足项目运营管理条件。

根据中国债券网披露的该项目的基本情况以及会计师事务所出具的财务总体评价报告可知，该项目在到期偿还本息之后，仍有一定的现金结余，并且到期预计可达到的资金覆盖率为 1.22 倍。在债券存续期内，该项目具有持续稳定的现金流，符合相关政策要求。

综上分析，本项目是具有一定收益的棚户区改造公益性项目。

（二）第二阶段：项目发行有关主体的确定

1. 发行人的确定

省、自治区、直辖市政府（以下简称省级政府）为土地储备、收费公路、棚户区改造专项债券的发行主体。设区的市、自治州，县、自治县、不设区的市、市辖区级政府（以下简称市县级政府）确需发行土地储备、收费公路、棚户区改造专项债券的，由省级政府统一发行并转贷给市县级政府。经省级政府批准，计划单列市政府可以自办发行土地储备、收费公路、棚户区改造专项债券。

2. 项目实施主体的确定

三种专项债券的实施主体如表4-5所示。

表4-5　　　　　土地储备、收费公路、棚户区改造专项债券实施主体

	土地储备专项债券	收费公路专项债券	棚户区改造专项债券
实施主体	纳入国土资源部名录管理的土地储备机构	交通运输部门	棚改主管部门

3. 项目建设单位确定

在选择项目建设单位时应考虑如下因素：

（1）公司股东构成情况。

（2）公司股权结构。

（3）公司设立过程是否合法合规。

（4）公司历史沿革发生的变更是否合法有效。

（5）公司是否具有丰富的建设经验。

（6）公司是否具备成熟的项目建设管理办法。

（7）公司是否存在其他影响项目顺利建设的相关因素。

项目建设单位可选择具有一定建设经验的知名国有企业，或地方政府全资控股的城市建设公司。

4. 项目运营单位确定

三种专项债券的运营单位如表4-6所示。

表4-6　　　　　土地储备、收费公路、棚户区改造专项债券运营单位

	土地储备专项债券	收费公路专项债券	棚户区改造专项债券
运营单位	县级以上地方各级国土资源部门	县级以上地方各级交通运输部门	县级以上各级棚改主管部门

（三）第三阶段：项目合法合规性评估

1. 确定项目具备发行的条件

（1）土地储备专项债券。

土地储备专项债券项目需满足如下条件：

①项目实施主体列入国土资源部门发布的土地储备机构名录。

②项目应纳入本地区土地储备计划。

③该项目涉及地块产权明晰。

（2）收费公路专项债券。

收费公路专项债券项目需满足的条件，主要是项目是否取得收费资质。

（3）棚户区改造专项债券。

棚户区改造专项债券项目需满足如下条件：

①项目已纳入国家棚改计划。

②项目实施主体符合规定。

③该项目符合国家棚改安置政策。

2. 确定债务限额充足

各地试点分类发行专项债券的规模，应当在国务院批准的专项债务限额内统筹安排，包括当年新增专项债务限额、上年年末专项债务余额低于限额的部分。因此，发债前须确保发行主体专项债务限额充足，所发债券金额未超出本地区专项债务限额。

3. 进行债务预算管理

根据有关规定，土地储备专项债券、收费公路专项债券和棚户区改造专项债券的收入、支出、还本、付息、发行费用等都要纳入政府性基金预算管理。因此应将专项债券的收支相关的资金纳入政府性基金预算管理。

4. 建立项目资产管理的相关制度

（1）土地储备专项债券。

地方各级土地储备机构应当严格储备土地管理，切实理清土地产权，按照有关规定完成土地登记，及时评估储备土地资产价值。县级以上地方各级国土资源部门应当履行国有资产运营维护责任。地方各级土地储备机构应当加强储备土地的动态监管和日常统计，及时在土地储备监测监管系统中填报相关信息，获得相应电子监管号，反映土地储备专项债券运行情况。

（2）收费公路专项债券。

地方各级财政部门应当会同本级交通运输部门，将收费公路专项债券对应项目形成的基础设施资产纳入国有资产管理。建立收费公路专项债券对应项目形成的资产登记和统计报告制度，加强资产日常统计和动态监控。县级以上地方各级交通运输部门及相关机构应当认真履行资产运营维护责任，并做好资产的会计核算管理工作。收费公路专项债券对应项目形成的基础设施资产和收费公路权益，应当严格按照债券发行时约定的用途使用，不得用于抵质押。

（3）棚户区改造专项债券。

地方各级财政部门应当会同本级棚改主管部门等，将棚改专项债券对应项目形成的国有资产，纳入本级国有资产管理，建立相应的资产登记和统计报告制度，加强资产日常统计和动态监控。县级以上各级棚改主管部门应当认真履行资产运营维护责任，并做好资产的会计核算管理工作。棚改专项债券对应项目形成的国有资产，应当严格按照棚改专项债券发行时约定的用途使用，不得用于抵押、质押。

因此发行主体应建立相关的项目资产管理制度，加强专项债券项目对应的资产管理。

（四）第四阶段：项目建设运营方案制定

1. 土地储备专项债券

（1）收储和基础设施建设方案制定。

①确定各地块具体情况。依据项目具体情况，分别统计涉及地块名称、面积（包括征地面积、收储面积、可用于出让面积等）、四至边界、地上产权等，依据具体用地内容分别统计各地块的居住用地面积、商业用地面积、工业用地面积以及城市建筑用地的面积。

②确定项目建设前期工作。对项目土地进行勘探，绘制勘测定界图，对土地及地面上的构建筑物进行摸底测算。

③确定项目前期维护建设具体工作。按照该地块的规划，完成地块内的道路、供水、供电、供气、排水、通信、围挡等基础设施建设，并进行土地平整，完成相应的"通平"的设计和建设工作。

④确定收储进度计划。综合考虑某某地区气候、农时、地形地貌等因素，结合地上产权情况和收储资金到位情况，合理安排收储各项工作和基础设施工程实施次序，编制进度横道图。

（2）管护和土地出让方案制定。

土地储备工作不需要进行商业运营，但在对项目地块进行前期开发后，由当地土地储备中心对项目地块进行管护，交由国土资源部门根据确定的本地土地供地计划进行出让。

①成立项目地块招标拍卖领导机构。土地使用权招标拍卖工作涉及土地、规划、计划、建设等相关部门。因此，土地使用权招标、拍卖领导小组或委员会应协调好土地使用权招标、拍卖过程中相关部门的业务关系，调动所有相关部门的主动性、积极性和创造性，主动配合土地招标、拍卖的顺利完成。

②加强土地出让规范管理。要体现招标、拍卖活动公开、公平、公正和诚实信用的原则，就要求整个国有土地使用权招标、拍卖组织工作必须加强规范管理，坚持依法行政。在有关文本、合同的编制以及整个组织程序、操作过程中，都要非常严谨，考虑到各种可能的情况，做到各项工作有依据、有规范。

③储备土地出让。依据项目实施规划和项目实际实施情况，依据项目地块具体用地类型公开招标出让，获得储备土地出让收入。

2. 收费公路专项债券

（1）项目建设方案制定。

①项目概况。包括项目名称、项目建设地点、建设内容及规模、项目施工计划及开工日期。

②项目建设前期准备。项目前期工作分为预可行性研究、工程可行性研究、初步设计、施工图设计四个阶段；施工准备工作包括施工设计审查并备案，确定预算控制价，施工、监理单位招标，质监（安监）登记备案，施工许可证办理，组织项目开工。

③项目建设期。技术部分包括路基分部工程技术方案、路面分部工程技术方案、桥梁分部工程技术方案、涵洞分部工程技术方案、排水分部工程技术方案、管线分部工程技术方案、防护分部工程技术方案、交通分部工程技术方案。管理部分包括项目管理目标、项目管理组织机构、施工前期准备、进度管理控制、质量保障、工程投资控制、安全管理、文明施工及环境保护、工程合同管理、季节性施工等。

（2）项目运营方案制定。

收费公路的运营方案主要包括以下几个部分：

①运营管理原则。

②运营管理制度。

③项目运营管理目标、服务质量目标和保障措施。

④养护质量指标及保障措施。

⑤大中修方案。

⑥运营保险。

⑦收费管理办法。包括各部门工作职责（收费管理机构设置和职责、收费工作岗位职责）、收费服务管理、收费现场管理、收费业务管理、收费稽查管理、机电系统设备管理与维护、安全应急处置管理、收费业务考核管理、违章处理。

3. 棚户区改造专项债券

（1）项目建设方案制定。

①项目概况。确定项目名称、性质、地点，分析项目的背景情况、项目承办单位、建设规模及建设内容、本建设项目总投资及资金来源等。

②项目建设前期准备：

一是确定拆迁、安置范围和对象。各镇街区确定棚户区改造拆迁、安置范围。检查棚户区改造拆迁安置范围是否符合国民经济和社会发展规划、土地利用总体规划、城乡规划、专项规划和社会发展年度计划。编制棚户区改造年度计划。

二是制定拆迁补偿安置方案。镇街区组织对房屋情况进行调查摸底登记，以村为单位研究制定拆迁补偿安置方案。对拆迁补偿安置方案进行公示，公开征求群众意见，公示期不少于30天，公示期结束后根据公示情况修改完善方案后公布实施。拆迁补偿安置方案报市住房保障领导小组审批。对确定拆迁的房屋实施征收，其中对国有土地房屋依法征收，对集体土地房屋按程序报批。

三是完成房屋及附属物评估。选定房屋评估机构，依法开展评估，确定评估补偿金额。镇街区组织村委会与村民签订拆迁补偿安置协议，并确定补偿安置方式。镇街区根据村委会与村民签订的补偿安置协议书进行分类汇总，并将拆迁补偿安置协议报市棚改办审核、汇总。

四是组织棚改居民搬迁。根据各镇街区申请、棚改办审核情况，分类拨付资金：对选择实物安置的棚改居民，按政策拨付奖励资金，余款按建设进度分批拨付至房地产开发企业；对于选择选购商品房安置的棚改居民，按政策拨付奖励资金，余款分批拨付至房地产开发企业；对于选择单一货币安置的棚改居民，棚改资金按棚改办审核意见，分批拨付至棚改居民。镇街区、村委会组织棚改村民腾空房屋。镇街区棚改指挥部或工作组对腾空房屋进行验收，发放合格证，并对腾空房屋进行拆除。棚改办组织国土、规划、财政、住建等部门对各棚户区拆迁安置片区核定拆迁安置土地基本情况，包括拆迁土地四至、面积、土地性质等。

五是进行补偿与安置。对于实物补偿安置的，国土资源管理部门对棚户区安置楼建设用地出具勘测定界图；规划局根据勘测定界图、安置楼建设要求等出具《建设用地规划设计条件通知书》。各镇街区组织，委托房地产开发企业通过土地招拍挂程序取得棚户区安置楼建设土地使用权，签订土地成交确认书及土地出让合同，对棚户区安置楼进行委托代建。开发企业到发改局办理项目立项审批手续。开发企业到规划局办理《建设用地规划许可证》。开发企业持《建设用地规划许可证》，到国土资源局办理不动产权登记手续。开发企业委托设计单位做出设计方案，报经市城市建设审批领导小组会议审批后，到规划局办理《建设工程规划许可证》。市平台公司委托具有开发资质的房地产开发企业建设安置楼，通过公开招投标，确定勘察、设计、监理和施工单位，并签订合同，按规定办理相关手续。未办结施工图设计文件审查手续就开工建设的，工程质量监督单位不再介入，也不出具相关证明。住建局出具《建设工程施工许可证》。开发企业根据《建设工程施工许可证》组织施工建设，并在省财金公司开设资金账户，按照工程进度拨付建设资金给开发企业。房管中心组织办理预售许可证。开发企业申请质监站、消防、监理等单位办理竣工验收手续，并按程序办理竣工验收备案。镇街区会同市平台公司组织棚改居民选房，依据拆迁安置协议与棚改居民结算拆迁补偿款，拨付棚改剩余安置楼建设资金。结算完成后，棚改居民回迁。镇街区组织棚改居民缴纳相关税费，办理不动产权证。

货币化补偿安置：对于选择选购商品房安置的棚改居民，按政策拨付奖励资金后，余款按购房入住进度，分批拨付到房地产开发企业预售资金监管账户。其中居民签订购房合同并报市房管中心备案后，拨付余款的30%，房地产开发商交房时再拨付余款的50%，办理不动产产权证时结清余款。对于选择自由支配补偿款安置的棚改居民，在拆迁开始时除拨付奖励资金外，根据市棚改办资金拨付审核意见分批拨付棚改资金，资金直接拨付镇街区财政所，由各财政所拨付到拆迁居民个人，拆迁完成后拨付剩余资金。

③项目建设。针对区域环境及建设条件、区域概况、区位发展环境分析、项目区地质环境条件、环境影响（分析项目建设、运营中采取措施后是否会对环境造成不良影响）、节能指标（本建设项目是否符合国家建设节能标准），确定项目建设总规模和主要功能设置、建设范围及内容；选定建设场址，建设项

目的内容提出建筑物用地范围内的总体布置，包括建筑物、水、电等设施在内的主要建设方案；项目建设及运行中的环保、消防、安全等措施方案；项目定员方案；项目实施进度计划，确定建设工期。

④项目建设进度。一般来说，项目按照建设进度分为四个阶段，即前期工作阶段、施工方案设计阶段、工程建设阶段、竣工验收阶段。

（2）项目运营方案制定。

①坚持棚改项目与基础设施和市政设施配套建设同步实施，以城区改造带动配套项目建设，避免出现功能不全、容量不够、档次不高等问题。要尽量减少对腾空地块的住宅化开发建设，减少房地产存量，尽量把这些宝贵的土地用来发展产业以及完善公共服务配套。

②有计划地推进棚改区域给排水、电力、燃气、热力等市政管网综合改造，在符合条件的地区推进地下管网建设。

③在公建配套缺失的老城区，将棚户区改造区域科学合理地规划为幼儿园、中小学等教育配套设施以及停车场、绿地、文体中心、环卫设施等公共服务配套设施，提高周边居民生活品质，提升城区生长力。

④结合市区功能定位和产业策划对征收完成的地块进行合理规划，有序控制人口回流，降低人口居住密度。重点发展科技、创客、"互联网＋"等新兴产业，实现产业升级，打造产城融合片区。

（五）第五阶段：项目收益平衡测算

1. 编制项目投资估算及资金筹措方案

（1）确定项目投资估算。

根据一定的编制依据及原则，确定项目总投资金额，包括建设总投资、建设期间债券利息支出、发行相关费用等，并确定项目建设期及建设期投资计划。

（2）确定资金筹措方案。

根据项目总投资金额以及自有资金情况，确定债券募集资金总额、发行计划安排以及资金使用计划。如项目已进行了相关融资，需披露相关融资情况。

（3）建立专项债券募集资金管理办法。

专项债券对应的项目取得的政府性基金或专项收入，应当按照该项目对应的专项债券余额统筹安排资金，专门用于偿还到期债券本金，不得通过其他项目对应的项目收益偿还到期债券本金。

因此，发行主体应建立专项债券募集资金管理办法，实现项目封闭运营，专款专用，确保资金不会被挪用。

2. 测算项目预期收益

（1）测算项目预期收入。

确定收入来源及涉及的相关收费政策内容、收费政策合法合规的依据、覆盖群体分布，基于以上基础信息进行项目收入预测，并详细说明收入预测的方法及参照标准、历史数据来源等。

（2）测算项目预期支出。

项目支出主要包括项目运营成本、相关费用、税金及附加等，应基于相关参照标准进行合理预计并详细说明预测方法、参照标准、历史数据来源等。

项目成本主要包括工资及福利费用、生产维修费用、折旧摊销等。

项目相关费用主要包括管理费用、销售费用与财务费用。

税金及附加可能包括土地使用税、印花税、土地增值税、企业所得税、增值税和城建及教育附加等，具体包含税费以项目为准。

（3）编制项目运营损益表。

根据项目预期收入与预期支出，编制运营损益表。

3. 测算项目资金平衡情况

根据项目预期现金流入与流出，编制资金测算平衡表。

4. 进行项目投资效益评价

由于国家推出地方政府专项债券的时间并不长，还没有专门针对政府债券项目财务评价的规范性文件出台，因此对于项目财务效益的评价，现阶段主要参照国家发展和改革委员会及建设部于 2006 年发布的《建设项目经济评价方法与参数》（第三版），在财务上可以归结为在国家现行财税制度和价格体系的基础上，计算一系列反映财务投资效益的指标。这些指标分为动态指标和静态指标两类。常用的财务评价指标有净现值、内部收益率和投资回收期。在计算出相应的评价指标后，一般会对其进行压力测试，以检验项目的抗风险能力。

详细内容请参考本章第三节第五阶段"进行项目投资效益评价"部分。

（六）第六阶段：项目风险管理方案制定

1. 判断项目可能存在的风险

（1）判断项目发行阶段可能存在的风险。

（2）判断项目建设期间可能存在的风险。

（3）判断项目运营期间可能存在的风险。

（4）判断项目资金使用阶段存在的风险。

（5）判断项目其他风险。

2. 建立债务应急处置机制

《预算法》第三十五条第五款规定，国务院建立地方政府债务风险评估和预警机制、应急处置机制以及责任追究制度。《国务院关于加强地方政府性债务管理的意见》第四条第（二）点"建立债务风险应急处置机制"规定，各级政府要制定应急处置预案，建立责任追究机制。

国务院办公厅10月27日印发的《国务院办公厅关于印发地方政府性债务风险应急处置预案的通知》第7.1款规定，县级以上地方各级人民政府要结合实际制定当地债务风险应急处置预案。

因此，发行主体与被转贷方要合理制定当地债务风险应急处置预案。

（七）第七阶段：债券发行计划制定

1. 确定发行计划

（1）土地储备专项债券。

省级财政部门应当根据本级人大常委会批准的预算调整方案，结合市县级财政部门会同本级国土资源部门提出的年度土地储备专项债券发行建议，审核确定年度土地储备专项债券发行方案，明确债券发行时间、批次、规模、期限等事项。土地储备专项债券可以对应单一项目发行，也可以对应同一地区多个项目集合发行，具体由市县级财政部门会同本级国土资源部门、土地储备机构提出建议，报省级财政部门确定。土地储备专项债券期限应当与土地储备项目期限相适应，原则上不超过5年。

（2）收费公路专项债券。

省级财政部门应当根据本级人大常委会批准的预算调整方案，结合省级交通运输部门提出的年度收费公路专项债券发行建议，审核确定年度收费公路专项债券发行方案，明确债券发行时间、批次、规模、期限等事项。收费公路专项债券期限应当与政府收费公路收费期限相适应，原则上单次发行不超过15年。

（3）棚户区改造专项债券。

由省级财政部门审核确定年度棚户区改造专项债券发行方案，明确债券发行时间、批次、规模、期限等事项。棚改专项债券期限应当与棚户区改造项目的征迁和土地收储、出让期限相适应，原则上不超过15年，可根据项目实际适当延长，避免期限错配风险。

2. 确定发行条款

发行条款应包含以下内容：债券名称、发行品种、发行期限、发行金额、发行时间、缴款/起息日、上市流通安排、上市流通日、利息兑付日、付息流程、计息天数、发行方式、利率确定方式、发行对象、登记托管安排、招标系统、税务提示等。

3. 确定招标发行安排

招标发行安排应包含以下内容：本期债券招标发行安排、分销安排、标位限定、时间安排、参与机构、招标系统、缴款安排等。

（八）第八阶段：债券信息披露计划制订

1. 土地储备专项债券

地方各级土地储备机构应加强储备土地的动态监管和日常统计，及时在土地储备监测监管系统中填报相关信息，获得相应电子监管号，反映土地储备专项债券运行情况。地方各级土地储备机构应当及时在土地储备监测监管系统填报相关信息，反映土地储备专项债券使用情况。财政部驻各地财政监察专员办事处对土地储备专项债券额度、发行、使用、偿还等进行监督，发现违反法律法规和财政管理、土地储备资金管理等政策规定的行为，及时报告财政部，抄送国土资源部。

2. 收费公路专项债券

省级财政部门应当会同交通运输部门及时向社会披露收费公路专项债券相关信息，包括收费公路专项债券规模、期限、利率、偿债计划及资金来源、项目名称、收益和融资平衡方案、建设期限、车辆通行费征收标准及期限等。省级交通运输部门应当积极配合提供相关材料。省级交通运输部门应当于每年6月底前披露截至上一年度末收费公路专项债券对应项目的实施进度、债券资金使用等情况。

3. 棚户区改造专项债券

地方各级棚改主管部门应当配合做好本地区棚改专项债券试点发行准备工作，及时准确地提供相关材料，配合做好项目规划、信息披露、信用评级、资产评估等工作。发行棚改专项债券应当披露项目概况、项目预期收益和融资平衡方案、第三方评估信息、专项债券规模和期限、分年投资计划、本金利息偿还安排等信息。项目实施过程中，棚改主管部门应当根据实际情况及时披露项目进度、专项债券资金使用情况等信息。

第三节 其他项目收益专项债券的操作

一、项目收益专项债券发行整体流程

根据《关于试点发展项目收益与融资自求平衡的地方政府专项债券品种的通知》的规定，各级地方政府需结合自身实际情况，围绕省（自治区、直辖市）党委、政府确定的重大发展战略去选择有一定收益的公益性事业领域的项目。在发行准备阶段，项目实施机构需完成八个阶段的工作，分别为项目筛选、项目相关发行主体确定、项目依法合规性评估、项目建设运营方案制定、项目收益平衡评价、项目风险管理方案制定、债券发行计划制定与债券信息披露计划制订。

项目收益专项债券的发行流程如图4-4所示。

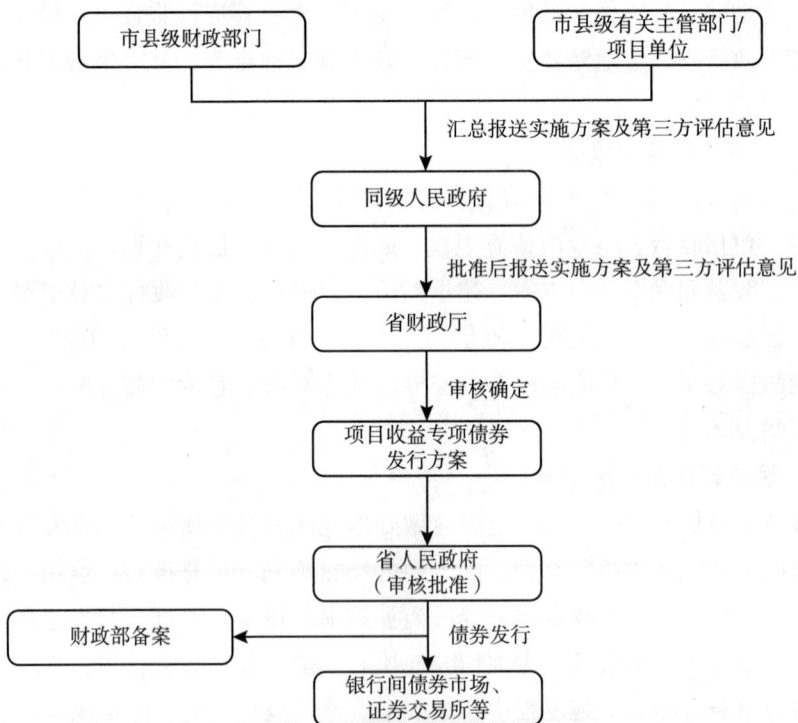

图4-4 专项债券发行报批流程

项目实施机构在完成项目实施方案的撰写并经会计师事务所、律师事务所等合法第三方机构出具实施方案的财务评估报告和法律意见书之后，会同本级财政部门将实施方案及第三方评估意见汇总报送同级人民政府批准，由同级人民政府将实施方案及第三方评估意见报送省财政厅。

省级财政部门根据本级人大常委会批准的预算调整方案，审核确定项目收益专项债券发行方案，明确债券发行时间、批次、规模、期限等事项。

项目收益专项债券发行方案经由省级人民政府审核批准后，遵循公开、公平、公正的原则采取市场化方式发行，在银行间债券市场、证券交易所市场等交易场所发行和流通，并报送财政部备案。

地方各级项目主管部门、项目单位配合做好本地区项目收益专项债券发行准备工作，及时准确地提供相关材料，配合做好信息披露、信用评级等工作。

二、项目收益专项债券发行工作

项目收益专项债券发行准备流程如图 4－5 所示。

图 4－5 专项债券发行准备流程

（一）第一阶段：项目筛选

1. 项目筛选范围

各级地方政府需结合自身实际情况，围绕省（自治区、直辖市）党委、政府确定的重大发展战略去选择有一定收益的公益性事业领域的项目。项目发起主体——各级地方政府依靠财政部门向交通、住建、环保、能源、教育、医疗、体育健身和文化设施等行业主管部门征集潜在的符合项目收益专项债券发行条件的公益性项目。而上述行业主管部门可以从国民经济和社会发展规划及本地战略发展规划中的新建、改建项目或存量公共资产中遴选潜在的具有持续稳定现金流的公益性项目。

2. 项目发行需满足的条件

（1）项目应具有一定的公益性。

项目需是符合国民经济发展以及行业发展规划的新建、在建和改建项目，在优先选择土地储备、收费公路、棚改专项债券项目的基础上，可以重点考虑乡村振兴、生态环保、保障性住房、公立医院、公立学校、园区建设、交通、水利、文化、市政基础设施等领域选择符合条件的项目。

（2）项目收益与融资达到平衡。

根据规定，分类发行的项目收益专项债券建设项目，应当能够产生持续稳定的反映为政府性基金收入或专项收入的现金流收入，且现金流收入应当能够完全覆盖专项债券还本付息的规模。

（3）社会经济效益性。

项目收益专项债券发行所对应的项目需能积极践行"创新、协调、绿色、开放、共享"新发展理念，促进地方经济社会可持续发展。

（4）项目进度。

各级主管部门在选择项目过程中应尽量选择已经有相关审批文件的相对比较成熟，并且符合国家发展战略以及当地的发展战略的项目。

（5）其他。

项目收益专项债券发行所对应的项目需要符合当地省级财政部门发布的《项目收益专项债券的管理办法》《项目收益专项债券的预算管理办法》等政策性文件中的相关规定。

（二）第二阶段：项目相关发行主体确定

1. 发行主体确定

根据《关于试点发展项目收益与融资自求平衡的地方政府专项债券品种的通知》的规定，各省、自治区、直辖市、计划单列市财政部门负责制定分类发行专项债券试点工作的实施方案。市县级政府确需举借相关专项债务的，可依法由省级政府代为分类发行专项债券，转贷市县使用，市县级政府以及有关部门负责发行前期准备、使用管理等工作。

2. 确定项目建设单位

应安排具有一定建设经验的企业进行项目的建设。因项目的实施建设方一般为公司，所以公司的历史沿革主要参考依据是考虑公司的股东背景、经营业绩等情况，以及设立的过程中是否合法，其中应特别考察设立时的出资是否真实有效、股权变动是否合法有效。以上将决定公司作为实施方是否合法。

项目收益专项债券对应的项目一般为市政基础设施和公用事业等方面的公益性项目，因项目建设周期比较长，并且尽量降低项目在实施过程中的风险，所以需要考核项目实施方在项目建设方面的相关经验。

3. 确定项目运营单位

应安排具有一定运营经验的企业进行项目的运营。因项目的运营方一般为公司，所以公司的历史沿革主要参考依据是考虑公司设立的时候是否为国有企业，设立的过程是否合法，其中设立时的出资是否真实有效、股权变动是否合法有效。以上将决定公司作为运营方是否合法。

项目收益专项债券对应的项目一般为市政基础设施和公用事业等方面的公益性项目，因《关于试点发展项目收益与融资自求平衡的地方政府专项债券品种的通知》规定，项目的现金流收入可以覆盖还本付息金额，所以应选择具有一定运营经验的公司或单位进行项目运营，以使项目收益最大化。

（三）第三阶段：项目依法合规性评估

1. 确定项目具备发行条件

项目需满足如下条件：

（1）项目必须为公益性项目，具有一定的经济与社会效益。

（2）项目实施主体应符合相关规定。

（3）项目现金流收入能还本付息。

项目在初选过程中，需对项目进行评估，对于工程建设项目，必须按照国家规定的基本建设程序办理相关立项手续。如果是比较成熟的项目，需提供项目立项批复、可行性研究报告、环境评估报告、《国有土地使用证》《建设用地规划许可证》《建设工程规划许可证》《建设工程施工许可证》以及《建设项目选址意见书》等文件。

因为项目收益专项债券对应的项目建设周期比较长，如果是新建或改建的项目，需提供可行性研究报告、项目建设规划及布局规划图等文件。

2. 确定债务限额充足

各地试点分类发行专项债券的规模，应当在国务院批准的专项债务限额内统筹安排，包括当年新增专项债务限额、上年末专项债务余额低于限额的部分。

因此，发债前须确保发行主体专项债务限额充足，所发债券金额未超出专项债务限额。

3. 债务预算管理

根据有关规定，项目收益专项债券需在省级政府以及本级政府的年度专项债务预算范围内，省级政府需参考《地方政府专项债务预算管理办法》等规定制定专项债券管理办法。

（四）第四阶段：项目建设运营方案制定

1. 项目建设方案制定

对于政府投资项目，项目建设方案的制定是通过一系列文件审批完成的：

（1）项目提出一般需要编制项目建议书，将项目建设基本方案以建议的形式提交发改等有关部门进行审核，如果具备基本可行性，则项目能够获得建议书批复。

（2）在项目具体建设前，完成立项手续。

（3）大型政府投资项目，往往设计非常复杂，虽然获得了立项批复，还要进行进一步的可行性评估，需要委托有资质的相关工程咨询机构编制项目可行性研究报告，通过多重审查，最后获得发改等部门的批复同意才能进行下一步工程设计。

（4）投资项目的类型很多，不同项目的工程设计需要不同的行业主管部门进行批复，同样需要委托有资质的专业机构对具体工程建设进行设计，由行业主管部门审批。比如交通项目的工程设计由交通部门审批、市政基础设施的工程设计通常由住建部门审批，等等。

以上设计和审批，也有可能因项目的繁简或难易程度，进行合并处理，如在实际操作中，不乏通过可行性研究批复代替立项批复的做法。

2. 项目运营方案制定

虽然项目收益专项债券是政府作为业主，财政直接投资，包括以政府为借债主体发行债券融资，但政府部门难以实际进行运营，这不符合政府部门的职责定位。在这种制度设计下，政府需要委托第三方参与运营。同时，项目收益专项债券类别繁多，每个项目的管理方式、收益类别、经营范围等都是不一样的，在此难以一一指导运营方案的制定。因此，具体运营是受委托人根据市场情况和本身经营管理经验，专门针对项目实际情况，制定符合项目预期收益的经营策略和具体方案。

不过，因为项目收益专项债券对应项目的公益性，项目涉及公众利益，完全交由市场和委托的企业，可能会损害公众利益，政府可以通过价格指导、加强监督管理、结合相关专业机构等方式，对委托主体的经营管理做出一些影响。

（五）第五阶段：项目收益平衡评价

1. 编制项目投资估算及资金筹措方案

（1）确定项目投资估算。

根据一定的编制依据及原则，确定项目总投资金额，包括建设总投资、建设期间债券利息支出、发行相关费用等，并确定项目建设期及建设期投资计划。

（2）确定资金筹措方案。

根据项目总投资金额以及自有资金情况，确定债券募集资金总额、发行计划以及资金使用计划。如项目已进行了相关融资，需披露相关融资情况。

（3）建立专项债券募集资金管理办法。

发行主体应建立专项债券募集资金管理办法，实现项目封闭运营，专款专用，确保资金不会被挪用。

2. 测算项目预期收益

（1）测算项目预期收入。

确定收入来源和涉及的相关收费政策内容、收费政策合法合规的依据、覆盖群体分布，基于以上基础信息进行项目收入预测，并详细说明收入预测的方法及参照标准、历史数据来源等。

（2）测算项目预期支出。

项目支出主要包括项目运营成本、相关费用、税金及附加等，应基于相关参照标准进行合理预计并详细说明预测方法、参照标准、历史数据来源等。

项目成本主要包括工资及福利费用、生产维修费用、折旧摊销等。

项目相关费用主要包括管理费用、销售费用与财务费用。

税金及附加可能包括土地使用税、印花税、土地增值税、企业所得税、增值税和城建及教育附加等，具体包含税费以项目为准。

（3）编制项目运营损益表。

根据项目预期收入与预期支出，编制运营损益表。

3. 测算项目资金平衡情况

根据项目预期现金流入与流出，编制资金测算平衡表。

4. 进行项目投资效益评价

由于国家推出地方政府专项债券的时间并不长，还没有专门针对政府债券项目财务评价的规范性文件出台，因此对于项目财务效益的评价，现阶段主要参照国家发展和改革委及建设部于2006年发布的《建设项目经济评价方法与参数》（第三版），在财务上可以归结为在国家现行财税制度和价格体系的基础上，计算一系列反映财务投资效益的指标，这些指标分为动态指标和静态指标两类。

动态指标考虑了时间因素（即资金时间价值），采用现金流量折现法，在现金流量表的基础上计算出来。所谓现金流量折现法，就是把项目在测算期内发生的现金收益（现金流入）与现金费用（现金流出）均通过折现计算换算为现值而加以比较的方法。静态指标不计时间因素，其计算方法以会计惯例为依据。常用的财务评价指标通常为净现值、内部收益率和投资回收期三项指标。

（1）净现值（NPV）。

净现值指未来资金（现金）流入（收入）现值与未来资金（现金）流出（支出）现值的差额。项目评估以净现值法为基本指标。未来的资金流入与资金流出均按预计贴现率用各个时期的现值系数换算为现值后，再确定其净现值。这种预计贴现率是按企业最低的投资收益率来确定的，是企业投资可以接受的最低界限。

其计算公式为：

$$NPV = \sum_{t=1}^{n} (CI - CO)_t / (1 + i_c)^t \qquad (4.1)$$

式（4.1）中：CI 为现金流入量；CO 为现金流出量；t 为年份；n 为项目测算期的终年；i_c 为基准收益率或设定的收益率。

NPV > 0，表示项目的资金产出大于项目的资金投入，该项目可实现的投资收益率会超过用作折现率的最低投资期望收益率，因此，该项目预计是可行的。

NPV < 0，表示项目的资金产出小于项目的资金投入，该项目可实现的投资收益率低于用作折现率的最低投资期望收益率，因此，该项目预计是不可行的。

NPV = 0，表示项目的资金产出等于项目的资金投入，该项目可实现的投资收益率正好等于用作折现率的最低投资期望收益率，因此，该项目预计不赚不赔，可再从其他维度进行评价。

（2）内含报酬率（IRR）。

内含报酬率，又称为内部报酬率、内含收益率，它是指能够使未来现金流入量现值等于未来现金流出量现值的报酬率，或者贴现率，或者说是使投资方案净现值为零的贴现率。

其计算公式为：

$$NPV = \sum_{t=1}^{n} (CI - CO)_t / (1 + IRR)^t = 0 \qquad (4.2)$$

式（4.2）中：CI 为现金流入量；CO 为现金流出量；t 为年份；n 为项目测算期的终年；IRR 为内含报酬率。

内含报酬率的计算，通常需要采用"逐步测试法"。首先估计一个贴现率，用它来计算方案的净现值。如果净现值为正数，说明方案本身的报酬率超过估计贴现率，应提高贴现率后进一步测试；如果净现值为负数，说明方案本身的报酬率低于估计的贴现率，应降低贴现率后进一步测试。经过多次测试，寻找出使净现值接近于零的贴现值，即为方案本身的内含报酬率。如果对测试结果的精确度不满意，可以使用"内插法"来改善。公式如下：

内含报酬率 = 低贴现率 +（按低贴现率计算的正的净现值/

两个贴现率计算的净现值之差）× 高低两个贴现率之差

（3）项目投资回收期。

项目投资回收期是拟建项目所获收益的累计总额抵偿项目固定资产投资总额（包括建设期借款利息）所需要的时间，亦称投资返本年限。建设项目投产后新增的产品销售利润和销售税金就是企业的经济收益。此外，项目投产后每年所提固定资产折旧基金也是逐步补偿、回收固定资产原值的体现。

静态投资回收期是在不考虑资金时间价值的条件下，以项目的净收益回收其全部投资所需要的时间。投资回收期可以自项目建设开始年算起，也可以自项目投产年开始算起，但应予注明。

静态投资回收期可根据现金流量表计算，其具体计算又分以下两种情况：

一是项目建成投产后各年的净收益（即净现金流量）均相同，则静态投资回收期的计算公式如下：

$$P_t = K/A$$

式中，P_t 为静态投资回收期，K 为原始投资额，A 为每年净现金流量。

二是项目建成投产后各年的净收益不相同，则静态投资回收期可根据累计净现金流量求得，也就是在现金流量表中累计净现金流量由负值转向正值之间的年份。其计算公式为：

P_t = 累计净现金流量开始出现正值的年份数 − 1

+ 上一年累计净现金流量的绝对值/出现正值年份的净现金流量

将计算出的静态投资回收期（P_t）与所确定的基准投资回收期（P_c）进行比较：若 $P_t \leqslant P_c$，表明项目投资能在规定的时间内收回，则方案可以考虑接受；若 $P_t > P_c$，则方案是不可行的。

5. 进行项目压力测试

敏感性分析是指从定量分析的角度研究有关因素发生某种变化对某一个或一组关键指标影响程度的一种不确定分析技术。其实质是通过逐一改变相关变量数值的方法来解释关键指标受这些因素变动影响大小的规律。

敏感性因素一般可选择主要参数（如销售收入、经营成本、生产能力、初始投资、寿命期、建设期、达产期等）进行分析。若某参数的小幅度变化能导致经济效果指标的较大变化，则称此参数为敏感性因素，反之则称其为非敏感性因素。

分析步骤如下：

（1）确定敏感性分析指标。

敏感性分析的对象是具体的技术方案及其反映的经济效益。因此，技术方案的某些经济效益评价指标，例如息税前利润、投资回收期、投资收益率、净现值、内部收益率等，都可以作为敏感性分析指标。

（2）计算该技术方案的目标值。

一般将在正常状态下的经济效益评价指标数值作为目标值。

（3）选取不确定因素。

在进行敏感性分析时，并不需要对所有的不确定因素都进行考虑和计算，而应视方案的具体情况选取几个变化可能性较大，并对经济效益目标值影响作用较大的因素，如产品售价变动、产量规模变动、投资额变化等，或是建设期缩短、达产期延长等，这些都会对方案的经济效益大小产生影响。

（4）计算不确定因素变动时对分析指标的影响程度。

若进行单因素敏感性分析时，则要在固定其他因素的条件下，变动其中一个不确定因素；然后，再变动另一个因素（仍然保持其他因素不变），以此求出某个不确定因素本身对方案效益指标目标值的影响程度。

（5）找出敏感因素，进行分析和采取措施，以提高技术方案的抗风险的能力。

6. 其他事项说明

说明可能影响项目损益、现金流变化的其他事项。

根据《关于试点发展项目收益与融资自求平衡的地方政府专项债券品种的通知》的规定，此部分应当由独立第三方专业机构进行评估，并出具专项评估意见。

（六）第六阶段：项目风险管理方案制定

1. 判断项目可能存在的风险

（1）判断项目建设期间可能存在的风险。

（2）判断项目运营期间可能存在的风险。

（3）判断项目收益风险。

（4）判断项目法律风险。

（5）判断项目市场风险。

（6）判断项目其他风险。

2. 建立债务应急处置机制

《预算法》第三十五条第五款规定，国务院建立地方政府债务风险评估和预警机制、应急处置机制以及责任追究制度。《国务院关于加强地方政府性债务管理的意见》第四条第（二）点"建立债务风险应急处置机制"规定，各级政府要制定应急处置预案，建立责任追究机制。

按照国务院办公厅 10 月 27 日印发的《国务院办公厅关于印发地方政府性债务风险应急处置预案的通知》第 7.1 款规定，县级以上地方各级人民政府要结合实际制定当地债务风险应急处置预案。

因此，发行主体与被转贷方要合理制定当地债务风险应急处置预案。

（七）第七阶段：债券发行计划制定

1. 确定发行计划

根据《关于试点发展项目收益与融资自求平衡的地方政府专项债券品种的通知》《地方政府专项债务预算管理办法》等有关规定，省级财政部门应当根据本级人大常委会批准的预算调整方案，结合市县级财政部门会同项目有关主管部门、项目单位提出的年度项目收益专项债券发行建议，审核确定年度项目收益专项债券发行方案，明确债券发行时间、批次、规模、期限等事项。项目收益专项债券可以对应单一项目发行，也可以对应同一地区多个项目集合发行，具体由市县级财政部门会同有关主管部门、项目单位提出建议，报省级财政部门确定。项目收益专项债券期限应当与对应的项目期限相适应。

2. 确定发行条款

发行条款应包含以下内容：债券名称、发行品种、发行期限、发行金额、发行金额、发行时间、缴款/起息日、上市流通安排、上市流通日、利息兑付日、付息流程、计息天数、发行方式、利率确定方式、发行对象、登记托管安排、招标系统、税务提示等。

3. 确定招标发行安排

招标发行安排应包含以下内容：本期债券招标发行安排、分销安排、标位限定、时间安排、参与机构、招标系统、缴款安排等。

（八）第八阶段：债券信息披露计划制定

根据财政部文件的规定，地方财政部门应当在门户网站等及时披露专项债券对应的项目概况、项目预期收益和融资平衡方案、专项债券规模和期限、发行计划安排、还本付息等信息。行业主管部门和项目单位应当及时披露项目进度、专项债券资金使用情况等信息。

除此之外，还应制定如下披露计划：

（1）每期债券发行日五个工作日之前披露。

（2）每期债券发行结束当日披露。

（3）每期债券每个付息日五个工作日之前披露。

（4）每期债券兑付日五个工作之前披露。

（5）每期债券存续期内定期披露。

（6）每期债券存续期内随时披露内容。

第五章

专项债券风险管理

第一节 专项债券全面风险管理体系

一、全面风险管理概述

（一）什么是风险

风险一词在字典中的解释是"遭受损失、伤害、不利或毁灭的可能性"，通俗地讲，风险是遭受损失的一种可能性。

因此，项目风险是指可能导致项目损失的不确定性，美国项目管理大师马克斯·怀德曼将其定义为某一事件发生给项目目标带来不利影响的可能性。

1. 风险的特征

风险作为项目中普遍存在的现象，具有以下特征：

（1）客观性。

风险的存在取决于决定风险的各种因素的存在。也就是说，不管人们是否意识到风险，只要决定风险的各种因素出现了，风险就会出现，它是不以人们的主观意志为转移的。因此，要减少和避免风险，就必须及时发现可能导致风险的因素，并进行有效管理。从另一方面看，在项目活动过程中，产生风险的因素又是多种多样的，要完全消除风险也是不可能的，很多因素本身就是不确定性的，如技术、环境、汇率、通胀率等。因此，风险总是客观存在于项目活动的各个方面。风险的客观性要求人们应充分认识风险、承认风险，采取相应的管理措施，以尽可能降低或化解风险。

（2）突发性。

风险的产生往往给人以一种突发的感觉。当人们面临突然产生的风险时，往往不知所措，其结果是加剧了风险的破坏性。风险的这一特点，要求我们加强对风险的预警和防范研究，建立风险预警系统和防范机制，完善风险管理系统。

（3）多变性。

风险的多变性是指风险会受到各种因素的影响，在风险性质、破坏程度等方面呈现动态变化的特征。例如，企业在生产经营管理中面临的市场就是一种处在不断变化过程之中的风险。当市场容量、消费者偏好、竞争结构、技术资金等环境要素发生变化时，风险的性质和程度也将随之改变，因而要求实施动态、柔性的风险管理。

（4）相对性。一方面，人们对于风险都有一定的承受能力，这种能力往往因活动、人和时间而异，一般而言，人们的风险承受能力受到收益的大小、投入的多少、拥有财富状况等因素的影响；另一方面，风险和任何事物一样也是矛盾的统一体，一定的条件会引起风险的变化，风险性质、风险后果等都存在可变性，如随着科学技术的发展，某些风险可以较为准确地被预测和估计，如天气预报。

（5）无形性。

风险不像一般的物质实体那样能够被非常确切地描绘和刻画出来。因此，在分析风险时，人们会应用系统理论、概率、弹性、模糊等概念和方法进行界定或估计、测定，从定性和定量两个方面进行综合分析。虽然风险的无形性增加了人们认识和把握风险的难度，但只要掌握了风险管理的科学理论，系统分析产生风险的内外因素，恰当地运用技术方法和工具手段，就可以有效地管理风险。

（6）多样性。

随着项目和项目环境的复杂化、规模化，在一个项目中可能存在着许多不同种类的风险，如政治风险、经济风险、技术风险、社会风险、组织风险等，而且这些风险之间存在着交错复杂的内在联系，它们相互影响，交互作用，因此，必须对项目风险进行系统识别和综合考虑。

2. 风险的分类

不同项目有不同的风险，不同阶段的风险有不同的表现。根据不同的需要、不同的角度、不同的标准，项目风险有不同的分类。综合来看，项目风险主要有以下几种：

（1）按风险后果划分。

按照风险后果的不同，风险可划分为纯粹风险和投机风险。

①纯粹风险。不能带来机会、无获得利益可能的风险，叫纯粹风险。纯粹风险只有两种可能的后果：造成损失和不造成损失。纯粹风险造成的损失是绝对的损失。活动主体蒙受了损失，全社会也跟着受损失。例如，某建设项目空气压缩机房在施工过程中失火，蒙受了损失。该损失不但是这个工程的，也是全社会的，没有人从中获得好处。纯粹风险总是和威胁、损失与不幸相联系。

②投机风险。既可能带来机会、获得利益，又隐含威胁、造成损失的风险，叫投机风险。投机风险有三种可能的后果：造成损失、不造成损失和获得利益。投机风险致使活动主体蒙受损失的时候，其他人却有可能因此而获得利益。例如，私人投资的房地产开发项目如果失败，投资者要蒙受损失，但是发放贷款的银行却可将抵押的土地和房屋收回，等待时机转手高价卖出，不但可收回贷款，而且还有可能获得高额利润。

纯粹风险和投机风险在一定条件下可以相互转化，项目管理人员必须避免投机风险转化为纯粹风险。在许多情况下，涉及风险的各有关方面都要蒙受损失，无一幸免。

（2）按风险来源划分。

按项目风险来源或损失产生的原因，风险可分为自然风险和人为风险。

①自然风险。由于自然力的作用，造成财产毁损或人员伤亡的风险属于自然风险。例如，水利工程施工过程中因发生洪水或地震而造成的工程损害、材料和器材损失。

②人为风险。人为风险是指由于人的活动而带来的风险。人为风险又可以细分为行为、经济、技术、政治和组织风险等。

第一，行为风险是指由于个人或组织的过失、疏忽、侥幸、恶意等不当行为造成财产毁损、人员伤亡的风险

第二，经济风险是指人们在从事经济活动时，由于经营管理不善、市场预测失误、价格波动、供求关系发生变化、通货膨胀或汇率变动等所导致经济损失的风险。

第三，技术风险是指伴随科学技术的发展而来的风险。如核燃料泄漏之后产生核辐射风险。

第四，政治风险是指由于政局变化、政权更迭、罢工、战争等引起社会动荡而造成财产损失和损害以及人员伤亡的风险。

第五，组织风险是指由于项目有关各方关系不协调以及其他不确定性而引起的风险。现代的许多合资、合营或合作项目组织形式非常复杂。有的单位既是项目的发起者，又是投资者，还是承包商。由于项目有关各方参与项目的动机和目标不一致，在项目进行过程中常常出现一些不愉快的事情，影响合作者之间的关系、项目进展和项目目标的实现。组织风险还包括项目发起组织内部的不同部门由于对项目的理解、态度和行动不一致而产生的风险。例如，一些项目管理组织各部门意见分歧，长时间扯皮，严重地影响了项目的准备和进展。

（3）按风险是否可管理划分。

按项目风险是否可管理来划分，风险可分为可管理风险和不可管理风险。可管理风险是指可以预测并可采取相应措施加以控制的风险，反之，则为不可管理风险。风险能否管理取决于风险不确定性是否可以消除以及活动主体的管理水平。要消除风险的不确定性，就必须掌握有关的数据、资料和其他信息，随着数据、资料和其他信息的积累以及管理水平的提高，有些不可管理风险可以变为可管理风险。

（4）按风险影响范围划分。

按影响范围划分，风险可以分为局部风险和总体风险。局部风险影响的范围小，总体风险影响范围大。局部风险和总体风险也是相对的，但项目管理组织应特别注意总体风险。例如，项目所有的活动都有拖延的风险，但是处在关键路线上的活动一旦延误，就要推迟整个项目的完成日期，形成总体风险，而非关键路线上活动的延误在许多情况下是局部风险。

（5）按风险后果的承担者划分。

按项目风险后果的承担者来划分，有项目业主风险、政府风险、承包商风险、投资方风险、设计单位风险、监理单位风险、供应商风险、担保方风险和保险公司风险等，这样划分有助于合理分配风险，提高项目对风险的承受能力。

（6）按风险的可预测性划分。

按项目风险的可预测性划分，风险可分为已知风险、可预测风险和不可预测风险。

①已知风险。已知风险是在认真、严格地分析项目及其计划之后就能够明确的那些经常发生的而且其后果亦可预见的风险。已知风险发生概率高，但一般后果轻微，不严重。项目管理中典型的已知风险有项目目标不明确、过分乐

观的进度计划、设计或施工变更、材料价格波动等。

②可预测风险。可预测风险是根据经验，可以预见其发生，但不可预见其后果的风险，这类风险的后果有时可能相当严重。项目管理中典型的可预测风险有业主不能及时审查批准、分包商不能及时交工、仪器设备出现故障等。

③不可预测风险。不可预测风险就是有可能发生，但其发生的可能性即使最有经验的人亦不能预见的风险。不可预测风险有时也称未知风险或未识别风险。它们是新的、以前未观察到或很晚才显现出来的风险。这些风险一般是外部因素作用的结果，如地震、战争、通货膨胀、政策变化等。

上述项目风险的分类，基本上涵盖了项目风险的方方面面，有的专家从项目所处的环境、风险管理方法、项目组织、项目环境等来进行分类，都是对前文所述分类不同层面的反映。

（二）什么是全面风险管理

参照国务院国有资产监督管理委员会2006年6月发布的《中央企业全面风险管理指引》，可以将项目全面风险管理定义为：围绕项目总体目标，通过在项目运营的各个环节和运营过程中执行风险管理的基本流程，培育良好的风险管理文化，建立健全全面风险管理体系，包括风险规划、风险识别、风险估计、风险评价、风险应对与风险监控，从而为实现风险管理的总体目标提供合理保证的过程和方法。

不同于一般的风险管理，项目全面风险管理可以对项目运营的全周期进行多维度的风险管理，从资金、管理、市场、法律角度对项目债券的发行、项目建设、项目运营、债券偿还等不同的阶段进行风险识别、判断、预防与处理等。

（三）全面风险管理的意义与价值

地方政府专项债券项目均是具有一定经济与社会效益的公益性项目，其建设与运营不仅会为当地带来一定的经济效益，促进地方经济社会可持续发展，还可能会为当地居民带来较多的便利性，项目的建设运营具有重要的意义，而未知的风险可能会为项目带来损失或伤害，从而导致项目建设运营的停滞，给当地经济或民生带来一定的损害。

全面风险管理可以提前识别项目风险，做好风险预防与风险管理，从而帮助项目顺利运行，服务于地方政府，发展地方经济，促进地方经济社会可持续发展。

全面风险管理也可以有效保护投资人的合法利益。地方政府专项债券是以项目对应的政府性基金收入与专项收入偿还本金和利息，因此如果未知的风险导致了项目的停滞或损失，那么项目预期的收入便无法顺利实现，无法按时偿付债券的本金及利息，会损害投资人的利益。因此，对项目进行全面风险管理可以保障项目的风险应对与顺利运营，有效保护投资人的利益。

地方政府专项债券由省、自治区、直辖市人民政府作为发行人，拥有地方政府的信用背书，因此如果债券对应的项目遭遇突发风险而导致预期收入无法实现，将会影响到债券的还本付息，也势必会影响到政府的信用。如果没有进行全面风险管理导致风险应对不及时，债券违约较多，便会加大系统性风险发生的概率，因此全面风险管理对于防范地方政府系统性风险也具有较大的意义与价值。

二、风险管理目标

（一）控制项目运营风险

地方政府专项债券资金的使用与偿还一一对应到具体的项目上，由项目预期的政府性基金收入与专项收入偿还债券的本息，因此项目的顺利运行至关重要，对于风险的防范与加强全面风险管理也十分关键。全面风险管理就是要对债券发行、项目建设、项目运营、债券偿还四个阶段分别从资金、管理、市场、法律四个维度进行具有针对性的风险管理，提前发现与控制项目运营风险，保障项目的顺利运行。

（二）提升项目成功率

地方政府专项债券对应的项目一般为具有一定经济与社会效益，符合当地国民经济和社会发展十三五规划以及战略发展规划，对当地经济发展具有重大促进作用，且具有一定收益的公益性项目，代表了当地未来投资与发展的方向，所以项目的成功与否会对当地的发展产生重要的影响。全面风险管理是对项目全周期进行多维度的风险管理，可以有效发现各阶段存在的风险，并提前制定相应的风险管理措施，防患于未然，保障项目正常运行，提升项目成功率，满足当地经济与社会发展的迫切需要。

三、风险管理体系

（一）全面风险管理体系

如图 5 - 1 所示，项目全面风险管理为项目全周期多维度的风险管理体制，在项目运行的各个阶段通过不同的维度全方位把握项目可能具有的风险，并采取相应的方式进行应对。具体而言，债券发行阶段，在资金、市场、法律方面可能会存在风险，需要及时识别并加以应对；项目建设阶段，在资金、管理、法律方面可能会存在风险，需要及时识别并加以应对；项目运营阶段，在资金、管理、市场、法律方面可能会存在风险，需要及时识别并加以应对；债券偿还阶段，在资金、管理、法律方面可能会存在风险，需要及时识别并加以应对。

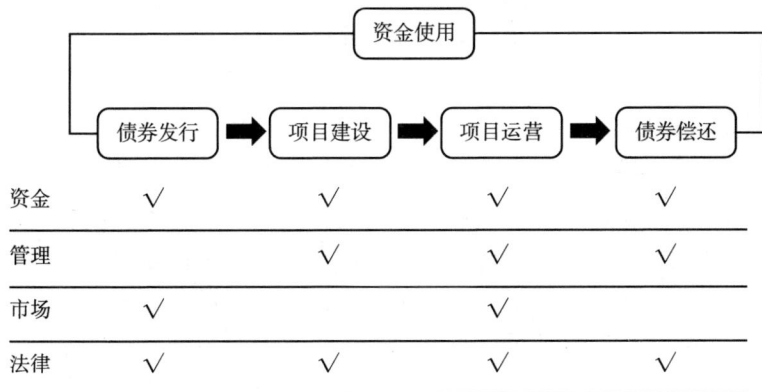

图 5 - 1 全面风险管理体系

（二）项目风险管理过程

全面风险管理体系揭示了项目在全周期不同维度可能存在的相关风险，而对于每个周期每个维度的风险的管理，均有一整套风险管理方法，如图 5 - 2 所示。

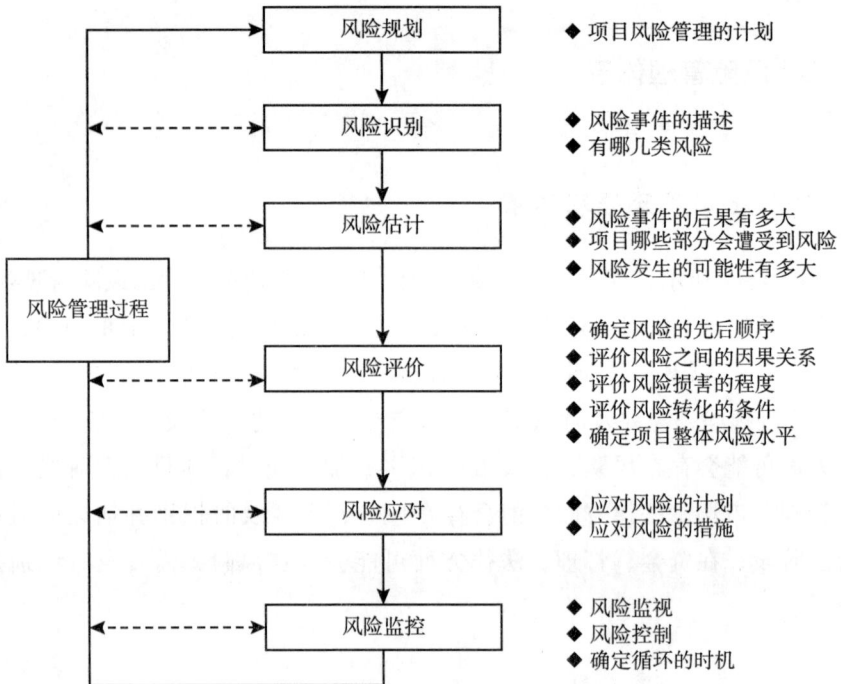

图 5-2 项目风险管理过程

1. 风险规划

风险规划是在项目正式启动前或启动初期，对项目、项目风险的一个统筹考虑、系统规划和顶层设计的过程。开展项目风险规划是进行项目风险管理的基本要求，也是进行项目风险管理的首要职能。项目风险规划是规划和设计如何进行项目风险管理的动态创造性过程，该过程主要包括定义项目组织及成员风险管理的行动方案与方式、选择适合的风险管理方法、确定风险判断的依据等。

2. 风险识别

项目风险识别是项目风险管理的基础和重要组成部分。项目风险识别是对存在于项目中的各类风险源或不确定性因素，按其产生的背景、表现特征和预期后果进行界定和识别，对项目风险因素进行科学分类。简而言之，项目风险识别就是确定何种风险事件可能影响项目，并将这些风险的特性整理成文档，进行合理分类。

3. 风险评估

风险估计又称风险测定、测试、衡量和估算等，因为在一个项目中存在着各种各样的风险，用估计可以说明风险的实质，但这种估计是在有效辨识项目风险的基础上，根据项目风险的特点，对已确认的风险，通过定性和定量分析方法测量其发生的可能性和破坏程度的大小，对风险按潜在危险大小进行排序，对风险评价和制定风险对策及选择风险控制方案有重要的作用。项目风险估计的方法较多采用统计、分析和推断法，一般需要一系列可信的历史统计资料和相关数据以及足以说明被估计对象特性和状态的资料作为保证，当资料不全时往往依靠主观推断来弥补，此时项目管理人员掌握科学的项目风险估计方法、技巧和工具就显得格外重要。根据项目风险和项目风险估计的含义，风险估计的主要内容包括：

（1）风险事件发生的可能性大小。

（2）风险事件发生可能的结果范围和危害程度。

（3）风险事件预期发生的时间。

（4）风险事件的发生频率等。

4. 风险评价

项目风险评价是对项目风险进行综合分析，并依据风险对项目目标的影响程度进行项目风险分级排序的过程。通过系统分析和综合权衡项目风险的各种因素，综合评估项目风险的整体水平。它是在项目风险规划、识别和估计的基础上，通过建立项目风险的系统评价模型，对项目风险因素影响进行综合分析，并估算出各类风险发生的概率及其可能导致的损失大小，从而找到该项目的关键风险，确定项目的整体风险水平，为如何处置这些风险提供科学依据，以保障项目的顺利进行。

5. 风险应对

风险应对就是对项目风险提出处置意见和办法。通过对项目风险识别、估计和评价，把项目风险发生的概率、损失严重程度以及其他因素综合起来考虑，就可得出项目发生各种风险的可能性及其危害程度，再与公认的安全指标相比较，就可确定项目的危险等级，从而决定应采取什么样的措施以及控制措施应采取到什么程度。

项目风险应对措施主要包括如下几种：

（1）项目风险规避措施。

这是从根本上放弃项目或放弃使用有风险的项目资源、项目技术、项目设计方案等，从而避开项目风险的一类应对措施。例如，对于不成熟的技术坚决不在项目实施中采用就是一种项目风险规避的措施。

（2）项目风险遏制措施。

这是从遏制项目风险引发原因的角度出发应对项目风险的一种措施。例如，对可能因项目财务状况恶化而造成的项目风险（如因资金断绝而造成烂尾楼工程项目等），采取注入新资金的保障措施就是一种典型的项目风险遏制措施。

（3）项目风险转移措施。

这类项目风险应对措施多数是用来对付那些概率小但是损失大（超出了承受能力）或者项目组织很难控制的项目风险。例如，通过购买工程一切险等保险的方法将工程项目的风险转移给保险商的办法就属于风险转移措施。

（4）项目风险化解措施。

这类措施从化解项目风险产生出发，去控制和消除项目具体风险的引发原因。例如，对于可能出现的项目团队内部和外部的各种冲突风险，可以通过采取双向沟通、调解等各种消除矛盾的方法去解决，这就是一种项目风险的化解措施。

（5）项目风险消减措施。

这类风险应对措施是对付无预警信息项目风险的主要措施之一。例如，对于一个工程建设项目，在雨天而无法进行室外施工时，采用尽可能安排各种项目团队成员与设备从事室内作业的方法就是一种项目风险消减的措施。

（6）项目风险储备措施。

这是应对无预警信息项目风险的一种主要措施，特别是对于那些潜在损失巨大的项目风险，应该积极采取这种风险应对措施。例如，储备资金和时间以对付项目风险、储备各种灭火器材以对付火灾、购买救护车以应对人身事故的救治等都属于项目风险储备措施。

（7）项目风险容忍措施。

这是针对那些项目风险发生概率很小而且项目风险所能造成的后果较轻的风险事件所采取的一种风险应对措施。这是一种最常使用的项目风险应对措施，但是要注意必须合理地确定不同组织的风险容忍度。

（8）项目风险分担措施。

这是指根据项目风险的大小和项目相关利益者承担风险的能力大小，分别由不同的项目相关利益主体合理分担项目风险的一种应对措施。这种项目风险应对措施多数采用合同或协议的方式确定项目风险的分担责任。

6. 风险监控

风险监控就是通过对风险规划、识别、估计、评价、应对全过程的监视和控制，从而保证风险管理能达到预期的目标，它是项目实施过程中的一项重要工作。监控风险实际是监视项目的进展和项目环境，即项目情况的变化，其目的是：核对风险管理策略和措施的实际效果是否与预见的相同；寻找机会改善和细化风险规避计划；获取反馈信息，以便将来的决策更符合实际。在风险监控过程中，及时发现那些新出现的以及预先制定的策略或措施不见效或性质随着时间的推延而发生变化的风险，然后及时反馈，并根据对项目的影响程度，重新进行风险规划、识别、估计、评价和应对，同时还应对每一风险事件制定成败标准和判据。

全面风险管理体系的立体结构如图 5-3 所示。

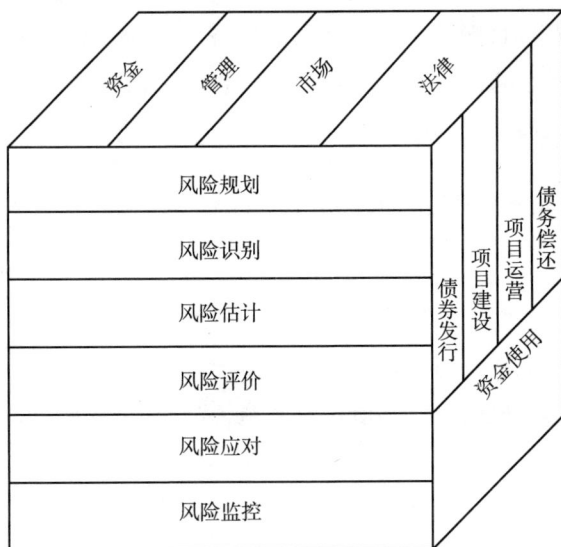

图 5-3　全面风险管理体系立体结构

第二节　全面风险管理内容

根据全面风险管理体系，本节主要探讨债券发行阶段的风险识别与风险应对。

一、发行风险管理

（一）项目可行性风险管理

1. 风险识别

项目是否具有可行性是项目运行之初需要考虑的最为重要的问题，该可行性需要综合考虑多方面因素和可能存在的多方面风险，如项目建设无法满足规划要求、现有技术无法满足项目建设、项目建设会对周边环境造成较大破坏、项目收益无法偿还债券本息等风险。

2. 风险应对

在项目设立之初，项目实施主体应对项目进行详尽的可行性研究分析，研究项目的可行度及项目能够为当地带来的经济与社会效益，准确估计项目未来预期收益，判断其是否能够满足收益与融资自求平衡，并针对项目可能存在的风险制定相应的风险管理办法。

（二）项目法律风险管理

1. 风险识别

在专项债券发行时，发行主体的操作与管理不当可能会导致一定的法律风险，比如发债项目无法给当地带来重大经济与社会效益、发债项目不满足财政部规定的发行条件、发债项目未取得有关单位的批复文件、发债项目收益无法满足自求平衡等风险。

2. 风险应对

专项债券发行前，实施主体应该对项目是否满足发债要求进行谨慎判断，并在法律政策的要求下，规范债券发行流程，做到债券发行合法合规。

（三）投资估算不准确风险

1. 风险识别

项目投资估算不可避免地会存在偏差，同时，建设期内相关政策、法律、市场等因素的变化可能对估算投资产生影响，若出现实际投资超投资估算的情况，则可能影响项目的如期完成。

2. 风险应对

根据稳健性原则，在进行投资估算时，适当考虑计入一定比例的不可预见费；测算各项资金当年的到位额亦留有一定余地。在实施过程中，定期（一般按年）对估算投资进行审核验证，如发现对估算投资产生重大影响的变化，应及时对估算投资进行调整，并调整融资策略。

（四）项目收益测算不准确风险

1. 风险识别

项目收益测算不可避免地会存在偏差，同时，建设运营期内相关政策、法律、市场等因素的变化可能对项目收益产生影响，若出现实际收益小于预计金额的情况，则可能影响债券的还本付息。

2. 风险应对

在进行收益测算时，应采用谨慎性原则，测算项目收益的最悲观估计，并采用敏感性分析，分析可能出现的不同情况下的项目收益变化，判断其是否还满足融资与收益自求平衡。

（五）利率波动风险

1. 风险识别

受国内外宏观经济形势和国内经济政策变动的影响，资本市场利率水平可能产生不利变动，进而在本项目债权存续期限内影响项目的财务成本，可能使项目的财务成本超过预期水平，对项目的融资平衡产生较大影响。

2. 风险应对

针对利率波动对项目财务成本的影响问题，可通过合理调整债券的期限结构、还款方式和时间等方式，优化期限配比、充分利用资金、做好还款计划和还款准备，及时进行动态调整，最大限度地降低利率波动带来的损失。

二、项目建设风险管理

根据全面风险管理体系，本节主要探讨项目建设阶段的风险识别与风险应对。

（一）工程建设风险管理

1. 风险识别

工程建设风险是指工程地质条件、水文地质条件和工程设计发生重大变化，导致工程量增加、投资增加、工期拖长造成损失的可能性。工程建设风险一般来源有：由于前期准备工作不足或者工程设计方案不合理，导致项目实施阶段建设方案发生变化；由于技术和资金的限制，对项目的建设条件估计不足，致使在项目的建设和使用中出现问题，造成损失。工程建设风险还包括"不可抗力"的自然环境灾害造成的风险。

2. 风险应对

对于上述前两种情况，项目业主或代理业主应选取有相应资质、业绩良好的勘察、设计单位，并令其选择资历丰富的人员担任项目负责人，就项目的情况及业主要求与其进行充分沟通。对于"不可抗力"的自然环境灾害造成的风险，业主可采用风险转移的方法将风险转移，如向保险公司投保，将项目风险损失转移给保险公司。

（二）组织及管理风险管理

1. 风险识别

组织风险是指由于项目存在众多参与方，各方的动机和目的不一致将导致项目合作的风险，影响项目的进展和项目目标的实现。组织风险还包括项目组织内部各部门对项目的理解、态度和行动的不一致而产生的风险。

管理风险是指由于项目管理模式不合理，项目内部组织不当、管理混乱或者主要管理者能力不足、人格缺陷等，导致投资大量增加、项目不能按期建成投产造成损失的可能性，包括项目采取的管理模式、组织与团队合作以及主要管理者的道德水平等。

2. 风险应对

完善项目参与各方的合同，加强合同管理，可以降低项目的组织风险；合理设计项目的管理模式、选择适当的管理者和加强团队建设是规避管理风险的主要措施。

（三）工期拖延风险管理

1. 风险识别

项目在建设过程中可能因资金到位、投资建设进度以及拆迁安置等问题面临一定的竣工延期风险，从国内已建工程的实际情况来看，项目建设期每年的利息额较大，如果工期拖延，工程投资将增加，并且工期拖延将影响项目的现金流入，使项目收益减少。

2. 风险应对

在项目实施前的勘察设计工作中应充分考虑建设项目周围可能出现的特殊及突发情况，在项目可行性研究和施工方案设计时，综合考虑各方面因素。减少并避免不必要的设计变更，制定工程进度控制计划，做好项目内部协调工作。在工程实施中确保工程质量，加强对工程建设项目的监理，避免施工过程中的工程延期和施工缺陷等风险，确保项目能够如期按质竣工和及时运营。

相关监管部门除了加强工程质量和安全生产监管外，还应把工期监管列为重要内容，加强监督管理，防范工程拖延风险。

（四）安全风险管理

1. 风险识别

在项目的建设过程中，可能会存在安全管理机制不够完善的情况。由于现场管理人员与施工人员可能存在没有经过必要的职业技能培训、无证上岗等问题，不仅安全生产意识不强，同时还缺乏相关的自我保护意识与安全防范知识，这也是导致出现违章指挥作业、违反劳动纪律等一系列问题发生的主要因素，由此引发安全事故。并且当前建筑行业的市场竞争日益激烈，部分企业为了成功中标而一再压低价格，但进入施工阶段，不仅无力采购相应的安全生产设备，而且采购建筑材料时也采取偷工减料的办法来压缩成本。超负荷使用老化设备不仅会出现安全防护装置失控的现象，还可能引发极其严重的安全事故，而且伪劣的建筑材料使工程质量无法保证，安全隐患问题严重。

2. 风险应对

建筑工程进入施工前，需要依据项目工程的规模、特点，以及周围环境与相关的技术要求等，对人员、设备进行合理的安排，并进行相关的统筹、计算，通过制定安全目标以及各种制度、规程等，组建机构，明确职责。针对建筑施工的特点，对施工作业人员进行相应的职业技能培训，切实有效地落实企业、施工队与班级的三级培训体制，加强行为规范管理，降低操作失误。安全风险的有效控制必须通过加强安全监督管理工作进行有效实施，不仅要严把各项质量检验关，同时还要在施工前对材料、设备等进行严格的验收，避免设备带病作业，预防安全事故的发生。

（五）环境风险管理

1. 风险识别

工程项目在建设的过程中，可能会对环境造成一定的污染与破坏，比如施工扬尘、施工噪声、施工废料、施工垃圾、施工水污染等，均会对周边居民的生活环境造成一定的干扰与破坏，产生一定的环境风险。

2. 风险应对

在项目建设过程中，通过建设时间的错配减少对周围居民生活的影响，根据工程特点制定相应的环境保护措施，通过施工工艺的不断提高来减少或避免建筑废料的产生，并在项目建设过程中引进环境监理机构，对项目建设进行第三方的环境监理，不仅可以加强对项目建设施工过程中的环境管理，还可对项目建设的环境管理工作进行客观真实的评价，有效地促进环境管理工作。

三、项目运营风险管理

根据全面风险管理体系，本节主要探讨项目运营阶段的风险识别与风险应对。

（一）运营主体体制风险管理

1. 风险识别

项目运营主体多为国有控股企业，在承接业务上对政府依赖程度较高，同时政府对公司的未来发展方向、经营决策、组织结构等方面存在较大影响，存在干预项目运营主体发展战略、人事安排、经营决策、财务政策的可能性。随着项目运营主体业务的增长，业务将更加复杂和烦琐，对项目运营主体的管理水平提出了更高要求，因此存在一定风险。

2. 风险应对

针对项目运营主体存在的体制风险，项目运营主体应进一步完善法人治理结构及章程，健全公司各项内部管理制度和风险控制制度，规范各项经济行为，增强市场化运作，使公司适应现代化运营市场化管理要求。

（二）人力资源风险管理

1. 风险识别

公司业务的开拓和发展在很大程度上依赖于核心经营管理人员。若公司未能建立有效的激励机制保留并吸引更多符合公司发展需要的优秀专业人才，公司的业务管理与经营增长将可能受到不利影响。

2. 风险应对

项目运营主体应妥善建立有效的人员管理机制与激励机制，不断地从外界招纳符合公司发展的优秀人才，加大对于人才的培养与福利，保证项目的正常运营不受影响。

（三）管理制度风险管理

1. 风险识别

随着项目运营主体经营规模的进一步扩大，其往往面临着保持员工队伍的稳定、提升员工素质、加强企业内部控制和财务管理等多方面的巨大挑战。如果公司在管理方面不能及时跟进，组织机构设置不合理，重大投资决策、财务安全、人力资源管理等管理制度不完善，将会给公司的生产经营和整体发展带来不利影响，并进一步影响到项目的正常运营和债券的按时偿付。

2. 风险应对

项目运营主体应及时发现自身存在的管理制度问题并及时改进，妥善建立组织机构设置，完善重大投资决策、财务安全、人力资源管理等管理制度，加强内部控制，从而保证公司的正常经营与项目的安全运营。

（四）经济周期的风险管理

1. 风险识别

城市基础设施的投资规模和收益水平都受到经济周期影响，如果出现经济增长放缓或衰退，将可能使项目的经营效益下降，现金流减少，从而影响专项债券的兑付。

2. 风险应对

项目业主及运营主体应重视对经济形势的研究，制定合理的发展规划，并依托自身综合经济实力，不断提高管理水平和运营效率，在一定程度上抵御经济周期对项目盈利能力造成的不利影响，实现可持续发展。

（五）产业政策风险管理

1. 风险识别

专项债券对应项目的经营易受国家宏观经济政策、商业银行信贷政策、城市规划等因素的影响。未来项目运营主体从事业务的相关政策存在不确定性，可能对项目运营主体及募集资金投资项目的盈利能力产生负面影响，从而影响债券的偿付。

2. 风险应对

针对产业政策因素的影响，项目运营主体应加强对国家财政、金融、产业等方面的政策研究，关注行业政策的发展动态，把握产业发展机遇，不断壮大自身实力。项目运营主体应密切注意政策变化，积极采取相应措施适应新的环境，尽量降低对项目经营带来的不确定影响。

（六）项目收益不及预期风险管理

1. 风险识别

专项债券项目在发行时会进行严格的投资回报测算，但在项目建设及运营期间，可能因为市场变化、建设工期、项目技术、工程质量和国家宏观调控政策等因素的影响而使得项目投资收益不能达到预期水平，从而影响项目还本付息情况。

2. 风险应对

未来项目运营主体应不断提高资产运营和管理能力，进一步扩大资产规模，提升资产质量；拓展项目业态，实现多元化发展，丰富项目收入结构，增强项目的盈利能力和抗风险能力，降低对单一收入来源的依赖性。

此外，专项债务本金通过对应的政府性基金收入、专项收入、发行专项债券等偿还，若项目经营收入回款较慢，政府专项债券到期时项目收入不足以偿还债券本金，发行人将可以发行新一期政府专项债券进行债券本金的偿还。

四、项目资金使用风险管理

项目资金的使用贯穿整个项目周期，其合规合理使用具有极其重要的意义，债券偿还的相关风险也包含在资金使用风险之中，因此在本节进行统一分析，根据全面风险管理体系，本节主要探讨项目资金使用中的风险识别与风险应对。

（一）封闭使用债券资金的风险

1. 风险识别

相关政策规定，专项债券资金应在项目中保持封闭运行，发行债券募集的资金只允许投入到对应的项目之中，债券本息的偿还只能通过项目对应的政府性基金与专项收入偿还，不得通过项目外的资金进行偿还，因此若发行人未按照相关规定的要求而违规使用债券募集资金，挪用债券资金，则会对投资者的利益造成负面影响，偿还本息时若未按照规定要求违规使用项目外的资金，则会产生法律合法合规风险。

2. 风险应对

为了保证专项债券资金处于封闭运行状态，应对其进行持续的监管。针对专项债券资金的持续监管问题，可以通过设立项目资金管理专户，由财政部门进行专项统一管理，严格根据《资金管理办法》的相关要求进行后续操作，保障资金使用与债券本息偿还合法合规。

（二）债券资金使用不当的风险

1. 风险识别

专项债券资金在使用的过程中，可能由于资金使用人的管理不善或管理不规范而面临资金被乱用、资金使用效率较低、资金收支不透明等风险。

2. 风险应对

为了保证债券资金使用得当，应加强对于债券资金使用情况的信息披露，及时对债券资金使用收支情况进行记录与定期披露，做到资金使用透明高效，保护投资者的合法利益。

（三）收入按时偿还本息的风险

1. 风险识别

在专项债券存续期间，受宏观经济政策、产业政策和市场运行等因素的影响，项目的经营活动存在不能带来预期回报的可能性，使项目不能从预期的还款来源中获得足够的资金，从而可能影响债券的按期偿付。

2. 风险应对

项目运营单位应进一步提高管理与经营效率，严格控制成本支出，不断提升持续发展能力。发行人应加强对债券募集资金使用的监管，确保募集资金投资项目的正常运营，保证项目收入款及时到位，提高投资建设项目的现金流和收益水平，保障债券的按时还本付息。

第三节　全面风险管理的实施

风险是一种客观存在，它贯穿于整个项目收益专项债券的发行，从发行前期的法律风险、投资估算风险，到发行过程中的利率波动风险，最后到发行后项目在建设、运营以及资金使用过程中的风险，可以说是无处不在，本书已在前面进行了详细介绍，此处不再赘述。由此，也可以看出实施全面风险管理的重要性。

在发行前期，省级财政部门负责按照专项债务管理规定，审核确定分类发行专项债券实施方案和管理办法，组织做好信息披露、信用评级、资产评估等工作。行业主管部门、项目单位负责配合做好专项债券发行准备工作，包括制定项目收益和融资平衡方案、提供必需的项目信息等，合理评估分类发行专项债券对应项目风险，切实履行项目管理责任。

在发行过程中，地方财政部门应按照《地方政府债券发行现场管理工作规范》的有关规定，切实加强地方政府债券发行现场管理。采用招标方式发行的，发行现场应当有地方财政部门经办人、复核人各一人，在双人核对的基础上开展标书发送、中标确认等工作，严格防范操作风险。采用承销方式（包括公开承销和定向承销，下同）发行的，地方财政部门应当配合簿记管理人组织发行现场的各项工作。发行现场应当邀请审计或监察等非财政部门派出监督员，对发行现场人员、通信、应急操作等情况进行监督。

招标发行结束后，应当由发行人员负责人（不限行政级别）、监督员共同签字确认发行结果；承销发行结束后，应当由簿记管理人、监督员共同签字确认发行结果。支持部门应当积极配合地方财政部门严格执行《地方政府债券发行现场管理工作规范》，做好发行现场人员出入登记、通信设备存放、发行现场无线电屏蔽、电话录音等工作，保障地方政府债券发行工作有序开展。

在发行成功之后，省级财政部门按照财政部统一要求同步组织建立专项债券对应资产的统计报告制度。地方各级财政部门应当会同行业主管部门、项目单位等加强专项债券项目对应资产的管理，严禁将专项债券对应的资产用于为融资平台公司等企业融资提供任何形式的担保。

全面风险管理的实施将会使地方政府发行的项目收益专项债券更加趋向市场化。此外，信息披露也贯穿整个项目收益专项债券的发行始终，详细内容请见下一章。

第六章

项目收益专项债券信息披露

2015 年以来，虽然地方政府专项债券有关文件陆续出台，多有提出信息披露要求，但截至目前尚未形成专门文件对项目收益专项债券的信息披露活动做出规定。实务中，项目收益专项债券信息披露活动根据分散于有关债务管理和债券发行管理等文件规定、政府信息公开规定和证券交易所、银行间债券市场有关要求进行，并参照公开发行股票、金融债券的信息披露规则以及企业债券发行与交易信息披露规则。

第一节　信息披露总体要求

一、项目收益专项债券信息披露概述

（一）项目收益专项债券信息披露的含义

专项债券信息披露是指政府作为发行人，在专项债券发行、交易、募集资金使用等一系列环节中，依照法律法规规定向社会公众公开债券基本信息、发行人及有关主体、资金募集与使用、对应项目收益等情况的活动。

（二）项目收益专项债券信息披露的特点

1. 以政府部门为主要披露主体

不同于金融债券、企业债券等其他债券，项目收益专项债券的发行主体为

经批准的省级人民政府，存在转贷的情况下，市县人民政府为实际举债主体。债券对应项目的实施主体也多为政府部门或国企。因此，信息披露主体以政府部门为主。

2. 以有助于投资者决策为中心

通过建立信息披露制度，以投资者保护为中心，任何与投资决策相关的信息都应向公众及时充分披露，解决信息不对称问题，保证市场的可靠性和有效性。

3. 以债券对应项目情况为披露重点

项目收益专项债券的资金募集、使用和偿还严格对应到项目，这是项目收益专项债券区别于一般债券的最大特点。相比于金融债券和企业债券，项目收益专项债券需要用项目收益偿还本息的这一特点，不仅要求披露资金使用情况，还要求披露项目收益情况。因此，债券对应项目情况是项目收益专项债券的重点之一。

（三）项目收益专项债券信息披露的作用

信息披露制度已经成熟运用于股票、企业债券等领域。它主要有以下作用。

1. 有利于投资者做出价值判断

银行间债券市场投资者为机构投资者，具有专业的投资知识；而证券交易所的投资者涉及众多个人投资者，专业的投资能力有限。信息披露必须有助于投资者识别风险、理性投资。

2. 有利于解决信息不对称问题

发行人和项目实施主体掌握了大量有关债券和债券对应项目的内部信息，金融机构、服务机构等也掌握一部分，而投资者则因为信息不对称，掌握很少的信息。如果信息一直不对称下去，投资者理性投资的基础将不存在，无法做出决策，则市场基本信心不能得到维持。

3. 有利于提高债券市场效率

在制度规制下的信息披露具有信息甄别功能，强制信息披露要求会阻碍风险较高的发行者进入市场，从而使整个债券市场发行人信用较高、违约可能性下降，提高债券市场效率。

4. 有利于防止信息滥用

信息披露活动的存在，使得投资者不需要为得到有效信息而付出高昂的代价，有利于防止信息被滥用。

5. 降低筹资成本

当信息透明度不完全时，投资者未来预期收入的不确定性增加，进而会要求提高回报率以抵消信息风险。因此，高透明度、低信息风险的债券比低透明度、高信息风险的债券更可能获得较低的资本成本。

（四）项目收益专项债券信息披露与政府信息公开

在以金融机构、企业为债券发行主体的情况下，信息披露和政府信息公开没有太大关联。但是项目收益专项债券是政府债券，不仅发行主体为政府，募集资金的去向也是政府为主导实施的公益性事业领域的项目，因此项目收益专项债券信息披露的内容，部分为政府应主动公开或依申请公开的信息。

二、项目收益专项债券信息披露原则和制度体系

（一）信息披露原则

专项债券信息披露原则体现在对披露内容和披露形式两方面的要求上，具体有以下原则。

1. 诚实信用原则

要求披露义务人诚实、守信，自觉披露应当披露的信息。

2. 真实性原则

要求披露的信息应当以客观事实为基础，以没有扭曲和不加粉饰的方式反映真实状态。

3. 准确性原则

要求用精确的语言披露信息，不使人误解，不使用模棱两可的语言。

4. 完整性原则

要求披露所有可能影响投资者决策的重大信息，不能有所遗漏。

5. 及时性原则

相关法律法规对信息披露的时限做出了明确的规定，信息披露义务人应在规定的时限内尽快履行披露义务。同时要求披露的信息为最新信息，而不是过时的信息。

6. 公平性原则

要求信息向市场上所有的投资者平等公开披露，而不是仅向特定投资者披露。

7. 易得性原则

一方面，债券市场要求公开披露的信息容易被一般投资者所获得；另一方面，作为一些本身属于政府应当主动公开的信息，要求遵循便民原则，保证公民能及时、准确地获取相关信息。

8. 规范性原则

要求信息必须按照规定的内容和格式进行披露，保证披露信息的可比性。

（二）项目收益专项债券信息披露制度体系

在项目收益专项债券信息披露制度体系中，《证券法》是法律位阶较高的法律，但只做了原则性规定，即第六十三条"发行人、上市公司依法披露的信息，必须真实、准确、完整，不得有虚假记载、误导性陈述或者重大遗漏"，其他具体规定主要适用于场内资本市场上市公司或拟上市公司的信息披露。

因项目收益专项债券信息涉及当地经济发展、财政、债务管理、规划、计划等情况，这部分信息本身也属于应当主动公开的政府信息，所以项目收益专项债券信息披露活动也受到证券法律以外的法律规制，如发行债券涉及预算和预算执行情况，《预算法》明确规定了预算和预算执行情况依法向社会公开的要求，《政府信息公开条例》对政府信息公开工作做出了全面的规定。

此外，项目收益专项债券信息披露还要符合《国务院关于加强地方政府性债务管理的意见》《地方政府专项债券发行管理办法》《关于做好 2017 年地方政府债券发行工作的通知》《关于试点发展项目收益与融资自求平衡的地方政府专项债券品种的通知》《关于做好 2018 年地方政府债务管理工作的通知》《关于做好 2018 年地方政府债券发行工作的意见》，以及土地储备、收费公路、棚户区改造专项债券发行管理办法等规范性文件的要求。

（三）信息披露禁止事项

第一，项目收益专项债券信息披露必须依法依规进行，不得有虚假记载、误导性陈述或重大遗漏。

第二，政府部门发布政府信息依照国家有关规定需要批准的，未经批准不得发布。

第二节　项目收益专项债券各阶段信息披露

一、信息披露的主体

基于项目收益专项债券的发行人为省级政府，市县使用资金的，由省政府转贷市县，因此作为发行人的省级政府是信息披露义务人，人民政府财政部门和项目实施主体为信息披露的主要责任主体，以有关行业主管部门、项目建设主体为辅助主体，中介服务机构配合项目的信息披露。

（一）发行人

省级人民政府作为发行人，是信息披露的义务人。

（二）人民政府财政部门

项目收益专项债券发行前，由省级政府所属财政部门编制信息披露文件，如转贷市县使用的，则由市县级政府财政部门编制。债券存续和终结阶段，财政部门都是信息披露的主要负责部门。

（三）项目实施主体和行业主管部门

项目实施主体和行业主管部门主要掌握债券对应项目的情况，负责提出资金需求、资金使用计划、项目建设运营管理等情况，配合向财政部门提供相关材料，做好信息披露工作。例如，土地储备专项债券发行，要求地方各级国土资源部门、土地储备机构配合做好本地区信息披露工作。收费公路专项债券发行，要求地方各级交通运输部门配合做好信息披露工作，主要是积极配合提供相关材料。地方各级棚改主管部门应当配合做好本地区棚改专项债券信息披露工作。

（四）项目建设运营主体

项目建设运营主体，除了政府指定的部门或具有资质、资格的事业单位外，还可能是受项目实施主体委托的具有建设、运营资质的企业，这些企业掌握项目最基本的情况，按照规定，应当配合向财政部门或行业主管部门提供项目收益专项债券对应项目基本情况。

二、发行阶段信息披露

项目收益专项债券发行阶段信息披露，即资金募集阶段的信息披露，是各阶段最为重要、信息量最大的信息披露。

发行阶段主要披露专项债券基本信息、财政经济运行及相关债务情况、募投项目及对应的政府性基金或专项收入情况、风险揭示以及对投资者做出购买决策有重大影响的其他信息，主要包括发行人编制的信息披露文件、信用评级报告、会计师事务所出具的财务评价报告以及律师事务所出具的法律意见书。

(一) 发行阶段信息披露的主要事项和形式

1. 信息披露文件

信息披露文件是项目收益专项债券发行阶段由财政部门编制的，主要记载发行依据、风险提示、发行条款、募集资金使用、项目情况、发行人及有关主体情况、投资者保护、发行有关机构等内容，面向投资者的一种文件类型。具体包括以下内容：

（1）发行依据。

发行依据主要有关于发行主体、地方政府债务限额管理、地方政府债务预算管理和地方政府债务风险应急处置等方面的法律法规和规范性文件。

（2）风险提示。

债券发行的风险提示是信息披露的重要内容之一，主要包括以下内容：

①利率风险，市场利率变化对债务融资工具收益的影响。

②流动性风险，债务融资工具因市场交易不活跃而可能受到的不利影响。

③偿付风险，债务融资工具本息可能不能足额偿付的风险。

④政策风险，主要是指因国家法律、法规、政策的可能变化对项目产生的具体政策性风险，如财政、金融、土地使用、产业政策、行业管理、环境保护、税收制度、经营许可制度、外汇制度、收费标准等发生变化对项目收益的影响。

（3）发行条款。

发行条款的内容比较多，且形式比较固定，主要包括以下内容：

①债券名称。

②发行人。

③发行品种、期限、发行金额、面值。

④信息评级结果。

⑤发行时间、方式、对象。

⑥缴款/起息日。

⑦上市流通安排、流通日。

⑧本息兑付日、流程、计息天数。

⑨利率确定方式。

⑩登记托管安排。

⑪招标系统。

⑫税务提示。

⑬提前回购条款（如有）。

（4）募集资金使用。

募集到的资金，必须按照财政规定的用途使用，信息披露必须披露资金的具体投资项目，包括资金使用计划。同时，应承诺若项目收益专项债券存续期间变更资金用途，需按规定审批，并在变更前及时披露有关信息。

（5）项目情况。

项目情况是财政有关规定要求重点披露的内容，项目收益专项债券的特点之一便是债券严格对应项目，因此披露项目情况主要包括以下内容：

①本地区项目行业情况。

②项目总体情况。

③项目总投资、已有融资及资金筹措方案。

④项目预期收益、成本与融资平衡方案。

⑤项目收益专项债券发行计划。

（6）发行人及有关主体情况。

项目收益专项债券对应项目涉及的主体很多，但主要是发行人、实施机构和具体建设运营主体，因此披露的主体情况包括：

①发行人基本情况、经济财政情况、债务管理情况、中长期经济社会发展规划概况。

②如有转贷市县使用的，市县基本情况、经济财政情况、债务管理情况。

③项目实施主体基本情况。

④项目建设主体基本情况。

（7）投资者保护。

（8）发行有关机构和文件。

发行有关机构主要指信用评级机构、主承销商及其他承销机构、咨询管理机构、会计师事务所和律师事务所等专业机构，其有关情况以及出具的部分专业报告也应当披露。

2. 中长期经济社会发展规划

3. 招标发行兑付办法

4. 债券招标发行规则

5. 项目收益专项债券发行管理办法

（二）发行结果的信息披露

1. 发行结果公告

债券发行成功，需要专门进行披露，出具发行结果公告文件。

2. 推迟或取消发行的信息披露

因债券市场波动、市场资金面趋紧、承销团成员承销意愿出现较大变化等原因需要推迟或取消地方债发行时，地方财政部门应当及时向财政部报告，并不迟于发行前 1 个工作日通过指定网站披露推迟或取消发行信息。

（三）发行阶段信息披露的时间和场所

地方财政部门应当不迟于每次发行前 5 个工作日，通过本单位门户网站、中国债券信息网等网站披露当期债券基本信息、债券信用评级报告和跟踪评级安排。

不迟于全年首次发行前 5 个工作日，通过指定网站披露债券发行兑付相关制度办法、本地区中长期经济规划、地方政府债务管理情况等信息，并披露本地区经济、财政和债务有关数据。

地方财政部门应当不迟于每次发行日终，通过指定网站披露当次发行结果。

三、项目收益专项债券存续阶段信息披露

项目收益专项债券存续期是指项目收益专项债券上市流通后、终结前的特定时间段，由于存续期涉及项目的建设运营情况、资金使用情况、遭遇的相关重大事项等，因此存续期间的信息披露也至关重要。

（一）存续阶段信息披露的主要事项和形式

根据有关文件要求，项目收益债券存续期间应持续披露募投项目情况，募集资金使用情况，地方政府经济、财政情况，财政预决算和收支执行情况，地方政府债务管理情况，跟踪评级报告，对应的政府性基金或专项收入情况以及可能影响专项债券偿还能力的重大事项。

一是项目情况与募集资金使用情况。此部分主要由项目实施主体和行业主管部门配合财政部门提供相关信息，具体要求如表6－1所示。

表6－1   **项目情况与募集资金使用情况披露说明**

债券类型	行业主管部门	披露内容	特殊要求
土地储备专项债券	国土资源部门、土地储备机构	项目进度、专项债券资金使用情况	省级交通运输部门应当于每年6月底前披露截至上一年度末收费公路专项债券对应项目的实施进度、债券资金使用等情况
收费公路专项债券	交通运输部门		
棚户区改造专项债券	棚改主管部门		
项目收益专项债券	相关行业主管部门		

二是地方政府经济、财政情况、财政预决算和收支执行情况。

三是地方政府债务管理情况、对应的政府性基金或专项收入情况。此部分由地方财政局按照地方实际情况进行信息披露。

四是跟踪评级报告。独立第三方评级机构对债券出具客观真实的跟踪评级报告，由财政部门进行信息披露。

五是可能影响专项债券偿还能力的重大事项。地方财政部门要加强重大事项披露工作，对地方政府发生的可能影响其偿债能力的重大事项应当及时进行披露。重大事项主要包括以下几个：第一，项目收益专项债券本息未按期支付。第二，重大的债务赎回或债务豁免。第三，专项债券对应的政府性基金收入、专项收入收支相关重大事项。第四，专项债券对应项目出现与预期不符的重大事件。第五，其他影响专项债券还本付息的重大事件。

（二）存续阶段信息披露的时间和场所

地方财政部门应当进一步做好债券存续期信息披露工作，通过本单位门户网站、中国债券信息网等网站披露政策要求的主要事项。

其中除了收费公路专项债券要求省级交通运输部门于每年 6 月底前披露截至上一年度末收费公路专项债券对应项目的实施进度、债券资金使用等情况，其他专项债券没有明确要求的披露时间，但如果涉及可能影响专项债券偿还能力的重大事项，则应当及时进行信息披露。

四、项目收益专项债券终结阶段信息披露

（一）终结阶段信息披露的主要事项和形式

1. 按计划还本付息的披露

披露的信息主要包括以下一些：

（1）项目收益专项债券有关财政预决算、经济运行、财政收支执行等情况。

（2）地方政府性债务管理情况。

（3）专项债券对应项目的政府性基金收入、专项收入情况。

（4）专项债券对应项目主要情况、募集资金使用情况等。

（5）还本付息情况。

2. 违约情况的披露

市县级财政部门未按时足额向省级财政部门缴纳专项债券还本付息、发行费用等资金，省级财政部门可以采取适当方式扣回，并将违约情况向市场披露，重点包括造成违约的重大事件的信息披露。

（二）终结阶段信息披露的时间和场所

地方财政部门应当不迟于地方债还本付息前 5 个工作日，通过指定网站披露还本付息相关信息。

第三节　违反信息披露规定的法律责任

项目收益专项债券是地方政府债券的一种，市场内交织着不同层次、不同方面的复杂社会关系，法律法规文件、市场规则、自律准则构建了多元化的责

任体系，确立不同违法责任的性质及构成要件，促使不同程度、不同性质和不同后果的责任承担。当信息披露义务人违背信息披露原则，违反法律法规文件、证券市场自律规则，不如实披露信息，存在有虚假记载、误导性陈述或重大遗漏等问题时，就会招致一定的法律责任。

一、刑事责任

我国《刑法》《证券法》都对证券信息披露的犯罪行为做了专门的规定，规定了违规披露、不披露重要信息罪，但针对的是负有信息披露义务的公司和企业。项目收益专项债券的信息披露义务人为政府部门，在项目收益专项债券信息披露活动中，主要是配合提供相关资料、信息，因此，触犯刑事法律的可能性较小。

二、行政责任

按照《证券法》和《政府信息公开条例》，发行人和有关主体披露（公开）项目收益专项债券信息活动中存在违法行为的，将承担行政责任。违法情形和行政责任承担方式如下：

（一）承担行政责任的违法情形

项目收益专项债券违反信息披露制度的情形主要有以下几种：

1. 未按照规定披露信息

信息披露义务人未按照法律、行政法规、规章和规范性文件以及证券交易所业务规则规定的信息披露期限、方式等要求及时、公平披露信息，构成未按照规定披露信息的信息披露违法行为。

2. 所披露的信息有虚假记载、误导性陈述或者重大遗漏

（1）虚假记载。

信息披露义务人在信息披露文件中对所披露内容进行不真实记载，包括发生业务不入账、虚构业务入账、不按照相关规定进行会计核算和编制财务会计报告，以及其他在信息披露中记载的信息与真实情况不符的，应当认定构成所披露的信息有虚假记载的信息披露违法行为。

（2）误导性陈述。

信息披露义务人在信息披露文件中或者通过其他信息发布渠道、载体，做出不完整、不准确陈述，致使或者可能致使投资者对其投资行为发生错误判断的，应当认定构成所披露的信息有误导性陈述的信息披露违法行为。

（3）重大遗漏。

信息披露义务人在信息披露文件中未按照法律、行政法规、规章和规范性文件以及证券交易所业务规则关于重大事件或者重要事项信息披露要求披露信息，遗漏重大事项的，应当认定构成所披露的信息有重大遗漏的信息披露违法行为。此外，证券服务机构、资信评级机构、会计师事务所、律师事务所等服务机构及其人员未勤勉尽责，或者制作、出具的文件有虚假记载、误导性陈述或者重大遗漏的，也会被依法追究行政责任。

3. 对政府部门违反相关规定的处理

信息披露义务人是政府部门的，违反《政府信息公开条例》规定，不依法履行政府信息公开义务的、不及时更新公开的政府信息内容、违反规定收取费用或通过其他组织、个人以有偿服务方式提供政府信息的，按情节严重程度，首先由监察机关、上一级行政机关责令改正；情节严重的，对行政机关直接负责的主管人员和其他直接责任人员依法给予处分；构成犯罪的，依法追究刑事责任。

（二）行政责任承担方式

一是发行人或者其他信息披露义务人被责令改正，受到警告、被处以罚款。

二是直接负责的主管人员和其他直接责任人员被责令改正，受到警告、被处以罚款。

三是发行人或者其他信息披露义务人是政府部门的，监察机关、上一级行政机关应当责令改正该违法行为；情节严重的，对政府部门直接负责的主管人员和其他直接责任人员依法给予处分。

（三）信息披露义务人信息披露违法的责任认定

信息披露义务人行为构成信息披露违法的，应当根据其违法行为的客观方面和主观方面等综合审查认定其责任。

1. 客观方面通常要考虑的情形

一是违法披露信息包括重大差错更正信息中虚增或者虚减资产、项目运营收入及净利润的数额，是否因此资不抵债，是否因此发生盈亏变化等。

二是信息披露违法所涉及事项对投资者投资判断的影响大小。

三是信息披露违法后果，包括是否导致欺诈发行、欺诈上市，给国家、投资者或者其他人造成直接损失数额大小，以及未按照规定披露信息造成该债券交易异常等。

四是信息披露违法的次数，是否多次提供虚假信息或者隐瞒重要事实，或者多次对依法应当披露的其他重要信息不按照规定披露。

五是社会影响的恶劣程度。

六是其他需要考虑的情形。

2. 主观方面通常要考虑的情形

一是信息披露义务人在单位内部是否存在违法共谋，信息披露违法所涉及的具体事项是否是经会议研究决定或者由主要负责人决定实施的，是否只是单位内部个人行为造成的。

二是信息披露义务人的主观状态，信息披露违法是否是故意的欺诈行为，是否是不够谨慎、疏忽大意的过失行为。

三是信息披露违法行为发生后的态度，项目实施主体、行业主管部门、所在地财政部门和政府知道信息披露违法后是否继续掩饰，是否采取适当措施进行补救。

四是与证券监管机构的配合程度，当发现信息披露违法后，项目实施主体、行业主管部门、所在地财政部门和政府是否在调查中积极配合。

五是其他需要考虑的情形。

3. 其他情形

其他违法行为引起信息披露义务人信息披露违法的，通常综合考虑以下情形认定责任：

一是信息披露义务人是否存在过错，有无实施信息披露违法行为的故意，是否存在信息披露违法的过失。

二是信息披露义务人是否因违法行为直接获益或者以其他方式获取利益，是否因违法行为止损或者避损，投资者是否因该项违法行为遭受重大损失。

三是信息披露违法责任是否能被其他违法行为责任所吸收，认定其他违法行为行政责任、刑事责任是否能更好地体现对违法行为的惩处。

四是其他需要考虑的情形。

三、民事责任

民事责任的实质在于通过对受害人的损害进行弥补，救济投资者遭受的损害，帮助投资者恢复对债券市场的信心。美国的实践证明，地方政府债券制度中的民事责任制度对于建立诚实有效的债券市场是必不可少的。

在项目收益专项债券信息披露具体管理制度文件中，尚无明确的民事责任规定。这里，可以原则适用《证券法》的规定，发行人信息披露文件中有虚假记载、误导性陈述或者重大遗漏，致使投资者在交易中遭受损失的，发行人应当承担赔偿责任。该赔偿责任是无过错责任。

第七章

其他类项目收益专项债券典型案例

《关于做好 2018 年地方政府债务管理工作的通知》第十一条明确：合理扩大专项债券使用范围，鼓励地方按照《财政部关于试点发展项目收益与融资自求平衡的地方政府专项债券品种的通知》的要求，创新和丰富债券品种，按照中央经济工作会议确定的重点工作，优先在重大区域发展以及乡村振兴、生态环保、保障性住房、公立医院、公立高校、交通、水利、市政基础设施等领域选择符合条件的项目，积极探索试点发行项目收益专项债券。

自 2017 年底深圳发行了深圳轨道交通专项债券之后，2018 年各个省份开始有所创新。根据中国债券网披露的信息可知，截至 2018 年 10 月 1 日，已发行其他类项目收益专项债券 33 只，发行规模 296.24 亿元。还有两只项目收益专项债券目前已在中国债券网进行披露，还未进行招投标，10 月 1 日之后将会进行招标发行。

根据中国债券网披露的信息可知，从各省份发行支数来看，四川省最多，截至 2018 年 10 月 1 日，四川省发行其他类型项目收益专项债券 11 只，占其他类总发行只数的 33%。从发行结果来看，2018 年 9 月 27 日深圳市发行的 6 只债券认购倍数为 26.29 倍，其中福田棚改债券、坪山园区债券边际认购倍数均达 28 倍（理论极限值为 30 倍），也获得了投资者的高度追捧。

从发行规模来看，四川省发行规模最大，截至 2018 年 10 月 1 日，四川省发行其他类项目收益专项债券 93.54 亿元，占其他类项目收益专项债券总发行规模的 31.57%。深圳市与云南省发行规模不相上下。从数据中可以看出，目前仅有 9 个省发行了其他类项目收益专项债券，四川省与云南省是 2018 年的黑马，创新品种较多。而深圳市因为上一年就已经发过一只深圳轨道交通专项债券，因此，其在项目收益专项债券的复杂操作上可以更加游刃有余。

从发展趋势来看，其他类项目收益专项债券从 8 月份开始呈现上涨趋势，2017 年仅深圳发行 1 只，2018 年就已经达到了 32 只，而目前还有一些省份处于探索阶段，均在摩拳擦掌的准备过程中。由此可以看出，其他类项目收益专项债券将会呈现较快的发展速度，未来地方政府发展前景将会比较广阔。

本章将依次分析上述 9 类重点领域项目的特点，如公益性鉴定、相关发行要件、建设内容和依据、项目建设的必要性和效益、收益自平衡情况以及运营管理等，然后相应附上该类项目中已公开发行的典型案例，并进行简要总结。

第一节　重大区域发展类项目收益专项债券

一、重大区域发展类项目的适用范围

重大区域发展类项目一般是指各区域从国民经济发展规划的总体出发，根据区域发展的预期目标和相应的制约条件，确定符合区域发展战略和策略的综合性规划的重点项目，通常是当年省级或市级的重点项目工作，如某某省 2018 年十大重点项目。常见的重大区域发展类项目包括新型城镇化建设重大工程、交通建设重点工程、农业现代化重大工程、重大科技创新项目等。

根据《中华人民共和国国民经济和社会发展第十三个五年规划纲要》可知，针对我国重大区域发展将以区域发展总体战略为基础，以"一带一路"建设、京津冀协同发展、长江经济带发展为引领，形成沿海沿江沿线经济带为主的纵向横向经济轴带，塑造要素有序自由流动、主体功能约束有效、基本公共服务均等、资源环境可承载的区域协调发展新格局。深入实施西部开发、东北振兴、中部崛起和东部率先的区域发展总体战略，创新区域发展政策，完善区域发展机制，促进区域协调、协同、共同发展，努力缩小区域发展差距。

二、重大区域发展类专项债券发行案例

案例一：

四川省绵阳市游仙经济开发区（含科技城游仙军民融合产业园）专项债券①

2018年8月15日，四川省财政厅公开发行2018年四川省绵阳市游仙经济开发区（含科技城游仙军民融合产业园）专项债券（一期），四川省绵阳市游仙经济开发区（含科技城游仙军民融合产业园）专项债券是典型的重大区域发展类专项债券项目。

世界经济在深度调整中曲折复苏，新一轮科技革命和产业变革蓄势待发，我国将迎来新的发展空间。我国发展长期向好的基本面没有改变，经济发展处于"速度变化、结构优化、动力转换"的关键阶段，创新驱动与转型发展的趋势日益明显，将为后发赶超地区带来新的发展机遇。特别是军民融合发展上升为国家战略，绵阳被列为国家系统推进全面创新改革试验先行先试地区，享受中关村系列政策。中央要求科技城要当好西部地区创新创业"领头羊"和军民融合"排头兵"，游仙区作为科技城的核心区，拥有重大的发展机遇，有利于提升创新驱动能力。国家深入实施"一带一路"倡议及长江经济带和新一轮西部大开发战略，有利于拓展对外开放合作新通道，在更大范围内配置资源，实现新一轮高水平对外开放。

作为荣膺"四川省最具投资价值产业园区"的游仙经济开发区，按照全省实施城乡统筹发展战略，坚持"两化"互动，以工业化带动城镇化，同步规划产业园区和城市新区，同步实现产业聚集和人口聚集，促进产业和城镇融合发展。绵阳游仙经济开发区规划打造军工科技成果转化的重要平台和载体，发展"军转民、民参军"产业，使园区"深度融入科技城"，并计划到2021年率先建成千亿级产业园区。

---

① 资料来源：中国债券网，http://www.chinabond.com.cn/cb/cn/。

（1）该项目实施机构为绵阳游仙经济开发区管理委员会，项目建设方为绵阳富乐投资有限公司、绵阳游仙军民融合发展有限责任公司。该项目位于绵阳游仙经济开发区南区、北区，具体包括拆迁安置及配套设施建设、军民融合产业园孵化设施、军民融合创新创业设施、土地平整及市政基础设施建设等。

（2）投资估算方面：根据中国债券网披露的四川省绵阳游仙经济开发区军民融合产业园区项目的文件可知，该项目的投资估算总额为781999.74万元，包括工程费用474856.70万元、工程建设其他费用102457.95万元、预备费用46588.18万元、征地拆迁补偿费用134046.91万元及专项费用24050.00万元。

（3）资金筹措方面：该项目投资估算总额为781999.74万元，其中项目资本金为481999.74万元，占总投资的61.64%，从政府财政预算安排。计划总发债融资300000.00万元，占总投资的38.36%。

该项目计划2018年发行额10亿元，全部为新增债券，品种为记账式固定利率附息债券，债券期限为7年期，利息按年支付，发行后可按规定在全国银行间债券市场和证券交易所债券市场上市流通，债券到期后一次性偿还本金。

（4）该项目的收入构成为项目运营收入以及专项收入等，项目的运营成本主要包括项目的折旧摊销、修理费、工资薪酬、其他管理费用、其他直接费用、财务费用等。该项目债券存续期8年累计项目收入789830.91万元，累计运营支出193840.54万元，累计项目收益595990.37万元。

（5）现金流方面：本项目全部300000.00万元专项债到期时，在偿还当年到期的债券本息后，将仍有232290.37万元的累计现金结余。期间将不存在任何资金缺口。本项目建设用地范围面积11453.26亩。项目建设完工后，将会改善人民生活环境，提升城乡可持续发展能力。该项目有助于推动绵阳成为中国西部最大的军民融合产业基地，形成军民融合资源的集约高效利用，优化产业发展空间布局，提升城市整体发展环境与质量，提高幸福指数，并促进当地可持续发展。

案例总结:

习近平总书记在十九大报告中多次强调军民融合发展战略，指出："坚持富国和强军相统一，强化统一领导、顶层设计、改革创新和重大项目落实，深化国防科技工业改革，形成军民融合深度发展格局，构建一体化的国家战略体系和能力。"军民融合发展作为国家战略，是国家意志的最高体现，是国家行为的集中表达，既是兴国之举，又是强军之策。

该项目建设是推进军民深入融合发展、提升国防科研创新能力、加快建设国家军民融合创新改革发展示范基地的战略举措，是构建成渝经济区和成德绵高新技术产业带重要的新兴增长点、军民融合引领区、科技创新先行区和开放型经济高地的重要举措，是建设"两化互动"示范区，打造产城一体的城市新区、生态智慧新城、军民融合产业聚集区的主要抓手，是完善游仙经济开发区功能、改善投资环境、提高园区承载力、形成军民融合产业集聚的现实需求。

该项目的实施，将极大地拓展游仙经济开发区的发展空间，进一步强化游仙经济开发区的功能和作用，有效改善地区的投资环境，增强对外招商引资的吸引力，促进项目区域周围企业的发展，强力推进开发区的发展。同时，该项目将会使企业在园区内集聚成群，形成群体优势，产生产业集聚效应和辐射带动效应，通过产业链条的拉长、地方税收的增加、土地的增值、创造就业机会等，有效拉动游仙区经济的增长，从而促进地区经济的协调发展。

综上所述，该项目的建设是以一定公益性为载体、以非营利性为目的、能够促进当地可持续发展、符合重大区域发展的典型项目。

从发行主体来看，该项目的实施机构为绵阳游仙经济开发区管理委员会，该管理委员会为绵阳市游仙区派出机构，符合相关政策规定。

根据信息披露文件及北京市忠慧律师事务所出具的法律意见书可知，该项目建设主体均系依据中国法律设立的独立企业法人，具有相应的民事权利能力和民事行为能力；公司依法成立、经营合法合规，依法有效存续，依据法律或经批准，可以从事园区项目建设运营、开发、综合利用等活动。

该项目符合国家产业政策，依法履行行政审批手续，并承诺后续审批依法进行。该项目满足《关于试点发展项目收益与融资自求平衡的地方政府专项债券品种的通知》对项目实施运营主体的管理要求。本次专项债券还本付息来源于项目自身收入，债务风险锁定在项目内，并按照市场规则向投资者进行详细的项目信息披露，保障投资者权益，满足项目运营管理条件。

根据中国债券网披露的文件可知，该项目的资金来源由两部分组成：一为项目的资本金即计划财政投入；二为项目融资即通过发行专项债券获得资金。其中，项目资本金比例不低于20%，项目实施计划与可行性研究一致，资金使用计划与建设期一致。

根据中国债券网披露的该项目的基本情况以及大华会计师事务所出具的财务总体评价报告可知，该项目在到期偿还本息之后，仍有一定的现金结余，并且到期预计可达到的资金覆盖率为1.55倍。在债券存续期内，该项目具有持续稳定的现金流，符合相关政策要求。

综上分析，2018年四川省绵阳市游仙经济开发区（含科技城游仙军民融合产业园）专项债券（一期）是典型的重大区域发展类地方政府专项债券项目，是绵阳市游仙区2018年重点项目之一。

案例二：

2018 年四川省成都市锦江绿道专项债券①

十八大以来，生态文明建设被提高到了前所未有的战略高度，强调"绿色"发展，贯彻"以人为本、绿色出行"的交通出行方式。成都市委第十三次党代会要求全面加强人居环境建设，实施"全域增绿"行动，构建五级城市绿化体系。市委市政府明确提出，要将锦江综合治理作为成都市2018年生态环境建设的"一号工程"。

根据《天府绿道锦江绿轴规划》，成都锦江绿道要实现水、岸、绿、景、城的有机融合，锦江绿道项目将串联沿线区（市）特色城镇、文化、旅游、体育等资源，按照"统一规划、流域治理、集中收储、分项建设、公司运营"的原则，遵循"治水、筑景、添绿、畅行、成势"的路径，打造碧水长流、生机盎然的宜居滨水廊道，构建成都文化凸显、区域经济联动、文商旅有机融合、投入产出动态平衡的活力性、绿色性、持续性生态经济产业轴。

（1）该项目业主为成都市人民政府，项目建设方为成都锦江绿道建设投资集团有限公司。

---

① 资料来源：中国债券网，http://www.chinabond.com.cn/cb/cn/。

（2）2018 年四川省成都市锦江绿道专项债券（一期）主要用于成都锦江绿道一期示范项目建设，根据该项目在中国债券网发布的信息披露文件以及相关附件可知，该项目中心城区段绿道工程主要建设内容包括绿道骑行道工程、滨河步道工程、亲水栈道工程、景观绿化带工程、绿道附属设施工程（绿道照明系统、绿化景观照明系统、河岸码头、公共停车场、绿道标志标线等）、桥梁工程（改造现有桥梁工程、新建骑行桥等）、公厕工程、交通接驳口、驿站（一级驿站、二级驿站、三级驿站）、绿道智慧工程、海绵城市建设等，此外还包含排污口治理工程和堤岸工程。高新区绿道工程主要建设内容包括绿道工程及附属设施、驿站、桥梁工程、交通接驳口、景观绿化、绿道智慧工程、排污治理以及堤岸工程等。

（3）投资估算方面：根据项目信息披露文件以及项目情况可知，该项目总投资约为 50 亿元，其中工程费用约 40 亿元，工程建设其他费用约 3.40 亿元，预备费用 4.35 亿元，建设期利息 2.25 亿元。

（4）资金筹措方面：计划由成都市财政拨付预算资金 10 亿元作为项目资本金，2018～2019 年分两期发行项目收益专项债募集 40.00 亿元。2018 年四川省成都市锦江绿道专项债券（一期）——2018 年四川省政府专项债券（四期）发行额 20 亿元，全部为新增债券，品种为记账式固定利率附息债券，债券期限为 7 年期，利息按年支付，发行后可按规定在全国银行间债券市场和证券交易所债券市场上市流通，债券到期后一次性偿还本金。

（5）根据建设规划，成都锦江绿道一期示范项目与周边产业项目统一规划、同步开发与建设，通过锦江绿道的建设带动周边产业的发展、城市形象的提升和土地价值的提升。此外，项目区内建设内容涵盖广告牌、停车场、驿站等配套商业内容，其可形成较为可观的经营性收入。根据锦江绿道一期示范项目预期收益分析，该项目未来预期收入主要由土地溢价收入、报建费收入、经营性收入和驿站停车场收益等内容构成，债券存续期内预期总收入为 74.65 亿元（其中土地溢价收益和报建费收入共计 70.99 亿元用于债券还本付息），债券存续期内运营期内成本合计约 10.34 亿元，经测算完全可覆盖绿道日常维护及管理成本。

（6）收益与融资自求平衡方面：该项目依靠计提的土地溢价收入和报建费收入还本付息，经测算，本次债券本息保障倍数达到 1.45 倍，各年度即期本息保障倍数均大于 1.04 倍。项目未来收益对本息具有一定的保障性，融资自求平衡状况良好。

锦江绿道将建设成碧水长流、生机盎然的宜居滨水廊道，构建成都文化凸显、区域经济联动、文商旅有机融合、投入产出动态平衡的活力性、绿色性、持续性生态经济产业轴，将串联特色产业集群、强化产城融合、促进全流域旅游形成"一心两翼五段"的产业布局，集成旅游、文化、生态、农业、体育、健康六大特色产业集群。

案例总结：

生态文明建设是中华民族永续发展的千年大计。作为"绿化全川行动方案"的成都实践，《天府绿道锦江绿轴规划》将按照建设大生态、构筑新格局的思路，以人为中心，以绿道为主线，以生态为本底，以田园为基调，以文化为特色，建设成为开放式、多功能、展现天府文化、体现世界水准的环状生态绿道体系。根据总体规划，天府绿道由三级慢行系统组成，按照"一轴两山三环七带"进行规划，成都锦江绿道即为天府绿道中的"一轴"。

由上述披露文件以及相关附件资料可知，四川省成都市锦江绿道专项债券（一期）是典型的重大区域发展类项目。

绿道建设既是民生工程，也是民心工程。成都市将"全域增绿"，按照"景观化、景区化、可进入、可参与"理念，构建生态区、绿道、公园、小游园、微绿地五级城市绿化体系，并将重现"绿满蓉城、花重锦官、水润天府"的盛景，让市民"慢下脚步、静下心来，亲近自然、享受生活"。除了绿地本身的生态保障功能，锦江绿道还将承担慢行交通、休闲游览、城乡统筹、文化创意、体育运动、农业景观、应急避难等多种功能。在锦江绿道中，将构建具有特色小镇形态的一级驿站和特色园区形态的二级驿站，同时建设多样化的自行车道、跑步道、各类球场、水上运动设施、全民健身设施、户外拓展设施等，方便群众参与。

将锦江绿轴转化为生态经济产业轴将有力地带动中心城区与郊区构建以文化、产业、生态相融合的旅游发展新路径。项目的实施是成都市优化都市旅游业，推动旅游观光、生态休闲、文化体验等亲水亲林休闲游项目的具体体现，必将有力地推动成都市旅游产业的发展，带动成都市乡村振兴战略的实施。

综上分析可知，该项目的建设不仅符合城市发展规划，更是未来成都市发展的一项重大战略部署。该项目是具有一定收益的重大区域发展类中的公益性项目，符合相关政策要求。

根据中国债券网披露的文件以及北京市忠慧律师事务所出具的法律意见书可知，该项目的实施主体为成都锦江绿道建设投资集团有限公司，该公司系依法设立的有限责任公司，具备公司法人资格，具有相应的民事权利能力和民事行为能力；公司依法有效存续，经营范围涉及市政基础设施及其他建设项目投资、建设、运营和维护等。该项目建设符合经营范围要求，满足相关政策文件要求。

锦江绿道建设项目是《产业结构调整目录（2011 样本）（修正）》鼓励类项目，项目建设方承诺将在后续建设中依法依规进行项目建设。

根据中国债券网披露的文件以及大华会计师事务所（特殊普通合伙）出具的财务总体评价可知，该项目在发债周期内，一方面通过债券发行能满足项目投资运营融资需要，另一方面项目收益也能保证债券发行满足项目投资运营融资需要，符合相关文件的要求。

综上所述，2018 年 8 月 15 日四川省发行的其他类项目收益专项债——2018 年四川省成都市锦江绿道专项债券（一期）——2018 年四川省政府专项债券（四期）锦江绿道一期示范项目——也是典型的重大区域发展类项目。

第二节　生态环保类项目收益专项债券

一、生态环保类项目的适用范围

经李克强总理签批，国务院印发了《"十三五"生态环境保护规划》（以下简称《规划》）。《规划》是落实统筹推进"五位一体"总体布局和协调推进"四个全面"战略布局的重大举措，是以"创新、协调、绿色、开放、共享"五大发展理念指导生态环保领域的战略安排，是实现生态文明领域改革、补齐全面小康环境短板的有效途径。

根据《全国生态保护"十三五"规划纲要》，我国生态环保的具体目标是：全面划定生态保护红线，管控要求得到落实，国家生态安全格局总体形成；自然保护区布局更加合理，管护能力和保护水平持续提升，新建 30～50 个国家级自然保护区，完成 200 个国家级自然保护区规范化建设，全国自然保护区面积占陆地国土面积的比例维持在 14.8% 左右（包括列入国家公园试点的区域）；完成生物多样性保护优先区域本底调查与评估，建立生物多样性观测网络，加大保护力度，国家重点保护物种和典型生态系统类型保护率达到95%；生态监测数据库和监管平台基本建成；体现生态文明要求的体制机制得到健全；推动60～100个生态文明建设示范区和一批环境保护模范城创建，生态文明建设示范效应明显。

生态环保类项目主要有大气保护项目、水环境保护项目、土壤污染防治项目、生态保护与修复项目等。这些项目将以提高环境质量为核心，实施最严格的环境保护制度。

二、生态环保类项目收益专项债券发行案例

案例三：

云南省生态环境保护治理专项债券①

2018年9月12日公开发行的2018年云南省生态环境保护治理专项债券（一期）为多个项目集合发行，是典型的生态环保类项目。

《昆明市国民经济和社会发展第十三个五年规划》要求以滇池水污染防治为重点，强化环境保护工作，着力推进低碳发展、循环发展，生态环境质量稳步提升，人居环境逐步改善。十三五期间，昆明市阳宗海风景名胜区坚持生态环境保护与建设、产业转型和旅游发展、城乡建设、市政交通四项基本建设任务，形成"一湖""一心""一圈""三镇"的总体格局，其中"一湖"指阳宗海，是区域内生态环境保护和水资源保护的核心，是风貌控制的关键载体；"一心"指七甸片区，为集中发展片区，也是阳宗海区域城市综合服务中心；"一圈"即环阳宗海生态旅游度假圈，将打造集顶级山地运动度假、顶级温泉养生度假、顶级湖泊度假为一体的环阳宗海生态旅游度假圈，也是国家级旅游度假区核心功能区；"三镇"即汤池温泉特色小镇、阳宗民俗文化小镇、草甸科教旅游小镇。生态环境保护与建设以底线式管理为主，注重生态保护优先，产业转型和旅游发展共举，发展速度与质量并重，注重产业结构调整和升级。

昆明市将加快推进阳宗海污染治理和生态修复，将水质基本恢复到三类水，加强云龙水库、松华坝、清水海等集中式饮用水水源区保护。

---

① 资料来源：中国债券信息网，http://www.chinabond.com.cn/cb/cn/。

　　2018 年云南省生态环境保护治理专项债券（一期）——2018 年云南省政府专项债券（十一期）项目募集资金专项用于昆明市、曲靖市、玉溪市、红河哈尼族彝族自治州（以下简称"红河州"）和丽江市的 7 个生态环境保护治理项目，其中昆明市拟使用 3.00 亿元、曲靖市拟使用 1.00 亿元、玉溪市拟使用 6.00 亿元、红河州拟使用 3.0 亿元、丽江市拟使用 6.00 亿元。债券利息按年支付，发行后可按规定在全国银行间债券市场和证券交易所债券市场（以下简称"交易场所"）上市流通，债券到期后一次性偿还本金。本期债券本息偿付资金主要来源于门票旅游收入、渔农业收入、土地出让收入等。本期债券收入、支出、还本、付息等纳入云南省政府性基金预算管理。

　　因该项目为集合发行项目，相关文件篇幅较长，并且考核要点基本类似，在此不一一赘述，仅以昆明市的阳宗海南岸湿地项目为例。

　　阳宗海南岸湿地项目（以下简称"阳宗海项目"）拟使用本期债券募集资金 3.00 亿元。根据云南省财政厅提供的 2018 年云南省昆明市生态环境保护治理专项债券实施方案，阳宗海项目由昆明阳宗海风景名胜区管理委员会作为项目业主。

　　项目建设范围为昆石高速以北至阳宗海湖滨，东至明湖湾项目区，西至鲁西冲河土地统一规划建设生态湿地，项目占地规模约 1482.95 亩（其中原湿地面积为 113.74 亩，新增湿地面积约 1369.21 亩）；项目建设内容主要为项目规划水域面积治理以及湿地生态景观工程；项目计划于 2019 年 1 月动工建设，2020 年进入运营期。湿地生态景观工程主要以自然的湖滨生态湿地、半自然的面源污染处理湿地系统和陆上生态景观林为构成要素，尽量降低人为干扰，同时注意塑造良好的自然村落与水体的界面和自然的过渡。

　　该项目计划总投资 4.06 亿元，其中昆明阳宗海风景名胜区管理委员会财政分局统筹安排自有资金 1.06 亿元，发行专项债券筹集 3.00 亿元。阳宗海项目收入主要来源于项目运营产生的专项收入，包括门票、停车费和经营场所租赁收入，以及通过政府性基金预算安排的运营支出补贴收入。预计在专项债券存续期内，项目可实现专项收入 6.34 亿元，扣除运营期管养维护成本及相关税费后，考虑政府性基金预算内安排运营支出补贴收入 0.70 亿元，项目累计可用于偿还专项债券本息的项目收益为 5.84 亿元；以年利率 4.5% 测算，专项债券本息合计 3.95 亿元，项目收益对债券本息的覆盖倍数为 1.48 倍。

案例总结：

党的十八大以来，我国全力推进大气、水、土壤污染防治，污染治理力度之大、制度出台频度之密、监管执法尺度之严、环境质量改善速度之快，前所未有。由此可见当前国家以及地方政府对生态环境保护的重视程度。

根据目前已发行的生态环保类项目收益专项债券的信息披露文件以及相关附件资料可知，生态环境保护与治理、湿地保护均属于生态环境保护与修复的重点任务，此类项目由政府主导，并且不以营利为目的。该项目建设完成后，能够在一定程度上削减入湖点源污染负荷，削减阳宗海南岸的入湖面源污染负荷，有利于提升整个阳宗海南岸区域经济增长的潜力，促进当地经济的可持续发展。综上所述，该项目在生态、经济以及社会方面都起着不可或缺的作用，符合相关政策要求，是具有一定收益的生态环保类项目中的公益性项目。

根据信息披露文件及法律意见书，本项目符合《云南省新型城镇化规划(2014－2020年)》《昆明市土地利用总体规划 (2010－2020年)》《阳宗海保护区总体规划 (2018－2035)》以及《七甸、阳宗片区控制性详细规划》。

本次项目实施主体为昆明阳宗海风景名胜区管理委员会，符合相关政策要求。

根据该项目披露的文件以及会计师事务所出具的财务总体评价，项目收益专项债券在存续期间均具有稳定的现金流，并且现金流收入可以覆盖本金及利息，满足项目收益自平衡条件。该项目收入已经列明项目收入类型、收费单价、数量，项目收入核算符合实际。项目成本核算翔实、合理，成本测算有对应的依据，列有投资测算表。

根据中国债券信息网披露的项目情况，该项目的资金来源由两部分组成：一为项目的资本金，即计划财政投入；二为项目融资来源，即通过发行专项债券获得资金。其项目资本金比例高于20%，项目实施计划与可行性研究一致，资金使用计划与建设期一致，符合相关政策要求。

本次专项债券还本付息资金来源于项目自身收入，债务风险锁定在项目内，并按照市场规则向投资者进行详细的项目信息披露，能够保障投资者权益，满足项目运营管理条件。

综上所述，2018年9月12日公开发行的2018年云南省生态环境保护治理专项债券是典型的生态环保类项目，符合相关政策要求。

第三节 公立医院类项目收益专项债券

一、公立医院类项目的适用范围

经过长期发展，我国已经建立起了由医院、公共卫生机构、基层医疗卫生机构等组成的覆盖城乡的卫生服务体系。但是，与经济社会发展和人民群众日益增长的医疗卫生服务需求相比，当前资源配置存在以下几个方面的突出问题：一是资源总量不足，质量有待提高；二是卫生资源布局结构不合理，影响卫生服务提供的公平与效率；三是医疗卫生服务体系没有建立合理的分工协作机制，碎片化的问题比较突出；四是公立医院规模过快扩张，部分医院单体规模过大；五是政府对卫生资源配置的宏观管理能力不强。

综合考虑全面建成小康社会的要求以及经济社会发展、人口增长、医疗保障制度完善与疾病谱等的变化，对居民医疗服务需求进行预测，结果表明，居民医疗服务需求呈现不断增长的趋势。随着我国城镇化的快速推进、老龄化程度的不断加剧以及生育政策的调整，部分地区资源不足的矛盾将更加突出，康复、老年护理、妇幼等薄弱环节的问题将更为凸显。因此，公立医院的改扩建、提高医疗就显得尤为重要。

公立医院是指政府举办的纳入财政预算管理的医院，也就是国营医院、国家出钱办的医院。医院分3个等级：一级是社区医院；二级是县（区）级医院；三级是市级医院。公立医院类项目主要为社区医院建设项目、县（区）级医院建设项目和市级医院建设项目。

二、公立医院类项目收益专项债券发行案例

案例四：

广西壮族自治区政府公立医院专项债券①

广西于2018年9月20日发行的2018年广西壮族自治区政府公立医院专

---

① 资料来源：中国债券信息网，http://www.chinabond.com.cn/cb/cn/。

项债券（一期）是由同一地区多个同类型项目集合发行的项目收益专项债券，该项目是典型的公立医院项目收益专项债券。

2018 年第一批广西壮族自治区政府公立医院专项债券计划发行总额为 7.333 亿元，品种为记账式固定利率附息债券，全部为新增专项债券。本次公开招标发行的 2018 年第一批广西壮族自治区政府公立医院专项债券期限为 7 年期。7 年期广西壮族自治区政府公立医院专项债券利息按年支付，发行后可按规定在全国银行间债券市场和证券交易所市场上市流通，各期债券到期后一次性偿还本金。按照财政部要求，本批发行的 2018 年广西壮族自治区政府公立医院专项债券资金纳入政府性基金预算管理，主要用于广西壮族自治区所辖 7 个设区市的 21 家公立医院。本批公立医院专项债券偿债资金来源为医疗收入、财政补助收入、其他收入等。

根据中国债券信息网披露的相关附件资料可知，本次发行的公立医院专项债券对应的项目共涉及 17 家项目单位，其中百色市右江区项目的项目单位为百色市右江区卫生和计划生育局，南宁市属公立医院项目的项目单位为南宁卫生和计划生育委员会，为募投项目对应的公立医院的举办单位，其他 15 家项目单位均直接为对应的公立医院机构。

投资概算方面：2018 年广西壮族自治区政府公立医院专项债券（一期）主要用于广西壮族自治区部分地级市公立医院的搬迁、新建和改扩建，其中，柳州市共 5 个项目，百色市 4 个项目，崇左市 3 个项目，贺州市 3 个项目，桂林市、防城港市和南宁市各 1 个项目，项目数量共计 18 个，各项目进度存在差异，部分项目已开工建设，部分项目尚未开工。项目总投资估算金额共计 47.25 亿元，主要构成为项目建安费用、设备购置费用、工程建设其他费用、预备费等。

资金筹措方面：项目资本金为 36.33 亿元，为医院自筹或上级财政预算资金，计划总融资规模为 10.92 亿元，其中本期债券计划发行规模为 7.3330 亿元。

该项目主要收入来源于医院营业收入，另有部分财政补贴收入。医院营业收入主要由诊察收入、检查收入、化验收入、治疗收入、手术收入、卫生材料收入、药品收入、床位收入和其他收入构成。

项目收益与融资自求平衡方面：根据中国债券网披露的文件及相关附件资料可知，本期债券存续期内，上述 18 个项目可实现预期收益共计 56.42 亿元，其中，各地级市项目预期收益对本期债券本息的保障倍数均在 1.68 倍及以上，除贺州市妇幼保健院搬迁项目外，其他项目预期收益均可覆盖对应总融资规模。整体来看，项目预期收益对项目计划总融资的覆盖倍数达 5.17 倍，对本期债券本息的保障倍数达 5.85 倍，保障程度高。

案例总结：

根据《广西壮族自治区卫生计生委关于印发广西进一步改善医疗服务行动计划（2018－2020 年）》的具体目标可知，2018～2020 年，广西将进一步巩固改善医疗服务的有效举措，将其固化为医院工作制度，不断落实深化。同时，广西进一步应用新理念、新技术，创新医疗服务模式，不断满足人民群众医疗服务新需求。利用 3 年时间，努力使诊疗更加安全、就诊更加便利、沟通更加有效、体验更加舒适，逐步形成区域协同、信息共享、服务一体、多学科联合的新时代医疗服务格局，推动医疗服务高质量发展，基层医疗服务质量明显提升，社会满意度不断提高，人民群众看病就医获得感进一步增强。

根据中国债券信息网披露的文件及相关附件可知，该项目的主要建设内容为医院改扩建、配套基础设施建设等，符合公立医院的类别，项目建成后将提升当地医疗卫生水平，在确保当地群众享受到应有的基本医疗服务的同时，还有条件提供有利于患者生理、心理健康的医疗服务，并为进一步扩大医疗覆盖范围打下坚实的基础，促进医疗服务公平，促进当地可持续发展。该项目的实施符合当地医疗卫生发展规划以及国民经济与社会发展"十三五"规划，符合相关政策要求，满足公益性要求。

根据中国债券信息网披露的文件及盈科律师事务所出具的法律意见书可知，该项目的实施主体百色市右江区卫生和计划生育局系百色市右江区人民政府依法设立的机关单位法人，持有百色市右江区机构编制委员会办公室颁发的《统一社会信用代码证书》，作为百色市右江区人民政府的工作部门，主管右江区的卫生和计生工作。南宁市卫生和计划生育委员会系南宁市人民政府依法设立的机关单位法人，持有南宁市机构编制委员会办公室颁发的《统一社会信用代码证书》，作为南宁市人民政府的工作部门，主管南宁市的卫生和计生工作。其余 15 家事业单位均持有事业单位法人证书——《医疗机构执业许可证》，且执业许可证均在有效期内。因此，该项目实施主体符合相关政策要求。

另外，根据该项目公开披露的法律意见书可知，该项目为有自身收益的公益性项目，已取得相关建设批复文件，符合产业政策及地区发展规划，符合相关政策。

根据大信会计师事务所（特殊普通合伙）出具的财务总体评价可知，该项目的主要收入来源为诊察收入、治疗收入、手术收入等，为本期拟发行债券提供了充足、稳定的现金流入，满足专项债券还本付息的要求，符合相关政策要求。

根据中国债券信息网披露的项目情况，该项目的资金来源由两部分组成：一为项目的资本金，即计划财政投入；二为项目融资来源，即通过发行专项债券获得资金。并且其项目资本金比例高于20%，项目实施计划与可行性研究一致，资金使用计划与建设期一致，符合相关政策要求。

本次专项债券还本付息资金来源于项目自身收入，债务风险锁定在项目内，并按照市场规则向投资者进行详细的项目信息披露，能够保障投资者权益，满足项目运营管理条件。

综上所述，2018年9月20日，云南省财政厅公开发行的2018年云南省公立医院专项债券（一期）是由同一地区多个同类型项目集合发行的项目收益专项债券，该项目是典型的公立医院项目收益专项债券。

第四节　公立高校类项目收益专项债券

一、公立高校类项目的适用范围

教育是国之大计、党之大计，是民族振兴、社会进步的重要基石，是功在当代、利在千秋的德政工程，对提高人民综合素质、促进人的全面发展、增强中华民族创新创造活力、实现中华民族伟大复兴具有决定性意义。

党的十八大以来，在以习近平同志为核心的党中央坚强领导下，围绕培养什么人、怎样培养人、为谁培养人这些根本问题，全面加强党对教育工作的领导，坚持立德树人，加强学校思想政治工作，推进教育改革，加快补齐教育短板，教育事业中国特色更加鲜明，教育现代化加速推进，在教育方面人民群众的获得感明显增强，我国教育的国际影响力快速提升，总体发展水平进入世界中上行列，13 多亿中国人的思想道德素质和科学文化素质全面提升。

公立高校是指以国家政府或地方政府资助创立维持的大学，区别于以民间资本为主的私立大学。公立高校类项目主要有校区扩建项目、校区搬迁项目等。

二、公立高校类项目收益专项债券发行案例

案例五：

云南省省级公办高等学校专项债券①

教育优先发展是我国长期坚持的一项重大方针，随着教育投入的大幅增长，办学条件显著改善，教育改革逐步深化，办学水平不断提高，高等教育进入了大众化阶段。《国家中长期教育改革和发展规划纲要（2010－2020 年）》提出，要设立支持地方高等教育专项资金，实施中西部高等教育振兴计划，加大东部高校对西部高校对口支援力度。《国家教育事业发展"十三五"规划》提出，要加快中西部地区的教育发展，深入实施中西部高等教育振兴计划和中西部高校基础能力建设工程，支持中西部本科高校改善办学条件。

2018 年云南省省级公办高等学校专项债券（一期）——2018 年云南省政府专项债券（五期）发行总额 10 亿元，品种为记账式固定利率附息债，全部为新增专项债券，计划发行规模为 10 亿元，债券期限为 5 年，5 年期的云南省政府专项债券利息按年支付，发行后可按规定在全国银行间债券市场和证券交易所债券市场上市流通，各期债券到期后一次性偿还本金。

按照财政部的要求，2018 年云南省省级公办高等学校专项债券（一期）资金纳入政府性基金预算管理，主要用于云南财经大学安宁校区一期子项目建设和云南财经职业学院建设。其中，云南财经大学安宁项目使用本期债券募集资金 8.4 亿元，云南财经职业学院项目使用本期债券募集资金 1.6 亿元。本期债券本息偿付资金来源于学费、住宿费、食堂及国有资产有偿收益。本期债券收入、支出、还本付息、发行费用纳入云南省政府基金预算管理。

---

① 资料来源：中国债券信息网，http://www.chinabond.com.cn/cb/cn/。

根据中国债券信息网披露的项目实施方案以及相关附件可知，其中云南财经大学安宁项目主要建设内容为教学综合用房、图书馆、体育用房、学生宿舍B组团、学生食堂等校舍基础设施；云南财经职业学院主要建设内容为5#图书馆，8#教学楼，5#图书馆、8#教学楼设施设备，14#、15#、33#学生宿舍，校舍修缮道路及绿化，室外电力管线照明及监控，报告厅配套桌椅，教学设施设备等校舍基础设施。

云南财经大学安宁校区一期子项目2建设项目的业主为云南财经大学；云南财经职业学院建设项目的业主为云南财经职业学院。

投资估算及资金筹措方面：云南财经大学安宁校区一期子项目建设项目总投资估算金额为151873万元，包括建设工程费、设备及工器具购置费、工程建设其他费、划拨补偿款、预备费、建设期利息等。项目资本金30873万元，占总投资的比例为20.33%，由学校自行筹措。项目专项收益债券121000万元，占总投资的比例为79.67%。项目收入来自学费收入、住宿费收入、食堂收益、国有资产有偿收益。项目总成本包括国有资产管理成本、食堂成本、财务费用、折旧摊销、相关税费等。云南财经职业学院建设项目总投资估算金额为22004万元，包括建设工程费、设备及工器具购置费、工程建设其他费、预备费、建设期利息等。项目资本金6004万元，占总投资的比例为27.28%，由学校自行筹措。项目专项收益债券16000万元，占总投资的比例为72.72%。项目收入来自学费收入和住宿费收入。项目总成本包括财务费用、项目设施折旧摊销等。

收益与融资自求平衡测算方面：云南财经大学安宁校区项目债券到期时（即2023年），在偿还到期债券本息后，期末现金结余0.63亿元，在债券存续期内，云南财经大学安宁校区项目现金流入能完全覆盖当年到期债券还本付息金额。在云南财经大学安宁校区项目拟发行的最后一期专项债券到期年份（即2039年），在偿还到期债券本息后，期末仍有现金结余4.42亿元，预计项目资金覆盖率为1.13倍。云南财经职业学院项目债券到期时（即2023年），在偿还到期债券本息后，期末现金结余0.12亿元，在债券存续期内，云南财经职业学院项目现金流入能完全覆盖当年到期债券还本付息金额。在云南财经职业学院项目拟发行的最后一期专项债券到期年份（即2033年），在偿还到期债券本息后，期末仍有现金结余0.38亿元，预计项目资金覆盖率为1.11倍。

案例总结：

该项目主要用于云南财经大学安宁校区一期子项目2建设和云南财经职业学院建设，其中云南财经大学安宁校区一期子项目建设内容为教学综合用房、图书馆、体育用房、学生宿舍B组团、学生食堂等校舍基础设施，云南财经职业学院建设项目主要建设内容为5#图书馆、8#教学楼，5#图书馆、8#教学楼设施设备，14#、15#、33#学生宿舍，校舍修缮道路及绿化，室外电力管线照明及监控，报告厅配套桌椅，教学设施设备等校舍基础设施。该项目建设为公办高等学校建设项目，该项目建设可以扩大学校办学规模，改善学校办学条件，使人才培养更上一个台阶，为云南省社会经济发展对人才的需求提供良好的输出平台。另外，项目建设完成后将加强产教融合，深化校企合作，促进专业建设，提升办学质量和人才培养水平，有力地支持地方产业发展和企业技术创新，扩大学校影响力和品牌价值，更好地服务区域经济社会发展。项目不以营利为目的，满足公益性条件，符合相关政策要求。

根据中国债券信息网披露的相关附件以及大成律师事务所出具的法律意见书可知，该项目业主均系依法设立的事业单位，具备事业单位法人资格；自设立以来至今有效存续，不存在依据法律、法规、规范性文件应当终止或解散的情形；项目业主一云南财经大学具备从事培养高等学历财经人才，开展相关专业本科学历教育、硕士研究生学历教育等业务范围的主体资格，项目业主二云南财经职业学院具备从事培养高等学历财经类应用人才业务范围的主体资格，符合相关政策要求。

该项目符合国家相关产业政策，符合项目所在地土地利用总体规划，现有手续符合法律法规的要求，且将按照法律法规持续完善后续程序，推进项目建设工作。

根据德勤华永会计师事务所（特殊普通合伙）深圳分所出具的总体评价报告可知，该项目中的学费、住宿费、食堂收益、国有资产有偿收益等为云南财经大学安宁校区一期子项目2建设专项债券提供了充足、稳定的现金流入，学费、住宿费为云南财经职业学院建设项目提供了充足、稳定的现金流入，能够充分满足专项债券还本付息的要求。该项目收入已经列明项目收入类型、收费单价、数量，项目收入核算符合实际，项目成本核算翔实、合理，成本测算有对应的依据，列有投资测算表，符合相关政策要求。

根据中国债券信息网披露的项目情况，该项目的资金来源由两部分组成：一为项目的资本金，即计划财政投入；二为项目融资来源，即通过发行专项债券获得资金。并且其项目资本金比例高于20%，项目实施计划与可行性研究一致，资金使用计划与建设期一致，符合相关政策要求。

本次专项债券还本付息资金来源于项目自身收入，债务风险锁定在项目内，并按照市场规则向投资者进行详细的项目信息披露，能够保障投资者权益，满足项目运营管理条件。

综上所述，云南省财政厅2018年8月4日公开发行的2018年云南省省级公办高等学校专项债券（一期）是典型的公办高校专项债券。

第五节　交通类项目收益专项债券

一、交通类项目适用范围

交通是指从事旅客和货物运输及语言和图文传递的行业，包括运输和邮电两个方面，在国民经济中属于第三产业。运输有铁路、公路、水路、空路、管道五种方式，邮电包括邮政和电信两方面的内容。常见的交通类项目主要有城市轨道交通项目、收费公路项目等。

二、交通类项目收益专项债券发行案例

案例六：

深圳市（本级）轨道交通专项债券①

2017年12月11日，深圳市财政局公开发行2017年深圳市（本级）轨道交通专项债券（一期）——2017年深圳市政府专项债券（一期）。城市轨道交

① 资料来源：中国债券信息网，http://www.chinabond.com.cn/cb/cn/。

通不仅能改善城市居民的出行条件、优化交通结构、带动沿线区域的城市开发，还能起到对沿线环境进行综合治理的作用。与其他交通方式相比，轨道交通平均每人公里的污染排放量最低，是世界公认的低能耗、少污染的"绿色交通"方式。城市轨道交通的建设，可有效地改善沿线区域的交通状况，提高沿线土地的商业价值，从而改善沿线区域的投资环境，达到带动该区域土地利用和开发的目的。国内外的实践证明，快速轨道交通项目对沿线土地开发的带动作用是非常巨大的。

深圳市城市轨道交通 14 号线为快线，是深圳东部线网的重要组成部分，线路串联福田中心区、清水河、布吉、横岗、龙岗大运新城、坪山中心区、坑梓、沙田等区域，覆盖深圳东部地区南北向交通需求走廊，是联系深圳中心区与东部组团的轨道交通快线，是支撑深圳东部发展轴的轨道交通骨干线，是支持深圳东进战略实施的重要交通保障。该线设计时速 120 千米/小时，将大幅拉近深圳中心区与东部各组团间的时空距离，满足区域内以及组团间的快速通勤需求。线路对缓解龙岗大道、龙岗中心城地区交通压力，促进近期重点开发地区大运新城和坪山新城中心地区的发展具有重要意义。

轨道交通 14 号线项目已纳入深圳市城市轨道交通第四期建设规划，该项目的实施主体为地铁集团，该项目起自福田中心区岗厦北枢纽，经罗湖区、龙岗区止于坪山区（深惠边界），线路全长 52.463 千米，连接福田中心地区、清水河、布吉、横岗、龙岗大运新城、坪山中心区以及坑梓等区域，是深圳市东部线网的重要组成部分。

根据中国债券信息网披露的深圳市（本级）轨道交通项目的文件可知，该项目本体工程估算总投资 395.43 亿元，本体工程估算包括工程建设费用、预备费用及专项费用。资金筹措情况如下：初步确定 14 号线投资的 195.43 亿元中，49.4% 为项目资本金，由政府财政预算安排，剩余的 200.00 亿元拟通过发行专项债券筹集。项目预计于 2018 年正式投入建设，建设周期为 5 年，预计于 2023 年 1 月 1 日投入运营。

此次公开发行的 2017 年深圳市（本级）轨道交通专项债券（一期）——2017 年深圳市政府专项债券（一期）发行总额为 20 亿元，品种为记账式固定利率附息债券，全部为新增债券，期限为 5 年期，按年付息，到期后一次性偿还本金，发行后可按规定在全国银行间债券市场和证券交易所债券市场上市流通。

根据深圳市财政委员会提供的轨道交通 14 号线项目专项债券披露文件，该项目预计收入来源于票务收入、站内资源开发收入等地铁运营收入和大运站、昂鹅车辆段及清水站上盖地的物业开发收入两大板块。一是地铁运营。根据披露文件可知，募投项目预计于 2023 年 1 月 1 日正式投入运营，根据深圳地铁目前执行的票价原则并结合客流量预测，该项目在运营期 10 年内预计可产生票务收入 112.12 亿元。除票务收入外，募投项目可通过地铁运营的资源开发获得收益，具体包括车站商业、站内空间的开发，车站冠名权，以及车厢、车体、车站内广告收入等。根据深圳地铁运营情况，预计该项目资源开发收入为票务收入的 15%，在运营期 10 年内预计可实现站内资源开发收入 16.82 亿元。二是物业开发。轨道交通 14 号线项目采取"地铁 + 物业"运作模式，分别根据大运站周边新开楼盘市场价格、当前坪山地区新开楼盘市场价格以及罗湖地区新开楼盘市场价格估算，参考深圳地铁塘朗站上盖项目，假设所建住宅及商铺售价未来 5 年内年均涨幅保持在 6%，预计可实现物业开发收入合计 635.76 亿元。

物业开发现金流出主要包括项目建设成本、待售物业营业支出及相关税费。其中参考深圳地铁塘朗站附近项目建设成本估算，该项目平均单位建安成本为 6365 元/平方米（包括单位开发成本、管理费及预备费），待售物业营业支出按待售额的 25% 计算；此外，待售物业项目相关的税费包括土地使用税、印花税、土地增值税、企业所得税、增值税和城建及教育附加等。

该项目通过发行专项债券满足项目剩余投资需求，债务利息按照 4% 测算，根据债券发行计划及利率计算每年财务费用。综合考虑项目资本金流入、上述地铁运营及物业开发两大板块带来的现金净流入，本期债券到期时（即 2022 年），在偿还到期债券本息后，该项目现金结余 47.22 亿元，在本期债券存续期内，该项目现金流入能完全覆盖当年到期债券还本付息金额。在该项目拟发行的最后一期专项债券到期年份（即 2029 年），在偿还到期债券本息后，项目仍有现金结余 61.53 亿元，预计项目资金覆盖率为 1.31 倍，保障程度较高。整体看，在计划发行的专项债券存续期内项目资金平衡状况较好。

案例总结:

在地方政府专项债券中,项目的资金来源一般由两部分组成:一为项目的资本金,即计划财政投入;二为项目融资来源,即通过发行专项债券获得资金。其中资本金来自政府,具有无偿性的特点。

深圳市(本级)轨道交通项目的建设可以将大量使用私人交通工具的交通量吸引至轨道交通,从而将大量的地面交通吸引到地下,缓解地面交通压力,有效提高机动车运行速度,从而减少汽车尾气和噪音对环境的影响,可将改善居民的出行条件,将部分交通吸引到地下,提高公共交通系统的服务水平,缩短出行时间、提高乘车舒适度,增加公共交通的吸引力,从而使私人交通工具得到有效控制,缓解城市市政相关道路的交通拥挤状况,达到对交通环境的治理作用。

深圳14号线主线可通过换乘或直接跨境延伸至惠州市惠阳区范围,能够承担惠州与深圳之间的部分城际客流,为深圳市构建"东部次区域都市区1小时交通圈",构筑涵盖城际、高铁、城轨等多种轨道交通方式的综合交通网络,实现深惠两地轨道网络的互联互通,促进区域交通一体化发展,打造深圳大交通枢纽,从而满足各种层次的出行需求,加强深圳与惠州的快速联系,提升深圳城市区域地位及辐射力。

综上所述,本项目的建设是以一定公益性为载体,以非营利性为目的,促进当地可持续发展,符合交通类的典型项目。

本项目初步投资195.43亿元(占总金额的49.4%)为项目资本金,由政府财政预算安排,剩余的200.00亿元(占总金额的50.6%)拟通过发行专项债券筹集。符合项目资本金比例在20%的要求以及相关政策要求。

本项目的实施机构为地铁集团,符合相关政策规定。根据信息披露文件及律师事务所出具的法律意见书,该项目建设主体均系依据中国法律设立的独立企业法人,具有相应的民事权利能力和民事行为能力,公司依法成立、经营合法合规,依法有效存续,具有地铁、轻轨交通项目建设经营、开发、综合利用的经营范围。

该项目符合国家产业政策，依法履行行政审批手续，并承诺后续审批依法进行。以上项目满足《关于试点发展项目收益与融资自求平衡的地方政府专项债券品种的通知》对项目实施运营主体的管理要求。本次专项债券还本付息来源于项目自身收入，债务风险锁定在项目内，并按照市场规则向投资者进行详细的项目信息披露，保障投资者权益，满足项目运营管理条件。

在本期债券存续期内，该项目现金流入能完全覆盖当年到期债券还本付息金额。在该项目拟发行的最后一期专项债券到期年份（即 2029 年），该项目在到期偿还本息之后，项目仍有现金结余 61.53 亿元，预计项目资金覆盖率为 1.31 倍，能够满足与融资自求平衡。

本次专项债券还本付息来源于项目自身收入，债务风险锁定在项目内，并按照市场规则向投资者进行详细的项目信息披露，能够保障投资者权益，满足项目运营管理条件。

综上所述，2017 年 12 月 11 日，深圳市财政局公开发行的 2017 年深圳市（本级）轨道交通专项债券（一期）——2017 年深圳市政府专项债券（一期）专项债券是典型的交通类专项债券项目。

第六节　水利类项目收益专项债券

一、水利类项目的适用范围

水利工程是为控制和调配自然界的地表水和地下水，达到除害兴利目的而修建的工程。水是人类生产和生活必不可少的宝贵资源，但其自然存在的状态并不完全符合人类的需要。只有修建水利工程，才能控制水流，防止洪涝灾害，并进行水量的调节和分配，以满足人民生活和生产对水资源的需要。水利项目的分类如表 7-1 所示。

表 7 - 1 水利项目分类

项目类别	作用
防洪工程项目	防止洪水灾害
排水工程项目	防止旱、涝、渍灾为农业生产服务的农田水利工程，或称灌溉
水力发电工程项目	将水能转化为电能
航道和港口工程项目	改善和创建航运条件
城镇供水和排水工程项目	为工业和生活用水服务，并处理和排除污水和雨水
水土保持工程和环境水利工程项目	防止水土流失和水质污染，维护生态平衡
渔业水利工程项目	保护和增进渔业生产
海涂围垦工程项目	围海造田，满足工农业生产或交通运输需要
综合利用水利工程项目	一项水利工程同时为防洪、灌溉、发电、航运等多种目标服务

二、水利类项目收益专项债券发行案例

> **案例七：**
>
> 四川省简阳市城乡供水专项债券①
>
> 　　2018 年 8 月 15 日，四川省财政厅公开发行 2018 年四川省简阳市城乡供水专项债券（一期），简阳市城乡供水专项债券是典型的水利类专项债券项目之一。
>
> 　　近年来，随着人口不断增长，简阳市用水需求剧增与供水能力不足之间的矛盾日益突出，水厂已趋于满负荷运行，另外，简阳市饮用水源水库污染防治问题严重，饮用水源水库监管设施和经费投入不足。因此，简阳市城乡供水项目建设期为 2018～2020 年，主要为水源保护地建设、自来水厂建设及相关配套管网等基础设施建设。该项目建成后将全面提升简阳市市域及相关乡镇城乡居民饮水安全保障水平，加快建成城乡一体化供水保障体系。
>
> 　　根据中国债券网披露的项目情况及相关附件资料可知，该项目实施机构是简阳市财政局，项目业主为简阳市水务投资发展公司。

---

① 资料来源：中国债券信息网，http://www.chinabond.com.cn/cb/cn/。

简阳市城乡供水项目共分为四个子项：城乡居民饮水三年巩固提升工程建设项目、贾家镇第二自来水厂建设项目、明星水库饮用水水源地保护工程建设项目、张家岩水库饮用水源地保护工程建设项目。具体建设内容如下：（1）城乡居民饮水三年巩固提升工程建设项目建设内容包括净水厂工程、引水工程、配水工程、新建配水管网、新建加压站等；（2）贾家镇第二自来水厂建设项目建设内容包括新建净水厂一座、取水原水输水管道工程一项及配套设备购置；（3）明星水库饮用水水源地保护工程建设项目建设内容包括新建隔离网、雨水集蓄利用工程、生态修复及水质提升工程；（4）张家岩水库饮用水源地保护工程建设项目建设内容包括新建隔离网、雨水集蓄利用工程、生态修复及水质提升工程。

投资估算方面：项目总投资为 241962.66 万元，其中包括工程费用 171613.20 万元、工程建设其他费用 32232.39 万元、预备费 16307.65 万元、建设期发债利息 10630.17 万元、债券发行费用 202.81 万元。

资金筹措方面：该项目计划在 2018～2020 年累计筹集资金 241962.66 万元，项目资本金 58162.66 万元，占总投资比例为 24.04%，由发行人按照相关规定自行筹集。项目专项收益债券 183800.00 万元根据项目实施进度和项目资金需求分年度发行项目专项收益债券。

2018 年四川省简阳市城乡供水专项债券（一期）——2018 年四川省政府专项债券（五期）发行额 5 亿元，全部为新增债券，品种为记账式固定利率附息债券，债券期限为 10 年期，利息按半年支付，发行后可按规定在全国银行间债券市场和证券交易所债券市场上市流通，债券到期后一次性偿还本金。

根据中国债券信息网披露的相关资料可知，该项目收入来自城乡居民饮用水三年巩固提升项目运营总收入 320171.84 万元，其中自来水售水收入为 207829.14 万元、自来水开户费总收入为 112342.70 万元。贾家镇第二自来水厂建设项目的运营总收入 19766.36 万元，项目总成本费用为 29732.76 万元。其中，本项目主要运营成本包括项目财务费用、项目总经营成本费用及相关税费。

资金平衡情况：该项目以运营收入（售水及自来水开户费）为基础。本项目 2018～2030 年累计项目现金流入 581900.86 万元，累计项目现金流出 579930.05 万元，累计税后结余 1970.81 万元。本项目 183800.00 万元专项债在偿还当年到期的债券本息后，仍有累计现金结余。

案例总结:

水利项目建设是城市发展最重要的支持要素之一。水是人类的生命之源，也是实现总体规划、发展国民经济最重要的支持要素之一。水在某种程度上限制和决定了城市的性质、规模、产业结构、布局形状、发展方向等，因此城市对水有很高的依存度。

水利项目的建设是片区开发建设、招商引资的重要保障。供水工程作为基础产业是先行工程，必要可靠的供水设施建设可以为招商引资创造良好的外部环境，有利于整个区域的可持续发展。

水利项目建设是为居民生产、生活提供保质保量水的必要举措。水利建设是一项重要的社会公共事业，关系到人民的切身利益，是当前人民群众最关心、最迫切需要解决的问题。

该项目建设完成后，可以提高简阳市城乡集中式供水工程供水率和自来水普及率，保障居民用水需求，并实现对污染防治和水源保护区的有效管理，可以解决水源地现有水质污染问题，提高水源供水的可靠性。该项目建设内容主要包括四个方面：城乡居民饮用水三年巩固提升项目、贾家镇第二自来水厂建设项目、明星水库饮用水源地保护工程、张家岩水库饮用水源地保护工程。该项目属于水利工程项目，符合城市发展规划以及简阳市水利发展规划，该项目是具有一定收益的水利类项目中的公益性项目，符合相关政策要求。

根据中国债券信息网披露的相关资料以及律师事务所出具的法律意见书，该项目实施机构是简阳市水务局，项目业主是简阳市水务投资发展有限公司，该公司是独立的企业法人，具有相应的民事权利能力和民事行为能力；项目业主具有城乡供水、污水处理、水利工程建设、江河防洪整治、新农村建设的政府投资建设工程、林业项目投资、苗木生产及销售、农副产品生产及销售、砂石开采及销售、自来水经营、建设经营等经验以及市政管网的建设、维护、维修、管理的经营范围。该项目符合相关政策要求，符合产业政策。

根据中国债券网披露的该项目实施方案总体评价可知，该项目计算期内总现金流入 581900.86 万元，现金流出 579930.05 万元，累计税后净现金流量 1970.81 万元，本息保障倍数为 6.8 倍，该项目在偿还全部到期的债券本息后，仍有累计现金结余，期间不存在任何资金缺口，满足项目收益自平衡条件。

本次专项债券还本付息来源于项目自身收入，债务风险锁定在项目内，并按照市场规则向投资者进行详细的项目信息披露，可以保障投资者权益，满足项目运营管理条件。

由上述披露文件以及相关附件资料可知，四川省简阳市城乡供水专项债券（一期）是典型的水利类地方政府专项债券项目，是简阳市 2018 年"十大行动计划"中的重点项目。

第七节 市政基础设施类项目收益专项债券

一、市政基础设施类项目的适用范围

城市市政基础设施是新型城镇化的物质基础，也是城市社会经济发展、人居环境改善、公共服务提升和城市安全运转的基本保障。构建布局合理、设施配套、功能完备、安全高效的城市市政基础设施体系对于扎实推进新型城镇化、确保"十三五"时期全面建成小康社会具有重要意义。

根据《全国城市市政基础设施建设"十三五"规划》可知，我国将积极适应把握引领经济发展新常态，着力完善城市市政基础设施网络，推进城市市政基础设施领域基本公共服务均等化。到 2020 年，将建成与小康社会相适应的布局合理、设施配套、功能完备、安全高效的现代化城市市政基础设施体系，基础设施对经济社会发展支撑能力显著增强。

市政基础设施工程是指城市道路、公共交通、供水、排水、燃气、热力、园林、环卫、污水处理、垃圾处理、防洪、地下公共设施及附属设施的土建、管道、设备安装工程。常见的市政类基础设施项目有城市地下管廊项目、城市污水处理项目等。

二、市政基础设施类项目收益专项债券发行案例

案例八：

天府空港新城地下综合管廊建设专项债券①

2018 年 9 月 12 日，四川省财政厅公开发布了四川省成都天府空港新城地下综合管廊建设专项债券（一期）信息披露文件，根据信息披露文件可知，本项目是典型的市政基础设施建设项目。四川省人民政府办公厅关于《全面开展城市地下综合管廊建设工作的实施意见》提出，要认真落实国务院关于加强城市基础设施、地下管线建设管理和推进城市地下综合管廊建设的工作部署，围绕省委、省政府加快推进新型城镇化的总体要求，坚持"立足实际、积极推进，规划先行、功能完善，政府主导、社会参与"原则，把地下综合管廊建设作为履行地方政府职责和完善城市基础设施的重要内容，在开展省级试点的基础上，全面推进地下综合管廊建设，逐步提高城市道路配建地下综合管廊的比例，有效提升城市综合承载能力和城镇化发展质量。成都天府空港新城综合管廊的建设，以航空港为依托，以城市中心为起步，发展重点区域，将六个片区成网发展建设。成都天府空港新城地下综合管廊骨干网络建设一期工程是空港新城建设首批集中开工的项目，具体包括北一线、东一线和机场南线（一期）三条综合管廊。

2018 年四川省成都天府空港新城地下综合管廊建设专项债券（一期）专项用于四川省成都天府空港新城地下综合管廊骨干网络建设工程项目，包含北一线、东一线、机场南线（一期）三条综合管廊，管廊全长约 35.345 千米，建设内容包括管廊、综合管廊监控中心、电气工程、排水工程等。计划建设期为两年，预计 2019 年完成。

该项目实施机构为成都高新技术产业开发区管理委员会，项目建设方为成都国际空港新城建设开发有限公司、成都高投建设开发有限公司。

---

① 资料来源：中国债券信息网，http://www.chinabond.com.cn/cb/cn/。

资金筹措方面：项目总投资 66.61 亿元，计划由政府财政预算安排出资 36.61 亿元，2018～2019 年分两期发行项目收益专项债募集 30.00 亿元，期限均为 10 年。2018 年四川省成都天府空港新城地下综合管廊建设专项债券（一期）——2018 年四川省政府专项债券（十四期）（以下简称"本期债券"）发行额 15 亿元，全部为新增债券，品种为记账式固定利率附息债券，债券期限为 10 年期，利息按半年支付，发行后可按规定在全国银行间债券市场和证交易所债券市场上市流通，债券到期后一次性偿还本金。

根据中国债券信息网披露的项目情况可知，本项目收入包含四部分，包括入廊使用费、管廊维护管理费、综合开发收入以及财政补贴收入。项目成本主要为折旧费用、管理维护成本及财务费用。本项目债券存续期累计项目收入 604137.96 万元，累计运营支出 8039.37 万元，累计项目收益 523198.59 万元。

本项目全部 300000 万元专项债到期时，在偿还当年到期的债券本息后，将仍有 108448.59 万元的累计现金结余，期间将不存在任何资金缺口。项目本息保障倍数为 1.20 倍，收益能够满足与融资自求平衡。

本项目不仅有利于提高城市综合承载能力、完善城市功能、美化城市景观，还将有效降低后期道路升级改造及维护成本，加快成都市经济发展。

案例九：

永兴污水处理专项债券[①]

2018 年 8 月 15 日，四川省发布了污水处理厂的信息披露文件，并在 8 月 20 日成功发行，而污水处理厂项目也属于市政基础设施建设项目里面比较典型的案例。

2018 年四川省绵阳市永兴污水处理专项债券（一期）主要用于绵阳市本级污水处理项目建设，主要包括永兴污水处理厂扩建项目、永兴污水处理厂扩建项目厂外配套管道工程项目，项目总投资分别为 4.79 亿元和 4.99 亿元，建设期为 2018～2019 年，其中永兴污水处理厂扩建项目计划在 2018 年完成本项

---

① 资料来源：中国债券信息网，http://www.chinabond.com.cn/cb/cn/。

目全部投资（约 3.19 亿元），永兴污水处理厂扩建项目厂外配套管道工程项目计划在 2018 年完成项目大部分投资，2019 年完成剩余投资。绵阳永兴污水处理厂扩建项目新征地面积 44098.29 平方米（约 66.15 亩），现污水处理厂项目预留用地 24741.64 平方米（约 37.11 亩）。项目拟建工业污水处理厂一座，日处理能力为总水量 6 万吨，设计日处理能力为总水量 9 万吨；永兴污水处理厂扩建项目厂外配套管道工程项目包含京东方至永兴工业污水厂的工业废水专管（进厂管道）约 11.8 千米和永兴污水处理厂尾水排放管（含工业废水和生活污水）约 18.6 千米。

资金筹措方面：永兴污水处理厂扩建项目总投资 4.79 亿元，其中：项目资本金约 0.99 亿元，占总投资的 20.71%，由业主单位自筹；通过发行专项债券筹资 3.80 亿元。永兴污水处理厂外配套管道工程项目总投资额 4.99 亿元，其中：项目资本金约 1.04 亿元，占总投资的 20.84%，由业主单位自筹；通过发行专项债券筹资 3.95 亿元，占总投资的 79.16%。

2018 年四川省绵阳市永兴污水处理专项债券（一期）——2018 年四川省政府专项债券（七期）发行额 3 亿元，全部为新增债券，品种为记账式固定利率附息债券，债券期限为 10 年，利息按半年支付，发行后可按规定在全国银行间债券市场和证券交易所债券市场上流通，债券到期后一次性偿还本金。

根据中国债券信息网披露的项目情况可知，该项目工程建设完成后将为居民和企业处理污水，从而取得污水处理收入。水务行业关系国计民生，是城市基础设施建设的重点，行业具有盈利和现金流稳定的特点，近年来随着城市化进程的加快，用水需求不断增长，行业发展前景良好。债券存续期内，本期债券募投项目均拟于发行次年投入运营。根据《污水处理费征收使用管理办法》和《四川省发展和改革委员会关于印发〈四川省定价成本监审固定资产折旧技术规范〉的通知》以及《绵阳市污水处理费征收使用管理办法》，在不考虑因外界因素影响导致污水处理能力大幅减小的情况下，综合测算，永兴污水处理厂扩建项目污水处理服务费单价为近期（日处理量 6 万立方米，下同）6.41元/立方米，远期（日处理量 9 万立方米，下同）4.86 元/立方米，年污水处理收费近期约 1.50 亿元，远期约 1.70 亿元，债券存续期间预计实现收入16.58 亿元；永兴污水处理厂扩建项目厂外配套管道工程项目输送服务单价为近期 3.92 元/立方米，年收费约 0.86 亿元，远期单价 2.88 元/立方米，年收费约 0.95 亿元，债券存续期间预计实现收入 9.28 亿元。

项目运营成本主要包括动力费用、药耗支出、工资福利、管理费、大修费、折旧费、财务费用等。根据《四川省发展和改革委员会关于印发〈四川省定价成本监审固定资产折旧技术规范〉的通知》，结合业主单位已在运行的污水处理厂运行成本，经综合测算，项目一年运营成本总额约 1.12 亿元，项目二年运营成本总额约 0.56 亿元。经测算，项目预期总收入对投资的覆盖倍数为 2.64 倍，对本期债券额度的保障倍数为 8.62 倍，保障程度很高。

本项目属于环保设施，对改善城市整体环境、保证社会经济的可持续发展具有举足轻重的作用。本项目实施后不仅能满足当前服务区域内日渐增长的生活污水处理需求，还能满足集中发展区的排水处理需求，从而有效改善周边环境，提高城市的竞争能力。

案例总结：

由上述披露文件以及相关附件资料可知，以上两个项目均符合当地的国民经济与社会发展"十三五"发展规划以及城市总体规划，是当地重点发展项目。

以上两个项目的主要建设内容为污水管道的建设以及地下综合管廊的建设，符合市政基础设施建设的类别，项目建成后将提升当地经济发展以及居民生活水平，促进当地可持续发展，符合公益性要求。

根据中国债券网披露的文件及法律意见书可知，以上两个项目的运营主体及实施机构均依法设立，符合相关政策文件要求。

根据该项目披露的文件以及会计师事务所出具的财务总体评价报告，本专项债券在存续期间均具有稳定的现金流，并且现金流收入可以覆盖本金及利息，满足项目收益自平衡条件。

本次专项债券还本付息资金来源于项目自身收入，债务风险锁定在项目内，并按照市场规则向投资者进行详细的项目信息披露，可以保障投资者权益，满足项目运营的管理条件。

第八节 乡村振兴类项目收益专项债券

一、乡村振兴类项目的适用范围

乡村振兴战略是习近平于 2017 年 10 月 18 日在党的十九大报告中提出的战略。农业、农村、农民问题是关系国计民生的根本性问题，必须始终把解决好"三农"问题作为全党工作的重中之重，实施乡村振兴战略。

2018 年中央一号文件即《中共中央国务院关于实施乡村振兴战略的意见》于 2018 年 1 月 2 日发布。3 月 5 日，国务院总理李克强在做政府工作报告时说，要大力实施乡村振兴战略。5 月 31 日，中共中央政治局召开会议，审议《国家乡村振兴战略规划（2018 – 2022 年)》。

乡村振兴类项目主要为宅基地改革、产业发展、基础设施建设等项目内容。

二、乡村振兴类项目收益专项债券发行案例

案例十：

四川省泸县乡村振兴专项债券①

2018 年 8 月 15 日，四川省财政厅公开发行 2018 年四川省泸县乡村振兴专项债券（一期），四川省泸县乡村振兴专项债券是典型的乡村振兴类专项债券项目，泸县乡村振兴示范项目实施工作由泸县人民政府负责组织成立乡村振兴示范项目工作小组，具体分工如下：

（1）实施主体：泸县人民政府作为乡村振兴示范项目的实施主体，负责成立泸县乡村振兴示范项目工作小组。

---

① 资料来源：中国债券信息网，http：//www. chinabond. com. cn/cb/cn/。

（2）牵头单位：由泸县财政局担任乡村振兴示范项目的牵头单位，主要配合落实项目配套财政资金、专项债券资金。

（3）实施单位：按照本次乡村振兴示范项目的构成，具体行业主管部门和实施单位包括泸县住房和城乡规划建设局、泸县农林局、泸县交通运输局、泸县城市管理和行政执法局、泸县环境保护局、泸县国土资源局等。

泸县乡村振兴示范项目包括宅基地制度改革、基础设施建设、生态环境保护、产业发展四个大类、10个子类项目。其中宅基地制度改革项目的实施内容为农村宅基地权属人自愿有偿退出，并对旧宅基地进行土地复垦整理，节余土地形成泸县建设用地指标；产业发展项目包括花椒产业建设、果园产业建设和蔬菜产业基地建设三个方面；基础设施项目的实施内容为村内通组路、公路桥、渡改桥和"四好"农村路建设；生态环境保护项目包括污水处理厂及配套管网设施改造、公共服务设施和区域共享垃圾压缩中转站建设。

投资估算情况：泸县乡村振兴示范项目总投资为303101.85万元，其中项目建设投资297651.55万元（农村宅基地改革项目建设投资124322.41万元、产业发展项目建设投资26429.64万元、生态保护项目建设投资22312.50万元、基础设施项目建设投资124587.00万元）、项目建设期发债利息5287.1万元、债券发行费用163.2万元。项目建设期为3年。

资金筹措情况：项目资金主要由泸县财政资本金和发行专项债券筹集。其中泸县财政资本金筹资139901.85万元，占总投资的46.16%；发行专项债券筹资163200.00万元，占总投资的53.84%。2018年四川省泸县乡村振兴专项债券（一期）——2018年四川省政府专项债券（六期）发行额5亿元，全部为新增债券，品种为记账式固定利率附息债券，债券期限为5年期，利息按年支付，发行后可按规定在全国银行间债券市场和证券交易所债券市场上市流通，债券到期后一次性偿还本金。

该项目偿债资金来源于宅基地改革收入、基础设施收入和生态环境保护收入，其中，宅基地收入指由农村宅基地退出后出让土地指标获得的收益，基础设施收入主要为泸县交通道路广告费收入，生态环境保护收入主要包含污水处理费收入和垃圾收运及集中处理收入。在债券存续期内，宅基地改革收入方面，存续期土地出让指标收入合计为39.46亿元；基础设施收入方面，参照执行泸县2018年第一季度市场价格，其中乡镇道路广告费收入为5万元/年，乡村道路广告费收入为 2.5 万元/年，县通乡公路广告牌数量 11 杆，每年产生收入 55 万元，乡通村公路广告牌数量 4 杆，每年产生收入 10 万元，则存续期广告牌收入合计为 325 万元。生态环境保护收入方面，污水处理厂按照居民 0.85元/立方米、非居民 1.20 元/立方米征收污水处理费，污水处理厂年处理能力为 259.52 万吨，预计每年可获得居民污水处理费 88.24 万元，非居民污水处理费 186.85 万元，则存续期污水处理费收入合计为 1375.43 万元；区域共享垃圾压缩中转站收费标准为 84 元/吨，其年处理能力为 7.30 万吨，预计每年可获得收入 613.20 万元，则存续期垃圾处理收入合计为 3066 万元。

资金测算平衡情况：本项目运营期为 5 年，经分析，本项目运营期成本主要为债券发行期财务费用和经营期管理费用。其中，项目管理费用包括交通道路广告费成本、污水处理厂成本区域共享垃圾压缩中转站成本，项目经营期内共 3657.25 万元。项目财务费用分为建设期利息 5287.10 万元、经营期利息 31124.80 万元、债券发行费 162.30 万元。在项目运营期结束时，项目累计资金流入 702466.98 万元，累计资金流出 500783.90 万元，累计现金结余 208997.58 万元。截至专项债券 163200 万元到期时，偿还当年到期的债券本息后，将仍有 208997.58 万元的累计资金结余，其中募集资金的覆盖倍数为 2.45 倍。

项目实施完成后，到 2020 年底，乡村振兴将取得重大进展，制度框架和政策体系将基本形成。特色产业连片做大，优势产业集聚做强，服务设施均衡改善，生态风貌同步提升，宜居新区基本建成；物质精神相互促进，文明城市创建成功；政府社会群众同向发力，法治德治自治紧密结合基层民主充分体现；就业增收渠道多元，脱贫奔康全面实现，民生福祉大幅改善。

案例总结：

2018 年 9 月，中共中央、国务院印发《乡村振兴战略规划（2018－2022年)》，并且党的十九大提出实施乡村振兴战略的重大历史任务，在我国"三农"发展进程中具有划时代的里程碑意义。根据四川省目前已发行的乡村振兴类项目收益专项债券可知，该项目的建设将促进产业结构调整，提高农业综合生产力，推进了乡村农业产业结构优化和调整，加快了农民增收致富的步伐，增强了农村经济持续发展的后劲，使城乡差距和地区差距进一步缩小，为经济社会可持续发展奠定了坚实基础，属于当地重点发展项目。该项目符合城市发展规划以及"十三五"发展规划，符合相关政策要求，为具有一定收益的乡村振兴类项目中的公益性项目。

根据该项目披露的文件以及会计师事务所出具的财务总体评价报告，该项目收益专项债券在存续期间均具有稳定的现金流，并且现金流收入可以覆盖本金及利息，满足项目收益自平衡条件。

根据中国债券信息网披露的文件及泰和泰律师事务所出具的法律意见书可知，该项目的实施主体为泸县人民政府、政府机关及行业主管部门，实施主体为合法有效存续的主题，具备主体资格。符合相关政策要求。

该项目目前已取得了项目所必要的可研批复、立项批复、环评批复或备案、用地批复等主管部门的批复、核准文件。

本次专项债券还本付息来源于项目自身收入，债务风险锁定在项目内，并按照市场规则向投资者进行详细的项目信息披露，保障投资者权益，满足项目运营管理条件。

综上所述，由上述披露文件以及相关附件资料可知，2018年四川省泸县乡村振兴专项债券（一期）是典型的水利类地方政府专项债券项目。

第九节 保障性住房类项目收益专项债券

一、保障性住房类项目的适用范围

保障性住房是与商品性住房（简称商品房）相对应的一个概念。保障性住房是指政府为中低收入住房困难家庭所提供的限定标准、限定价格或租金的住房，由廉租住房、经济适用住房和政策性租赁住房构成。与商品房相比，保障性住房制度还很不完善，为此，我国已经提出要加大保障性住房建设力度，进一步改善人民群众的居住条件，促进房地产市场健康发展。

二、保障性住房类项目收益专项债券发行案例

案例十一：

深圳市光明区保障性住房专项债券[①]

2018 年 9 月 19 日，深圳市财政厅公开发行 2018 年深圳市光明区保障性住房专项债券（一期）。2011 年以来，深圳市相继出台《深圳市保障性住房专项资金管理暂行办法》《深圳市保障性住房条例》等政策法规，进一步完善了深圳市住房保障制度。根据《深圳市住房建设规划（2016－2020）》，2016～2020 年，深圳市计划实现新增保障性住房和人才安居房供应 35 万套（含"十二五"继建项目），多渠道筹建保障性住房和人才安居房 40 万套，计划供应保障性住房和人才安居房用地 2.34 平方公里。

近年来，光明区保障房建设持续推进，在市级住房保障及人才住房相关政策指引下，已基本形成了具有光明区特色"以租为主"的住房保障体系。光明区先后发布实施了《光明新区人才工作"鸿鹄计划"系列实施方案》《光明新区高层次领军人才住房奖励试行办法》《光明新区人才安居房配租管理办法》《光明新区产业配套宿舍配租管理暂行办法》，逐步推进光明区保障房建设发展。

根据《光明新区人才住房和保障性住房发展计划（2018－2020 年）》，2018～2020 年，光明区计划新增安排筹建人才住房和保障性住房 18738 套，总建筑面积约 134.91 万平方米；计划供应 18006 套，总建筑面积约 129.64 万平方米，包括城市更新配建、产业园区配建、改造已停控违法建筑、市区重大项目、城中村综合整治、棚户区改造等。同期，光明区计划新增人才住房和保障性住房建设用地约 26.98 万平方米，供应用地约 25.93 万平方米；预计安排资金 77.79 亿元，其中，建设资金 77.72 亿元，基本保障住房补贴约 0.069 亿元。本期债券募投项目已被列入 2018～2020 年光明新区人才住房和保障性住房计划供应项目表，是光明区人才住房和保障性住房供应的重要部分，有利于光明区"现代化国际化绿色新城"建设、大力发展高新技术产业、全面提升吸引力和竞争力。

---

① 资料来源：中国债券信息网，http：//www.chinabond.com.cn/cb/cn/。

本项目发行主体为深圳市人民政府，募集资金专项用于回购东周城市更新项目、大丰安城市更新项目、万丈坡城市更新项目配建的保障性住房。其中东周城市更新项目实施主体为钰镌龙公司，项目位于深圳市光明区光明中心区，东临光明大道，南临河心路北靠光明大街；大丰安城市更新项目实施主体为奥星公司，项目位于光明区光明办事处光明大道与华夏路交会处；万丈坡城市更新项目实施主体为宏发光明公司，项目位于深圳市光明区光明街道华夏路与光明大道交会处东南侧。以上项目均已得到相关的批复文件。区住建局作为保障性住房建设项目的政府参与主体，负责保障性住房的回购、出租等事项。

根据中国债券信息网披露的 2018 年深圳市光明区保障性住房项目的文件可知，光明区保障房项目建设期暂定为 3 年，拟通过专项债筹集项目建设资金合计 10000 万元。从客观、谨慎角度出发，按十年期发行利率 4% 测算建设期的债券利息，据此建设投资总成本为 59762 万元。

光明区保障房项目资金筹措总额 60572 万元（含直接费用化的 800 万元建设期利息以及 10 万元债券发行手续费），其中资本金 50572 万元，申请专项债券 10000 万元。

2018 年深圳市光明区保障性住房专项债券（一期）——2018 年深圳市政府专项债券（六期）发行额 1 亿元，全部为新增债券，品种为记账式固定利率付息债券，债券期限为 10 年期，利息按半年支付，发行后可按规定在全国银行间债券市场和证券交易所债券市场上市流通，本金将分年偿还，在本期债券存续期的第 3 年、4 年、5 年、6 年、7 年、8 年、9 年、10 年分别偿还债券本金 1200 万元、1250 万元、1300 万元、1400 万元，本金自兑付日起不另计利息。

本项目建设期三年，计划 2020 年底完工运营，其运营收入为保障房出租收入，未有其他经营性项目收入。本项目回购面积合计 96390 平方米，2018 年租金为 16 元/平方米·月，从 2019 年开始暂按 4% 的增幅测算租金收入，租期 7 年，空置率暂不考虑。取得租金收入的第一年为 2021 年，当年租金收入为 18 元/平方米·月。经测算，本项目总租金收入合计 19182 万元。通过测算，本项目资金覆盖率为 1.60 倍，能够满足债券还本付息的需求。当租金下降 20% 时，项目仍可实现 1.29 倍的资金覆盖率；当利率上升至 4.80% 时，项目可实现 1.55 倍的资金覆盖率。综上所述，本项目具备一定的抗风险能力，偿债能力较强。

案例总结：

住房问题一直以来都是我国重要的民生问题，近年来国务院和各级政府积极出台相关政策法规鼓励并逐步规范保障性住房的建设和发展。2011 年 9 月，国务院印发《国务院办公厅关于保障性安居工程建设和管理的指导意见》，提出保障性安居工程坚持政府主导、政策扶持，引导社会参与；坚持加大公共财政的投入，同时发挥市场机制的作用。

当前深圳市人均工资收入水平的增幅显著低于商品住宅的平均价格涨幅，因此仍有部分群体的刚性住房需求无法在商品房市场上被覆盖。而保障性住房的建设，可减轻居民住房消费压力，降低市场对商品住宅的需求，缓解住房供需矛盾，有利于平稳商品性住房的价格。建设保障性住房工程，对相关上下游产业具有很强劲的带动效应。如基础设施工程建设时需用到钢铁、水泥、焦炭等相关材料；而由于保障房入住率较高，陆续竣工交付后则将转化为对家居产品的需求。

综上所述，本项目的建设以一定公益性为载体，不以营利为目的，能够促进当地可持续发展，是符合重大区域发展战略的典型项目。

从发行主体来看，其中东周城市更新项目实施主体为钰镈龙公司，大丰安城市更新项目实施主体为奥星公司，万丈坡城市更新项目实施主体为宏发光明公司，符合相关政策规定。

根据信息披露文件及律师事务所出具的法律意见书可知，该项目建设主体均系依据中国法律设立的独立企业法人，具有相应的民事权利能力和民事行为能力，公司依法成立、经营合法合规，依法有效存续。其中钰镈龙公司和奥星公司具备房地产开发的主体资格，宏发光明公司不具有房地产开发的主体资格，需在实施万丈坡城市更新项目时取得。

该项目满足《关于试点发展项目收益与融资自求平衡的地方政府专项债券品种的通知》对项目实施运营主体的管理要求。本次专项债券还本付息资金来源于项目自身收入，债务风险锁定在项目内，并按照市场规则向投资者进行详细的项目信息披露，可以保障投资者权益，满足项目运营管理条件。

根据中国债券信息网披露的该项目的基本情况以及会计师事务所出具的财务总体评价报告可知，该项目在到期偿还本息之后，仍有一定的现金结余。

并且到期预计可达到的资金覆盖率为 1.60 倍。在债券存续期内，该项目具有持续稳定的现金流，符合相关政策要求。

综上分析，深圳市财政厅公开发行的 2018 年深圳市光明区保障性住房专项债券（一期）属于重大区域发展类专项债券项目。

第八章

如何成功发行政府专项债券

第一节 2018 年地方政府项目收益专项债券发行回顾

地方政府专项债券是指省、自治区、直辖市政府（含经省级政府批准自办债券发行的计划单列市政府）为有一定收益的公益性项目发行的、约定一定期限内以公益性项目对应的政府性基金或专项收入还本付息的政府债券。

2017 年 6 月，财政部发布《关于试点发展项目收益与融资自求平衡的地方政府专项债券品种的通知》（以下简称《通知》），由此标志着中国版"市政收益债"的诞生。这一《通知》为地方政府"开前门，堵后门"防范地方隐性债务风险的重要举措。

本节将结合工作经验及发行实务对地方政府项目收益专项债券进行分析，同时对如何成功发行地方政府项目收益专项债券提供一定的参考。

一、项目收益专项债券整体发行情况

根据中国债券信息网公开披露的资料统计可知，截至 2018 年 10 月 31 日，2018 年地方政府共发行项目收益专项债券 268 只，债券规模达 9817.0912 亿元，其中，土地储备专项债居多，占 2018 年地方政府项目收益专项债券发行规模的 57%。

截至 2018 年 10 月 31 日，土储专项债共发行 359 只，发行金额达 7980.6779 亿元；收费公路专项债共发行 51 只，发行金额达 1179.64 亿元；棚户区改造专项债券为 2018 年财政部确定的又一新品种，目前共发行 82 只，发

行金额达 3100.6733 亿元。自 2017 年 12 月深圳发行了一只轨道交通专项债券之后，2018 年 8 月份各省开始陆续发行除土地储备专项债券、收费公路专项债券、棚户区改造专项债券之外的其他项目收益专项债券，目前已发行其他项目收益专项债券 51 只，发行金额达 396.12 亿元，如图 8-1 所示。

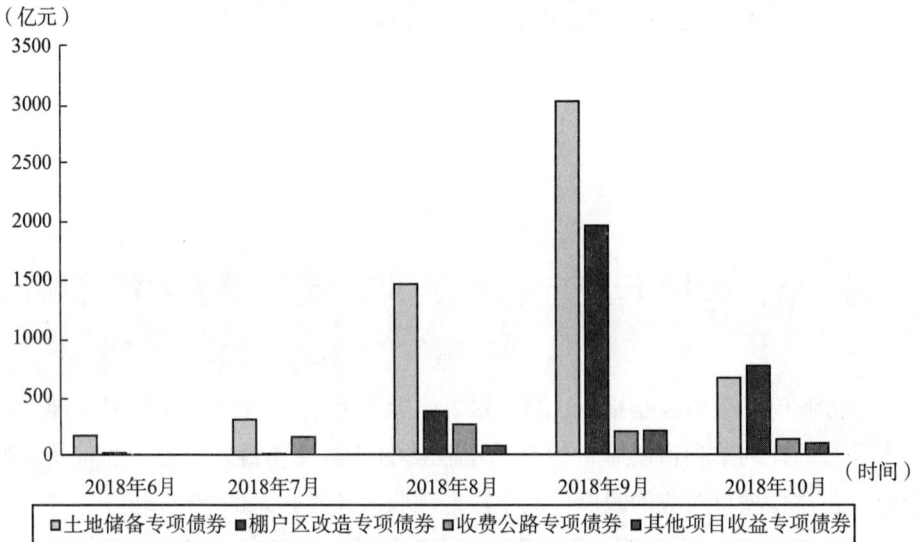

图 8-1 项目收益专项债券 2018 年发行情况

从以上分析可知，从发行规模来看，目前土地储备专项债券发行金额居多，棚户区改造专项债券紧跟其后，表明地方政府更青睐于土地储备专项债券。另外，根据各地方政府发行的项目信息披露文件可知，土地储备专项债券的现金流收入更容易覆盖本息和，本息保障倍数易于达到要求，因此，土地储备专项债券更受地方政府及投资者的青睐。

从发行分布地区来看，土地储备专项债券相比其他项目收益专项债券而言分布地域最广，已发行土储专项债券的省市将近 32 个。其中，广东省发行数量以及发行额均位列第一，发行数量为 39 只。目前，土地储备专项债券地域分布差异化明显，需注重均衡化发展。

从发行期限来看，土地储备专项债券 5 年期居多，主要是由于土地市场易受宏观经济或政策影响，具有一定的不确定性，地方政府一般选择较长周期，偿付债务压力也处于合理范围内。而收费公路专项债券、棚户区改造专项债券以及其他项目收益专项债发行期限 5 年或 7 年的居多，主要是因为银行以及券商等金融机构在购买债券时更青睐于 5 年、7 年期的债券，另外，此三种债券涉及工程建设居多，选择 5 年或者 7 年期更符合工程建设进度以及偿还需求。

目前已发行的项目收益专项债券中，492 只为 5 年期债券，占比 77%；7 年期和 10 年期发行数量居第二位；15 年期项目收益专项债券比较少，仅有 4 只，为收费公路专项债券和其他项目收益专项债券，如图 8 - 2 所示。

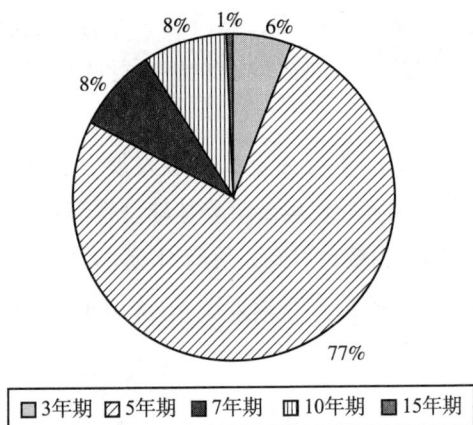

图 8 - 2　截至 2018 年 10 月 31 日项目收益专项债券发行期限分布

从发行月份来看，目前 9 月份发行居多，主要是因为财政部 2018 年 8 月 14 日发布了《关于做好地方政府专项债券发行工作的意见》指出地方政府需加快地方政府债券发行等。仅 2018 年 9 月份发行规模就达到 5386. 3589 亿元。占 2018 年总发行规模的 55%。

从发行结果来看，9 月 17 日，宁波市 90 亿元政府债券获得市场高度追捧，认购倍数达到 19. 57 倍，为 2018 年上交所地方债全场认购倍数最高值。其中，承销团中的 10 家证券公司投标较踊跃，投标总量达 477. 7 亿元，约为发行规模的 5. 31 倍；券商中标总量 15. 6 亿元，约占发行规模的 17. 33%。由此可以看出市场对地方政府项目收益专项债券的青睐程度。

通过以上分析可知目前我国项目收益专项债券发行趋势与环境，未来我国将积极探索在有一定收益的公益性事业领域分类发行专项债券。

二、其他项目收益专项债券现状分析

自 2017 年底深圳发行了一只轨道交通专项债券之后，2018 年各个省份开始有所创新。根据中国债券信息网公开披露的资料统计可知，截至 2018 年 10 月 31 日，已发行其他项目收益专项债券 51 只，发行规模 396.12 亿元。

2017 年财政部发布的《关于试点发展项目收益与融资自求平衡的地方政府专项债券品种的通知》鼓励有条件的地方立足本地区实际，围绕省（自治区、直辖市）党委、政府确定的重大战略，积极探索在有一定收益的公益性事业领域分类发行专项债券。因此，各地方政府积极发行并探索相关领域的项目收益专项债券。

从发行项目所属领域看，主要为重大区域发展、交通、学校、医院、生态环保、乡村振兴、水利、保障性住房、市政基础设施等其他领域的项目。根据中国债券信息网公开披露的资料统计可知，目前市场发行医院医疗领域项目居多。

各省其他类项目收益专项债发行数如图 8-3 所示。

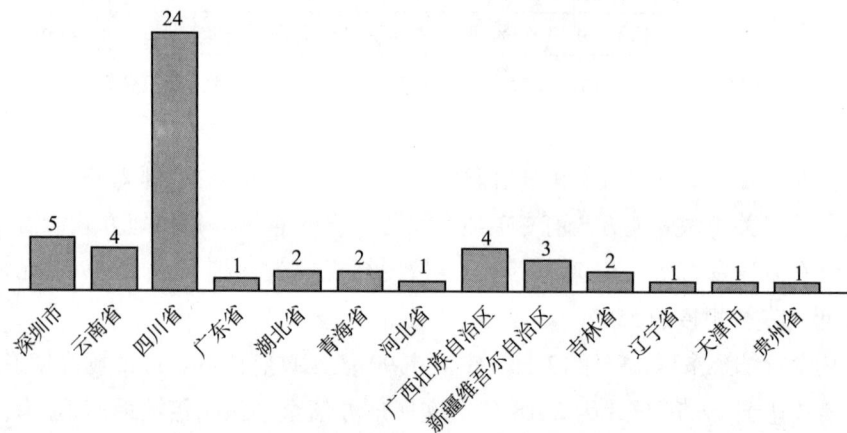

图 8-3 各省其他类项目收益专项债发行数（只）

资料来源：根据中国债券信息网及公开资料整理。

根据中国债券信息网公开披露的资料统计可知，从各省份发行数量来看，四川省发行数量最多，截至 2018 年 10 月 31 日，四川省发行其他类型项目收益专项债券 23 只，占其他类总发行数量的 45%。

从发行结果以及现场的认购倍数来看，其他项目收益专项债券中，2018年9月17日发行的2018年成都天府空港新城地下综合管廊建设专项债券（一期）是成都地方政府通过发债为空港新城地下综合管廊建设募集资金，有效提升城市综合承载能力和城镇化发展质量的重点项目，全场认购倍数接近10倍。9月27日深圳市发行的6只债券认购倍数为26.29倍。2018年10月31日发行的四川省水务项目认购倍数更是接近28倍（理论极限值为30倍），获得了投资者的高度追捧。

从发行规模来看，四川省发行规模最大，截止到2018年10月31日，四川省发行项目收益专项债券133.45亿元，约占其他项目收益专项债券总发行规模的34%，并且2018年已完成发债总额占四川省2018年债券总投资计划完成额的40%以上。深圳市与云南省发行规模不相上下。从以下数据可以看出，目前仅有9个省发行其他类项目收益专项债券，四川省在其他项目收益专项债券领域做了大量的工作，创新品种较多，为四川省开展更多公益性市政建设项目提供了资金支持。

从发展趋势来看，其他项目收益专项债券从2018年8月份开始呈现上涨趋势，2017年仅深圳发行1只，2018年发行量达到了50只，而目前还有一些省份处于探索阶段。由此可以看出，其他类项目收益专项债券将会呈现较快的发展速度，未来地方政府发展前景将会比较广阔。各省份项目收益专项债券发行规模如图8-4所示。

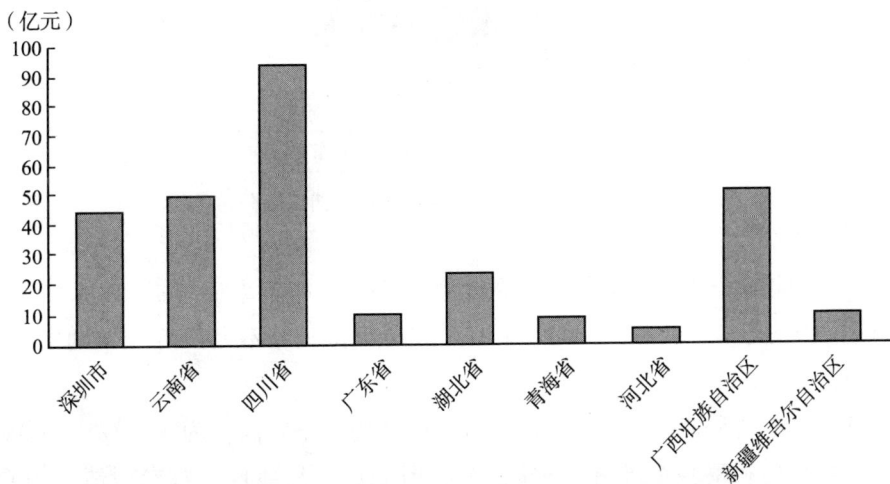

图8-4　截至2018年10月31日各省份项目收益专项债券发行规模

　　从发行期限来看，7 年及 10 年期较多，主要是其他类项目收益专项债券均涉及工程建设，并且均为公益性项目，而公益性项目往往针对的是不特定多数人，是对社会整体目标的实现，如教科文卫领域的投入，很难在短期内表现出明显的经济效益，而是追求长远经济效益。因此，7 年期、10 年期项目收益专项债券不论是对发行方还是投资方都具有一定的益处。另外，相关政策要求，对于公开发行的项目收益专项债券，各地应当按照相关规定，充分结合项目建设运营周期、资金需求、项目对应的政府性基金收入和专项收入情况、债券市场需求等因素，合理确定专项债券期限，但公开发行的 7 年期以上（含 7 年期）普通专项债券发行总规模不得超过全年公开发行普通专项债券总规模的 60%，公开发行的 10 年期以上（不含 10 年期）普通专项债券发行总规模不得超过全年公开发行 2 年期以下（含 2 年期）普通专项债券规模。这在一定程度上反映了项目收益专项债的灵活性以及市场化。其他项目收益专项债券发债期限分布，如图 8-5 所示。

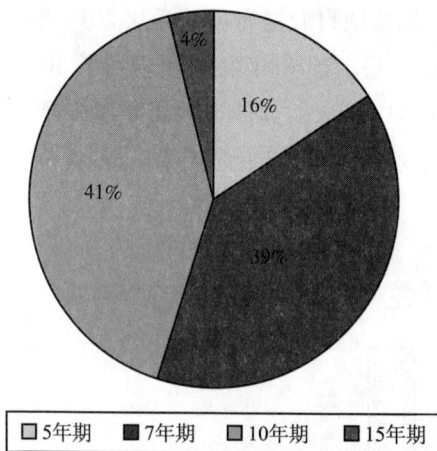

图 8-5　其他项目收益专项债券发债期限分布

　　从不同年限层面看，随着年限的增加，平均发行利率显著提高。5 年期的发行期限均处于 4% 以下，7 年期与 10 年发行期限相差不大，15 年期的发行期限利率最高。

　　从发行平均利率看，新疆维吾尔自治区平均利率较高，为 4.31%。总体来看，市场平均利率基本维持在 4% 左右，但是从单只项目收益专项债券来看，2018 年深圳市发行的 6 支专项债券值得关注，其中一个原因是深圳市市级污水处理专项债券（一期）以及 2018 年深圳市坪山区产业园区专项债券（二期）发行期限虽为 15 年期，但是发行利率也为目前其他类项目收益专项债券中的最高水平，已经达到了 4.33%，均在同期限国债收益率 5 日均值基础上上浮 40BP①。另外，深圳发行的 6 只债券中有 4 只债券设定了分期偿付本金机制，应为全国首批分期偿付本金的政府债券。发行结果表明，该创新机制得到了市场的高度认可。其他项目收益专项债券各期限平均利率分布如图 8－6 所示；各省发行其他类项目收益专项债券平均利率如图 8－7 所示。

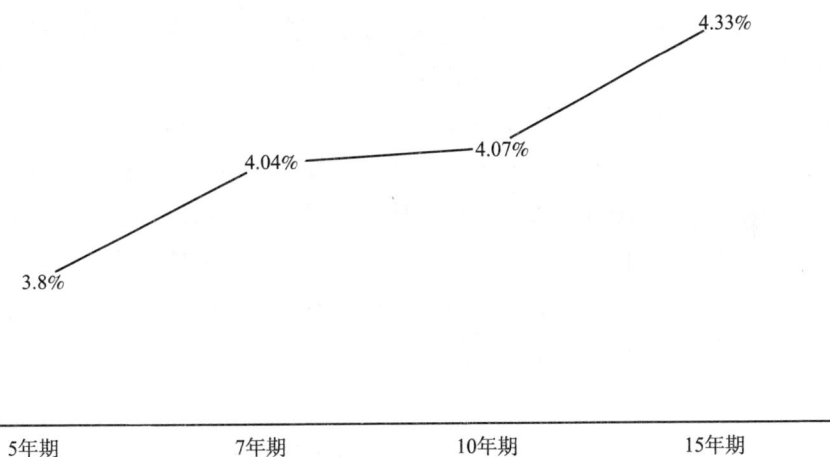

图 8－6　其他项目收益专项债券各期限平均利率分布

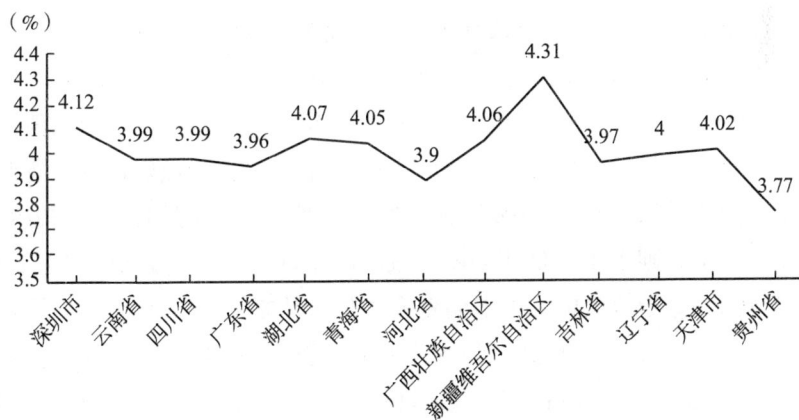

图 8－7　各省份发行其他类项目收益专项债券平均利率

_____
① Basis Point，基点。

通过上文对地方政府专项债券发行情况的简单数据分析，可总结出一个结论：未来地方专项债券的规模进一步扩大是一个必然的趋势。但目前我国地方政府专项债券还处于不断积累与实践阶段，完善的发行机制、政策法规需逐步建立，债券发行的标准化、市场化，以及债券品种的创新仍亟须持续发展。只有充分做好地方政府专项债券发行工作，才能更好地发挥其对稳投资、扩内需、补短板的作用。另外，地方政府需优化发行月份，从目前发行月份来看，项目收益专项债券的发行基本集中在 8 月份、9 月份，而 1～6 月份基本没有项目收益专项债券发行。

截至 2018 年 10 月 31 日，除去财政部试点品种的土储、收费公路、棚改专项债券，其他项目收益专项债券品种已广泛涉及轨道交通专项债、高等学校专项债、职业教育专项债、医疗项目专项债、公立医院专项债、医疗养老专项债、生态环保专项债、产业园区专项债、扶贫开发专项债、污水处理专项债、乡村振兴专项债、地下综合管廊专项债、地震恢复重建专项债、旅游扶贫开发专项债、公园社区专项债、水务建设专项债、产业园区专项债、政府社会领域项目专项债等。目前来看，各地区还将继续创新专项债券品种，为当地的基础设施建设以及可持续发展做出重大贡献。

第二节　项目公益性界定

如果说 2017 年发布的《财政部关于试点发展项目收益与融资自求平衡的地方政府专项债券品种的通知》标志着地方政府债券的放开，那么 2018 年就是中国地方政府专项债券发行的试点元年，从 2018 年初首只地方政府专项债券深圳地铁专项债成功发行后，财政部又于 8 月 14 日下发《关于做好地方政府专项债券发行工作的意见》，要求加快专项债券发行进度，各地 9 月底累计完成新增专项债券发行比例原则上不得低于 80%。据 Wind 资讯统计，截至 2018 年 8 月，年内新发行的地方专项债中，土地储备专项债占比最高，规模达到全部新增专项债的 40%，占比第二的是其他新增专项债，达到 34%，其余类型包括棚改（占比 18%）、收费公路（占比 7%），以及教育、园林、城乡、供水、水利类，占比 2%。地方政府专项债券一登场，就在国家经济稳投资、扩内需、补短板中发挥出重要的作用。

过去几个月，各地方政府在《财政部关于试点发展项目收益与融资自求平衡的地方政府专项债券品种的通知》框架要求内，对专项债券发行进行了大量的创新探索，专项债券品种也出现了首次大爆发，引发了社会各方对地方政府专项债发行品种与范围的疑惑与不解。实践中，地方政府及其财政等有关部门也对专项债发行存在着诸多认识上的不足，认为只要是政府投资项目就可以发行专项债券，专项债变成了无所不包的全能债券。本节针对目前地方政府专项债发行过程中的核心问题——项目公益性进行探讨分析，由此来明确界定专项债发行的边界与范围、募集资金用途及债券价值，为大家提供一个判断专项债券项目发行的参考。

要理解项目公益性，首先需要澄清公益的概念。公益一般被解释为公共的利益，或者说有关社会公众的福祉和利益，与私利相对。

目前我国法律对公益一词并没有直接的定义，在法律上多以公益活动、公益事业等词汇出现，《中华人民共和国慈善法》第三条规定，公益活动包括："（一）扶贫、济困；（二）扶老、救孤、恤病、助残、优抚；（三）救助自然灾害、事故灾难和公共卫生事件等突发事件造成的损害；（四）促进教育、科学、文化、卫生、体育等事业的发展；（五）防治污染和其他公害，保护和改善生态环境；（六）符合本法规定的其他公益活动。"《中华人民共和国公益事业捐赠法》第三条规定，公益事业是指非营利的下列事项："（一）救助灾害、救济贫困、扶助残疾人等困难的社会群体和个人的活动；（二）教育、科学、文化、卫生、体育事业；（三）环境保护、社会公共设施建设；（四）促进社会发展和进步的其他社会公共和福利事业。"从以上两部法律中可以看出，公益的含义更接近于与慈善同义，较多体现为社会个体和群体奉献时间、财物、人力服务社会的自发行为，与政府公益性有很大的不同。但上述法律对公益的界定具有共性：一方面，社会民众参与提供社会公共服务的具体内容与政府提供公共服务内容相同，是政府提供公共服务的有效补充；另一方面，政府进行公益性项目也必须遵守基本的公益性法律要求。法律对公益性的基本要求包括如下特点：

一是非营利性。公益性项目不以获取利润为目标，不将活动的盈利用于投资者的分配，正是这一点，使其与市场配置社会资源中的工商企业获利动机相区别。公益活动和公益事业的业绩不以营利为标准，它是以是否充分挖掘潜力、为目标群体提供服务多少及其效果、实现公共利益的效用状况来评价的。但公益活动和公益事业的非营利性并不排除开展营利活动，并以此来维持和扩大服务范围，提高服务质量。营利活动具体表现为向特定群体或者消费者收取一定的费用，这种收费一般用以弥补投资和成本支出，其余不足部分，则需要依靠政府直接补贴、政策优惠补偿或者社会捐助补足。

二是注重社会整体目标和长远利益。公益活动和公益事业针对的往往是不特定多数人，是对社会整体目标的实现。如教科文卫领域的投入，很难在短期内表现出明显的经济效益，尤其教育领域，俗话说"十年树木、百年树人"，需要相当长时间才能反映出经济社会效益。又如环境保护领域、基础科研领域，当代人的投入，很有可能到下代人才能看到效益。

三是追求公共福利和公共价值。为公众平等地提供公共福利，满足公众的基本需求，如干净的空气、清洁的水、平等的教育等。公益活动和公益事业还追求高于个人利益的、社会全体成员或者大部分成员共同选择的价值观念，即公共利益。

政府进行公益性项目首先要遵守基本的公益性法律要求，其次要遵守政府公共产品供给与服务的基本要求。

现代公共经济学将由公共部门提供用来满足社会公共需要的商品和服务称为公共品。公共品具有不可分割性、非竞争性和非排他性。公共物品的非竞争性和非排他性特点会造成公共品依靠市场机制难以提供的现象，经济学上称之为"市场失灵"，出现搭便车、公地悲剧，以及排他成本问题。政府为促进效率与发展、解决市场失灵的缺陷而提供公共物品，是出于维护和增进公共利益的必要选择，也即通过提供公共产品实现社会公益。

基于上述法律与公共财政对公益的要求，只有能够满足上述条件的项目才属于政府专项债券发行范畴，公益性项目一词在国家法律层面也没有明确的定义，《地方政府融资平台公司公益性项目债务核算暂行办法》中公益性项目的定义可供参照，即"为社会公共利益服务、不以营利为目的的投资项目，如市政建设、公共交通等基础设施项目，以及公共卫生、基础科研、义务教育、保障性安居工程等基本建设项目"。

从广义而言，政府投资建设项目都属于上述公益性项目的界定范畴，理论上讲，凡是市场不愿意做的或是没有能力做的公共项目都是政府可以大显身手的地方，政府可以根据项目的具体情况采用发行一般债券、PPP、购买服务、BT① 等各种模式进行项目建设运营，专项债券只是其中的一种公共服务提供模式。但不是所有政府的项目都可以通过专项债模式进行，公益性项目发行政府

---

① Building Transfer，建设 - 移交。

专项债券具有更加严格的条件：公益性项目必须由政府投资，所形成的资产属于政府并且项目具有一定的收益，收益归属政府并能够偿还债券的本息。这是专项债券与其他政府投资项目的不同之处。专项债公益性特征主要体现在以下几个方面：

一是专项债的公益性体现了地方重大区域发展内容。地方政府作为责任主体发行专项债的公益性项目一定是在当地经济社会建设中有重大影响力的建设项目，项目的投资规模大，项目建设完成投入运营后，将产生巨大的经济与社会效益，往往能带来当地公共产品与服务的较大提升，影响当地与该领域相关的产业和部门，甚至影响区域经济的发展与产业机构的调整，乃至影响当地整个社会经济的发展与人民生活质量的提高。所以，地方政府专项债项目体现了地方政府最重要的公共服务建设内容。已经成功发行的四川成都锦江绿道专项债充分体现了专项债的这一公益性特点。锦江绿道是成都市天府绿道的核心轴线，绿道项目的建成将大大提升市民生活品质，推动旧城更新，提升城市面貌，成为贯通成都核心城区的一张绿色生态发展名片，吸引更多的人才与资源留在成都发展。

二是专项债公益性项目属于大型综合性项目。通常项目管理中，项目是指一系列独特的、复杂的并相互关联的活动，这些活动有着一个明确的目标或目的，必须在特定的时间、预算、资源限额内，依据规范完成。专项债项目也符合上述项目的要求，是项目管理中的大型综合项目范畴。每个项目都围绕一个建设目标，按照一个总体规划或设计进行建设，整个项目由一个或若干个互有内在联系的单项工程组成，其中单项工程是指具有独立的设计文件，建成后能够独立发挥生产能力或使用功能的工程项目，所有子项目或工程共同发挥作用保证了专项债项目建设运营目标的实现。因此，专项债项目的公益性一定要从项目整体来进行判断，而不是项目包含的单个工程或子项目，如某科技园区的建设项目中同时包括了园区基础道路和园区厂房办公居住用房建设，如果单独用园区基础道路来判断，由于没有项目收益，显然不符合专项债项目发行条件，同样，如果仅仅看到办公居住用房产生销售收入就简单地认为属于商业经营而不是公益性项目也明显失当，只有将整个科技园区建设作为项目整体来看，才能准确判断项目的公益性是否满足、项目建设对当地社会经济的巨大影响、产业升级与人民生活水平的提升价值，这些正体现了大型综合性公益项目的特征。

三是专项债券公益项目收益能够偿还债券本息。项目是否具有收益是专项债项目发行的前提。《地方政府一般债券发行管理暂行办法》《地方政府专项债券发行管理暂行办法》对于一般债券、专项债券做出了明确的区分与界定，收益是两者最重要的区别点，一般债券对应的公益性项目没有收益，而专项债券对应的公益性项目有一定收益，因为存在收益，才使得专项债券发行的债券由项目运营收入来偿还成为可能。

项目收益与公益项目的非营利要求并不矛盾。收益指就某财产收取天然的或法定的孳息，或生产活动取得的收入。营利指以金钱、财务、劳务等为资本而获得经济上的利益，主要体现为通过经营行为积极追求利益的最大化并将所得利润分配给股东。营利性和非营利性之别，区分的关键不在于是否从事经营活动获得收入，而主要看其是否将其经营所得进行利润分配。专项债券公益项目的收益全部归属政府财政收入用于偿还债券本息以及项目建设运营公共用途，不存在利润分配的可能性，因此虽然同样是地铁周边的房地产开发销售产生收入，专项债项目和商业地产开发商却有着本质的不同，关键是收益的用途和归属。

地方政府专项债公益性的特点与要求决定了专项债券不可能是全能债券，专项债券项目必须要同时满足项目公益性和收益偿还本息的要求，这对地方政府公共项目运营管理能力提出了更高的要求。公益性项目的特性决定了项目本身难以具有很高的投资回报率，同时投资回收期也难以达到市场经济投资人的要求。因此，专项债项目的整体设计、规划就显得更加重要，必须同时兼顾公益性和收益性的双重要求，既能实现当地社会经济发展必不可少的公共项目，提高人民生活基本水平、改善当地投资环境，同时还能实现项目收益，保证专项债券能够自我良性循环。

地方政府专项债公益性的特点也将债券市场中政府债券与其他债券发行进行了明确的界定与划分，即公益的归政府，营利的归市场。《财政部关于做好2018 年地方政府债务管理工作的通知》明确了公益性项目的范畴，项目收益专项债券要"按照中央经济工作会议确定的重点工作，优先在重大区域发展以及乡村振兴、生态环保、保障性住房、公立医院、公立高校、交通、水利、市政基础设施等领域选择符合条件的项目，积极探索试点发行项目收益专项债券"。这些领域充分体现了地方政府专项债发行的公益性要求，公益性项目发行政府专项债券改变了过去公益营利不分的地方政府平台融资乱象，随着后续的专项债发行不断完善，政府债务也会变得更加透明、规范、有序。

第三节　项目收益性界定

截至 2018 年 9 月 30 日，地方政府在中国债券信息网进行信息披露的项目收益专项债券存续的共 501 只，债券规模达 11534.6812 亿元。其中，土储专项债共发行 350 只，发行金额达 7195.3379 亿元；收费公路专项债共发行 49 只，发行金额达 1085.84 亿元；棚户区改造专项债券为 2018 年财政部确定的又一新品种，共发行 68 只，发行金额达 2918.5833 亿元。自 2017 年 12 月深圳发行了一只轨道交通专项债券之后，2018 年 8 月份各地开始陆续发行除土地储备专项债券、收费公路专项债券、棚户区改造专项债券之外的其他项目收益专项债券，目前已发行其他项目收益专项债券 35 只，发行金额达 334.92 亿元。四川省和深圳市政府在《财政部关于试点发展项目收益与融资自求平衡的地方政府专项债券品种的通知》框架要求内对其他项目专项债券发行进行了大量的创新探索，发行数量占到了已经发行的其他项目收益专项债品种的一半左右。

虽然其他项目收益专项债金额相对占比不大，但其他项目专项债券发行却引发了社会各方对地方政府专项债发行品种与范围的广泛关注，其他项目专项债券的收益能否覆盖债券本息是市场各方普遍关注的问题。本书针对目前地方政府专项债发行过程中的核心问题，即如何认识和理解地方政府专项债券的项目收益，从法律与管理的角度进行探讨分析。项目收益的界定是其他项目专项债发行的基础，项目收益弄清楚了，我们就能对政府专项债券项目有更加明确清晰的判断与认识。

要认识和理解专项债项目的收益，首先要明确的问题就是哪些收益属于专项债券的项目收益。

《财政部关于试点发展项目收益与融资自求平衡的地方政府专项债券品种的通知》对项目收益的表述为："专项债券对应的项目取得的政府性基金或专项收入，应当按照该项目对应的专项债券余额统筹安排资金，专门用于偿还到期债券本金，不得通过其他项目对应的项目收益偿还到期债券本金。"这说明专项债券项目收益包括政府性基金与项目专项收入两部分，我国新《预算法》已经确定财政收入包括一般公共预算收入、政府性基金预算收入、国有资本经营预算收入、社会保险基金预算收入四大部分。新《预算法》第九条对政府性基金预算明确进行了界定："对依照法律、行政法规的规定在一定期限内向特定对象征收、收取或者以其他方式筹集的资金，专项用于特定公共事业发展的收支预算。"财政部发布的《2018年政府收支分类科目》从收入角度对政府性基金收入进行了规定："各级政府及其所属部门根据法律、行政法规规定并经国务院或财政部批准，向公民、法人和其他组织征收的政府性基金，以及参照政府性基金管理或纳入基金预算、具有特定用途的财政资金。"同时将专项债券对应项目专项收入列入政府性基金预算收支科目，并做了进一步的明确："反映地方政府专项债券对于项目形成、可用于偿付专项债券本息的经营收入。"对其他地方自行试点项目收益专项债券对应项目专项收入进行了明确界定："举借专项债券对应项目形成的，除相关政府性基金科目已反映收入之外可用于偿还专项债券本息的收入。"这说明专项债项目收益属于政府性基金预算范畴，不属于一般公共预算、国有资本经营预算、社会保险基金预算等政府预算。

基于上述专项债券和预算有关法律法规要求，我们可以对项目收益专项债券对应项目的项目收益做出如下说明：项目收益以项目为核心，通过政府性基金预算收支科目进行独立核算，由融资对应项目所形成收益计提按照国家和地方法律法规文件应当计提的比例后的部分构成项目收益范畴，具体类别包括对应项目的政府性基金收入与项目专项收入。

项目取得的政府性基金收入应当包括项目对应收取的政府性基金收入与项目获得的政府性基金资金支持（从财政角度看属于对应项目支出，但从项目角度来看也应属于收入），这样才能更全面地理解项目政府性基金收入的内涵。举例而言，如城市绿道、地下综合管廊等基础设施建设项目，其项目收益中政府性基金收入应当包括与项目相关的政府性基金收入，如国有土地使用权出让收入、城市基础设施配套费收入等，同时还应当包括政府性基金对于项目安排的支出，通常以项目补贴或购买服务方式进行，这部分同样属于项目政府性基金收入的一部分。

项目专项收入即项目自身经营带来的收入，是项目收益的主要来源。项目专项收入明确了只要是项目自身经营获得的收入都属于项目专项收入，这就为项目对应资产运营活动提供了巨大的空间，也为项目通过自身收益偿还债券本息带来了更大的可能性。政府专项债项目都承担了当地重要的公共服务功能，通过项目运营为公众提供更多的高品质公共服务来获取更多的项目运营收入，公众也乐意为优质的公共服务买单，由此形成公益性项目的良性循环，所以高水准的项目运营才是项目专项收入的基础与保证。已经发行的高校、医院、生态环保类、城市地下综合管廊、污水处理厂等其他专项债券项目充分体现了项目收入来源多样性的这一特点，这些收入包括学费、住宿费、诊疗费、广告费、租赁住房租金、配套商业设施租售、入廊费、污水处理费等，均来自项目经营所得，用于项目经营与偿还债券本息，符合项目专项债收入要求。

认识和理解了其他项目专项债券的项目收益来源后，我们还需要了解专项债券项目收益由谁来创造。显然，政府虽然是项目资产所有人与专项债券责任主体，但不应当是项目运营主体，专项债券对应项目运营都是由政府委托适格的运营主体进行，是典型的所有权与经营权分离的情形。项目收益专项债券对应项目的实施机构应当由政府或其授权指定的行政部门和相关机构，委托有一定资质资格的主体进行运营，委托运营主体可以是政府国有平台公司，也可以是国有企业、事业单位或民营企业等其他类型单位。如学校资产委托学校经营、医院资产委托医院经营、基础设施委托具备资质的企业法人建设运营等。项目收益由委托运营主体创造，因此选择运营能力高、能够创造运营高收益的主体是地方政府最重要的工作，也是项目融资与收益实现平衡最重要的保障。

通过上述项目收益专项债的收益要求与特点分析我们可以看到，专项债开启了一个与过去完全不同的公益性国有资产运营模式。第一，这一模式不同于国有资本经营模式。国有资本经营模式是国有资产管理部门通常被政府授权履行出资人职责，将经营性资产注入国有企业，由国有资产运营公司具体进行经营。政府按照市场运作的原则，以管资本为主。项目收益专项债券对应项目为公益性资产，是由政府直接投资，并通过发行债券直接负债募集资金投入形成的国有资产，政府财政部门代表政府持有公益性项目资产，直接委托运营机构进行项目资产经营，委托运营方公司是项目资产经营者，而非所有者。第二，项目采用独立封闭式运营机制。项目开始就严格按照项目融资与收益要求独立运营，首先体现为资产的独立，不与项目外的其他资产相混同。根据项目收益专项债券有关文件要求，财政和行业主管部门要针对专项债券项目建立资产统计报告制度。其次是运营成本和收益现金流的独立。收益实现后的净利润并不能直接归入财政对应收入科目的账户，而应该存入专门针对该项目设立的独立账户，用于到期前的利息偿还和到期时的本息偿还。第三，项目委托运营主体与运营机制更加灵活，保证了项目收益的实现。随着政府职能转型的深入，越来越多的公共事务被交由市场解决，政府只需要选择合适的主体参与进来。项目收益的提升不能依靠提升政府的运营能力，而是依靠政府选择第三方的能力，比如引入竞争的方式，通过对参与竞争企业的历史沿革、项目经验、资质资格、专业队伍、企业管理模式等进行比较，选择最优的主体参与项目运营，这是政府实现国有资产高效运营的现实方式，也是项目收益专项债券项目收益实现的保障。委托运营并不代表政府放任不管，必须建立起有效的运营监督机制、运营主体筛选淘汰机制。也就是说，在债券存续期内，政府财政部门和相关行业主管部门应当担负起监督管理职责，确保运营主体合法合规运营和收益的实现，一旦项目本身或者第三方出现可能导致收益不合理减少、违法违规经营等情形，政府或其指定的部门应当对此做出反应，评估是否需要选择新的运营主体，以确保项目收益的持续稳定。

因此，项目收益专项债券对应项目资产的运营管理模式是一种全新的模式，政府通过资本市场筹集公益性项目建设资金，运营主体基于委托运营协议进行运营，实现国有资产效益最大化，通过项目运营收益偿还项目融资的本息，实现全民所需公共物品的提供，最大限度满足社会公共服务需求。这完全不同于国有企业改革的管资本模式，也不是计划经济时代政府直接参与管理的模式，非常具有创新意义。

结　语

经营城市：专项债券对地方
政府的价值与影响

　　财政部于 2018 年 10 月 18 日新闻发布会最新数据显示，根据 2018 年 7 月 23 日国务院常务会议关于加快 1.35 万亿元地方政府专项债券发行和使用进度的要求，截止到 2018 年 9 月，地方累计发行新增专项债券 12478 亿元，按照全国人大通过的 2018 年财政预算地方政府专项债券额度 1.35 万亿元计算，已经完成当年地方政府专项债务额度的 92.4%，如果加上 10 月份计划发行的专项债券，2018 年地方政府专项债券发行工作基本完成。地方政府专项债券作为 2018 年最重要的一项财政金融创新，已经开始在国家经济稳投资、扩内需、补短板中发挥出重要的作用，接替银行贷款、企业债券，成为对实体经济提供融资支持的又一重要工具。然而，我们认为地方政府专项债券的价值远远超越了金融层面，其对于地方政府的执政行为必将产生更为深远的影响。

　　地方政府专项债对于地方政府最直接的价值就是债务风险得到有效控制。

　　中央经济工作会议指出，打好防范化解重大风险攻坚战，重点是防控金融风险，地方政府债务风险管理属于防控金融风险的重点。财政部门当前防范化解地方政府债务风险采用的是"大禹治水，疏堵并重"模式，一方面堵住"后门"，坚决遏制违法违规举债，另一方面把地方政府专项债券作为化解风险的"前门"，让地方政府依法健全规范举债融资，发挥政府规范举债的积极作用，支持补齐民生领域短板。疏堵并重实现了双向调节，使地方政府发展资金不足导致在建项目资金断供、工程烂尾和不顾自身偿债能力盲目举债扩张的风险都得到了有效的控制与平衡。

　　从风险管理的专业角度来看，地方政府专项债券在控制债务风险总量的基础上，通过项目融资与收益对应进一步做到了对风险的精准识别与控制。过去我们对与地方政府债务风险总是停留在宏观分析上，很难对其进行精准识别与评估，通过专项债发行，让地方政府债务风险下沉到项目层面，风险与项目严格对应，这就使得对地方政府债务风险的精准识别与评估成为可能，从而能够实现对地方政府债务风险的精准管理，"债务额高不等于债务风险高"，今后判断一个地方政府债务风险的标准不再局限于总量，而是要通过对其专项债券项目风险进行评估，以客观认定地方政府的债务风险。

从市场化、法治化的角度看，地方政府专项债券的市场化发行实现了风险的市场化管理。在一个有效的债券金融市场中，所有参与主体都会独立判断债券的风险，地方政府债券发行必须通过金融机构风险评估这一关，如果金融机构认为债券风险太高，则地方政府也很难从市场中募集到相应的债券资金，金融市场帮助我们对地方政府债务风险又进行了一次严格的把关，地方政府必须提高自身的项目风险管理水平才能够被债券金融市场所接受和认可。

地方政府专项债不仅能够解决债务风险问题，其对地方政府更大的价值是可以大幅提升财政资金的使用效率。

地方政府专项债的公益性要求对政府投资边界进行了明确的限定，严格遵循地方政府举借的债务只能用于公益性资本支出的法律规定，地方政府债券发行必须一律与公益性建设项目对应，这将政府与市场投资进行了明确的划分，公益性项目由政府投资进行，产业发展项目由企业市场化进行，这就使过去政府投资公益与市场不分的混乱得到了进一步澄清，让政府回归提供公共基础服务的核心职能，集中政府财政资金用于公益性项目建设运营。

地方政府专项债的收益性要求对政府的公益性项目运营管理能力提出了更高的要求。专项债券对应的项目取得的政府性基金或专项收入，应当专门用于偿还到期债券本金，不得通过其他项目对应的项目收益偿还到期债券本金。公益性项目封闭管理、市场化运营全面展示了政府资金运营能力与水平，项目收益能够偿还项目融资本息是地方政府专项债券发行的基本要求，也是债券持有人判断地方政府的信用与能力的标准，只有高水平的项目运营才能保证地方政府的债券发行得到市场认可，从而持续从市场中获得城市建设发展资金。

地方政府专项债除了上面所述的直接价值外，还将对地方政府产生深层的影响，它为地方政府在土地财政之外开拓了一种全新的筹资建设模式。

同样是积极的财政政策，2018 年的 1.35 万亿元专项债与 2008 年的 4 万亿元投资有着本质不同。地方政府专项债券并非来自货币增发，而是从债券金融市场募集而来，大多为金融机构持有，体现了金融对经济建设的资金支持，属于盘活存量金融资产，央行近期将地方政府专项债券纳入社会融资规模统计也充分肯定了地方政府专项债券这一政府筹资建设模式充分利用社会资金的有效性。

过去的政府建设资金主要来自土地收入和上级政府划转，土地财政给地方经济社会发展带来了各种弊端与问题，且不可持续，依靠上级政府财政资金划转也很难满足城市建设需要。地方政府专项债券的市场化募资模式与传统地方政府资金获取有着巨大的不同，这是一种竞争性获取资金的良性地方政府筹资机制，对于有资源优势、项目运营管理能力出色的地方政府如同打开了一扇财富之门，可以源源不断地获取经济建设资金支持。2018年的专项债券发行已经充分证明了这一点，各地方政府建设资金已经不是上级财政平均分配或"跑部钱进"就可以获得，1.35万亿元专项债券完全通过市场选择竞争性获取，能够设计出满足金融市场资金要求项目的地方政府就可以直接从金融市场获取建设资金，获得更快的发展速度、更多的发展机会。

地方政府专项债还将对地方政府的执政理念产生深远影响，实现从"管理城市"到"经营城市"的地方城市治理模式转变。

当前的地方政府专项债券发行品种包括土地储备、收费公路、棚改及其他项目。《财政部关于试点发展项目收益与融资自求平衡的地方政府专项债券品种的通知》对于其他项目收益专项债券并没有给出具体的项目类型，而是采用开放性主题，鼓励地方政府结合自身城市发展特点，合理选择重点项目试点分类发行，这充分体现了中央财政通过地方政府专项债券引导地方政府转换思路的信心与决心，地方政府可以自主创新和丰富债券品种，按照中央经济工作会议确定的重点工作，优先在重大区域发展以及乡村振兴、生态环保、保障性住房、公立医院、公立高校、交通、水利、市政基础设施等领域选择符合条件的项目，积极探索试点发行项目收益专项债券。只要满足项目公益性和收益融资自求平衡的基本要求，地方政府就可能通过专项债券从金融市场募集建设资金。

地方政府专项债券要求政府是城市的经营者而不是简单的行政管理者，从项目的投资建设与运营对地方政府都有着更高的要求。经营城市的政府治理模式不可能是从中央到地方的城市治理的简单复制，而是要根据城市自身发展的特性和要求，设计和运营与之相适应的城市公共服务项目，当前地方政府专项债券项目创新，正是体现和反映城市治理个性化与多样化的特点，《财政部关于试点发展项目收益与融资自求平衡的地方专项债券品种的通知》对专项债券开放性的发行要求也是基于经营城市的要求而设定的。经营城市要求地方政府从融资与收益平衡角度高效使用财政资金，杜绝劳民伤财的形象工程、政绩工程，基于项目进行资金的使用与绩效考核，项目的融资与收益能否达到平衡是一个重要标准，公益性项目本身对营利性要求并不高，能够偿还项目债券本息即可，这就要求地方政府在城市治理过程中始终能够从融资与收益平衡的角度来选择和进行公益性项目建设，保证每一个项目都能够切实在提升城市公共服务水准的同时，达到可持续良性发展，基于上述要求，高投入、低收益的粗放型投资项目显然不属于地方政府公共服务建设重点，政府公共服务建设中的财政资金使用要求决定了地方政府必须进行城市治理的转型。

经营城市的政府治理模式对政府公共服务项目的运营管理能力提出了更高的要求。通过地方政府专项债券发行进行公益性项目建设，形成的项目国有资产运营能力将是城市经营水平的重要体现。在保证国有资产所有权益的基础上，通过采用多样化的项目运营模式，引入竞争的方式选择适合的项目运营主体参与运营，运营主体基于委托运营协议来进行运营，实现国有资产效益最大化，通过项目运营收益偿还项目融资的本息，实现全民所需公共物品的提供，最大限度地满足社会公共服务需求。政府通过建立起有效的项目运营监督机制、运营主体筛选淘汰机制来实现对公益性项目运营的管理，政府担负起监督管理职责，确保运营主体合法合规运营和收益的实现，一旦项目本身或者第三方出现可能导致收益不合理减少、违法违规经营等情形，政府或其指定的部门应当对此做出反应，评估是否需要选择新的运营主体，以确保项目收益的持续稳定，通过运营模式的转换保证每一个项目都能够切实为城市公共服务提升带来促进。优秀的城市公共基础设施运营能力必将促进城市的高速、规范发展。

附录：

地方政府专项债券法律
法规和规范性文件

中华人民共和国预算法

（1994年3月22日第八届全国人民代表大会第二次会议通过 1994年3月22日中华人民共和国主席令第二十一号公布 自1995年1月1日起施行根据2014年8月31日第十二届全国人民代表大会常务委员会第十次会议《全国人民代表大会常务委员会关于修改〈中华人民共和国预算法〉的决定》修正自2015年1月1日起施行）

第一章 总 则

第一条 为了规范政府收支行为，强化预算约束，加强对预算的管理和监督，建立健全全面规范、公开透明的预算制度，保障经济社会的健康发展，根据宪法，制定本法。

第二条 预算、决算的编制、审查、批准、监督，以及预算的执行和调整，依照本法规定执行。

第三条 国家实行一级政府一级预算，设立中央，省、自治区、直辖市，设区的市、自治州，县、自治县、不设区的市、市辖区，乡、民族乡、镇五级预算。

全国预算由中央预算和地方预算组成。地方预算由各省、自治区、直辖市总预算组成。

地方各级总预算由本级预算和汇总的下一级总预算组成；下一级只有本级预算的，下一级总预算即指下一级的本级预算。没有下一级预算的，总预算即指本级预算。

第四条 预算由预算收入和预算支出组成。

政府的全部收入和支出都应当纳入预算。

第五条 预算包括一般公共预算、政府性基金预算、国有资本经营预算、社会保险基金预算。

一般公共预算、政府性基金预算、国有资本经营预算、社会保险基金预算应当保持完整、独立。政府性基金预算、国有资本经营预算、社会保险基金预算应当与一般公共预算相衔接。

第六条 一般公共预算是对以税收为主体的财政收入，安排用于保障和改善民生、推动经济社会发展、维护国家安全、维持国家机构正常运转等方面的收支预算。

中央一般公共预算包括中央各部门（含直属单位，下同）的预算和中央对地方的税收返还、转移支付预算。

中央一般公共预算收入包括中央本级收入和地方向中央的上解收入。中央一般公共预算支出包括中央本级支出、中央对地方的税收返还和转移支付。

第七条 地方各级一般公共预算包括本级各部门（含直属单位，下同）的预算和税收返还、转移支付预算。

地方各级一般公共预算收入包括地方本级收入、上级政府对本级政府的税收返还和转移支付、下级政府的上解收入。地方各级一般公共预算支出包括地方本级支出、对上级政府的上解支出、对下级政府的税收返还和转移支付。

第八条 各部门预算由本部门及其所属各单位预算组成。

第九条 政府性基金预算是对依照法律、行政法规的规定在一定期限内向特定对象征收、收取或者以其他方式筹集的资金，专项用于特定公共事业发展的收支预算。

政府性基金预算应当根据基金项目收入情况和实际支出需要，按基金项目编制，做到以收定支。

第十条 国有资本经营预算是对国有资本收益作出支出安排的收支预算。

国有资本经营预算应当按照收支平衡的原则编制，不列赤字，并安排资金调入一般公共预算。

第十一条 社会保险基金预算是对社会保险缴款、一般公共预算安排和其他方式筹集的资金，专项用于社会保险的收支预算。

社会保险基金预算应当按照统筹层次和社会保险项目分别编制，做到收支平衡。

第十二条 各级预算应当遵循统筹兼顾、勤俭节约、量力而行、讲求绩效和收支平衡的原则。

各级政府应当建立跨年度预算平衡机制。

第十三条 经人民代表大会批准的预算，非经法定程序，不得调整。各级政府、各部门、各单位的支出必须以经批准的预算为依据，未列入预算的不得支出。

第十四条 经本级人民代表大会或者本级人民代表大会常务委员会批准的预算、预算调整、决算、预算执行情况的报告及报表，应当在批准后二十日内由本级政府财政部门向社会公开，并对本级政府财政转移支付安排、执行的情况以及举借债务的情况等重要事项作出说明。

经本级政府财政部门批复的部门预算、决算及报表，应当在批复后二十日内由各部门向社会公开，并对部门预算、决算中机关运行经费的安排、使用情况等重要事项作出说明。

各级政府、各部门、各单位应当将政府采购的情况及时向社会公开。

本条前三款规定的公开事项，涉及国家秘密的除外。

第十五条 国家实行中央和地方分税制。

第十六条 国家实行财政转移支付制度。财政转移支付应当规范、公平、公开，以推进地区间基本公共服务均等化为主要目标。

财政转移支付包括中央对地方的转移支付和地方上级政府对下级政府的转移支付，以为均衡地区间基本财力、由下级政府统筹安排使用的一般性转移支付为主体。

按照法律、行政法规和国务院的规定可以设立专项转移支付，用于办理特定事项。建立健全专项转移支付定期评估和退出机制。市场竞争机制能够有效调节的事项不得设立专项转移支付。

上级政府在安排专项转移支付时，不得要求下级政府承担配套资金。但是，按照国务院的规定应当由上下级政府共同承担的事项除外。

第十七条 各级预算的编制、执行应当建立健全相互制约、相互协调的机制。

第十八条 预算年度自公历1月1日起，至12月31日止。

第十九条 预算收入和预算支出以人民币元为计算单位。

第二章 预算管理职权

第二十条 全国人民代表大会审查中央和地方预算草案及中央和地方预算执行情况的报告；批准中央预算和中央预算执行情况的报告；改变或者撤销全国人民代表大会常务委员会关于预算、决算的不适当的决议。

全国人民代表大会常务委员会监督中央和地方预算的执行；审查和批准中央预算的调整方案；审查和批准中央决算；撤销国务院制定的同宪法、法律相抵触的关于预算、决算的行政法规、决定和命令；撤销省、自治区、直辖市人民代表大会及其常务委员会制定的同宪法、法律和行政法规相抵触的关于预算、决算的地方性法规和决议。

第二十一条 县级以上地方各级人民代表大会审查本级总预算草案及本级总预算执行情况的报告；批准本级预算和本级预算执行情况的报告；改变或者撤销本级人民代表大会常务委员会关于预算、决算的不适当的决议；撤销本级政府关于预算、决算的不适当的决定和命令。

县级以上地方各级人民代表大会常务委员会监督本级总预算的执行；审查和批准本级预算的调整方案；审查和批准本级决算；撤销本级政府和下一级人民代表大会及其常务委员会关于预算、决算的不适当的决定、命令和决议。

乡、民族乡、镇的人民代表大会审查和批准本级预算和本级预算执行情况的报告；监督本级预算的执行；审查和批准本级预算的调整方案；审查和批准本级决算；撤销本级政府关于预算、决算的不适当的决定和命令。

第二十二条 全国人民代表大会财政经济委员会对中央预算草案初步方案及上一年预算执行情况、中央预算调整初步方案和中央决算草案进行初步审查，提出初步审查意见。

省、自治区、直辖市人民代表大会有关专门委员会对本级预算草案初步方案及上一年预算执行情况、本级预算调整初步方案和本级决算草案进行初步审查，提出初步审查意见。

设区的市、自治州人民代表大会有关专门委员会对本级预算草案初步方案及上一年预算执行情况、本级预算调整初步方案和本级决算草案进行初步审查，提出初步审查意见，未设立专门委员会的，由本级人民代表大会常务委员会有关工作机构研究提出意见。

县、自治县、不设区的市、市辖区人民代表大会常务委员会对本级预算草案初步方案及上一年预算执行情况进行初步审查，提出初步审查意见。县、自治县、不设区的市、市辖区人民代表大会常务委员会有关工作机构对本级预算调整初步方案和本级决算草案研究提出意见。

设区的市、自治州以上各级人民代表大会有关专门委员会进行初步审查、常务委员会有关工作机构研究提出意见时，应当邀请本级人民代表大会代表参加。

对依照本条第一款至第四款规定提出的意见，本级政府财政部门应当将处理情况及时反馈。

依照本条第一款至第四款规定提出的意见以及本级政府财政部门反馈的处理情况报告，应当印发本级人民代表大会代表。

全国人民代表大会常务委员会和省、自治区、直辖市、设区的市、自治州人民代表大会常务委员会有关工作机构，依照本级人民代表大会常务委员会的决定，协助本级人民代表大会财政经济委员会或者有关专门委员会承担审查预算草案、预算调整方案、决算草案和监督预算执行等方面的具体工作。

第二十三条 国务院编制中央预算、决算草案；向全国人民代表大会作关于中央和地方预算草案的报告；将省、自治区、直辖市政府报送备案的预算汇总后报全国人民代表大会常务委员会备案；组织中央和地方预算的执行；决定中央预算预备费的动用；编制中央预算调整方案；监督中央各部门和地方政府的预算执行；改变或者撤销中央各部门和地方政府关于预算、决算的不适当的决定、命令；向全国人民代表大会、全国人民代表大会常务委员会报告中央和地方预算的执行情况。

第二十四条 县级以上地方各级政府编制本级预算、决算草案；向本级人民代表大会作关于本级总预算草案的报告；将下一级政府报送备案的预算汇总后报本级人民代表大会常务委员会备案；组织本级总预算的执行；决定本级预算预备费的动用；编制本级预算的调整方案；监督本级各部门和下级政府的预算执行；改变或者撤销本级各部门和下级政府关于预算、决算的不适当的决定、命令；向本级人民代表大会、本级人民代表大会常务委员会报告本级总预算的执行情况。

乡、民族乡、镇政府编制本级预算、决算草案；向本级人民代表大会作关于本级预算草案的报告；组织本级预算的执行；决定本级预算预备费的动用；编制本级预算的调整方案；向本级人民代表大会报告本级预算的执行情况。

经省、自治区、直辖市政府批准，乡、民族乡、镇本级预算草案、预算调整方案、决算草案，可以由上一级政府代编，并依照本法第二十一条的规定报乡、民族乡、镇的人民代表大会审查和批准。

第二十五条 国务院财政部门具体编制中央预算、决算草案；具体组织中央和地方预算的执行；提出中央预算预备费动用方案；具体编制中央预算的调整方案；定期向国务院报告中央和地方预算的执行情况。

地方各级政府财政部门具体编制本级预算、决算草案；具体组织本级总预算的执行；提出本级预算预备费动用方案；具体编制本级预算的调整方案；定期向本级政府和上一级政府财政部门报告本级总预算的执行情况。

第二十六条 各部门编制本部门预算、决算草案；组织和监督本部门预算的执行；定期向本级政府财政部门报告预算的执行情况。

各单位编制本单位预算、决算草案；按照国家规定上缴预算收入，安排预算支出，并接受国家有关部门的监督。

第三章　预算收支范围

第二十七条　一般公共预算收入包括各项税收收入、行政事业性收费收入、国有资源（资产）有偿使用收入、转移性收入和其他收入。

一般公共预算支出按照其功能分类，包括一般公共服务支出，外交、公共安全、国防支出，农业、环境保护支出，教育、科技、文化、卫生、体育支出，社会保障及就业支出和其他支出。

一般公共预算支出按照其经济性质分类，包括工资福利支出、商品和服务支出、资本性支出和其他支出。

第二十八条　政府性基金预算、国有资本经营预算和社会保险基金预算的收支范围，按照法律、行政法规和国务院的规定执行。

第二十九条　中央预算与地方预算有关收入和支出项目的划分、地方向中央上解收入、中央对地方税收返还或者转移支付的具体办法，由国务院规定，报全国人民代表大会常务委员会备案。

第三十条　上级政府不得在预算之外调用下级政府预算的资金。下级政府不得挤占或者截留属于上级政府预算的资金。

第四章　预 算 编 制

第三十一条　国务院应当及时下达关于编制下一年预算草案的通知。编制预算草案的具体事项由国务院财政部门部署。

各级政府、各部门、各单位应当按照国务院规定的时间编制预算草案。

第三十二条　各级预算应当根据年度经济社会发展目标、国家宏观调控总体要求和跨年度预算平衡的需要，参考上一年预算执行情况、有关支出绩效评价结果和本年度收支预测，按照规定程序征求各方面意见后，进行编制。

各级政府依据法定权限作出决定或者制定行政措施，凡涉及增加或者减少财政收入或者支出的，应当在预算批准前提出并在预算草案中作出相应安排。

各部门、各单位应当按照国务院财政部门制定的政府收支分类科目、预算支出标准和要求，以及绩效目标管理等预算编制规定，根据其依法履行职能和事业发展的需要以及存量资产情况，编制本部门、本单位预算草案。

前款所称政府收支分类科目，收入分为类、款、项、目；支出按其功能分类分为类、款、项，按其经济性质分类分为类、款。

第三十三条 省、自治区、直辖市政府应当按照国务院规定的时间，将本级总预算草案报国务院审核汇总。

第三十四条 中央一般公共预算中必需的部分资金，可以通过举借国内和国外债务等方式筹措，举借债务应当控制适当的规模，保持合理的结构。

对中央一般公共预算中举借的债务实行余额管理，余额的规模不得超过全国人民代表大会批准的限额。

国务院财政部门具体负责对中央政府债务的统一管理。

第三十五条 地方各级预算按照量入为出、收支平衡的原则编制，除本法另有规定外，不列赤字。

经国务院批准的省、自治区、直辖市的预算中必需的建设投资的部分资金，可以在国务院确定的限额内，通过发行地方政府债券举借债务的方式筹措。举借债务的规模，由国务院报全国人民代表大会或者全国人民代表大会常务委员会批准。省、自治区、直辖市依照国务院下达的限额举借的债务，列入本级预算调整方案，报本级人民代表大会常务委员会批准。举借的债务应当有偿还计划和稳定的偿还资金来源，只能用于公益性资本支出，不得用于经常性支出。

除前款规定外，地方政府及其所属部门不得以任何方式举借债务。

除法律另有规定外，地方政府及其所属部门不得为任何单位和个人的债务以任何方式提供担保。

国务院建立地方政府债务风险评估和预警机制、应急处置机制以及责任追究制度。国务院财政部门对地方政府债务实施监督。

第三十六条 各级预算收入的编制，应当与经济社会发展水平相适应，与财政政策相衔接。

各级政府、各部门、各单位应当依照本法规定，将所有政府收入全部列入预算，不得隐瞒、少列。

第三十七条 各级预算支出应当依照本法规定，按其功能和经济性质分类编制。

各级预算支出的编制，应当贯彻勤俭节约的原则，严格控制各部门、各单位的机关运行经费和楼堂馆所等基本建设支出。

各级一般公共预算支出的编制，应当统筹兼顾，在保证基本公共服务合理需要的前提下，优先安排国家确定的重点支出。

第三十八条 一般性转移支付应当按照国务院规定的基本标准和计算方法编制。专项转移支付应当分地区、分项目编制。

县级以上各级政府应当将对下级政府的转移支付预计数提前下达下级政府。

地方各级政府应当将上级政府提前下达的转移支付预计数编入本级预算。

第三十九条 中央预算和有关地方预算中应当安排必要的资金，用于扶助革命老区、民族地区、边疆地区、贫困地区发展经济社会建设事业。

第四十条 各级一般公共预算应当按照本级一般公共预算支出额的百分之一至百分之三设置预备费，用于当年预算执行中的自然灾害等突发事件处理增加的支出及其他难以预见的开支。

第四十一条 各级一般公共预算按照国务院的规定可以设置预算周转金，用于本级政府调剂预算年度内季节性收支差额。

各级一般公共预算按照国务院的规定可以设置预算稳定调节基金，用于弥补以后年度预算资金的不足。

第四十二条 各级政府上一年预算的结转资金，应当在下一年用于结转项目的支出；连续两年未用完的结转资金，应当作为结余资金管理。

各部门、各单位上一年预算的结转、结余资金按照国务院财政部门的规定办理。

第四十三条 中央预算由全国人民代表大会审查和批准。

地方各级预算由本级人民代表大会审查和批准。

第四十四条 国务院财政部门应当在每年全国人民代表大会会议举行的四十五日前，将中央预算草案的初步方案提交全国人民代表大会财政经济委员会进行初步审查。

省、自治区、直辖市政府财政部门应当在本级人民代表大会会议举行的三十日前，将本级预算草案的初步方案提交本级人民代表大会有关专门委员会进行初步审查。

设区的市、自治州政府财政部门应当在本级人民代表大会会议举行的三十日前，将本级预算草案的初步方案提交本级人民代表大会有关专门委员会进行初步审查，或者送交本级人民代表大会常务委员会有关工作机构征求意见。

县、自治县、不设区的市、市辖区政府应当在本级人民代表大会会议举行的三十日前，将本级预算草案的初步方案提交本级人民代表大会常务委员会进行初步审查。

第四十五条 县、自治县、不设区的市、市辖区、乡、民族乡、镇的人民代表大会举行会议审查预算草案前，应当采用多种形式，组织本级人民代表大会代表，听取选民和社会各界的意见。

第四十六条 报送各级人民代表大会审查和批准的预算草案应当细化。本级一般公共预算支出，按其功能分类应当编列到项；按其经济性质分类，基本支出应当编列到款。本级政府性基金预算、国有资本经营预算、社会保险基金预算支出，按其功能分类应当编列到项。

第五章 预算审查和批准

第四十七条 国务院在全国人民代表大会举行会议时，向大会作关于中央和地方预算草案以及中央和地方预算执行情况的报告。

地方各级政府在本级人民代表大会举行会议时，向大会作关于总预算草案和总预算执行情况的报告。

第四十八条 全国人民代表大会和地方各级人民代表大会对预算草案及其报告、预算执行情况的报告重点审查下列内容：

（一）上一年预算执行情况是否符合本级人民代表大会预算决议的要求；

（二）预算安排是否符合本法的规定；

（三）预算安排是否贯彻国民经济和社会发展的方针政策，收支政策是否切实可行；

（四）重点支出和重大投资项目的预算安排是否适当；

（五）预算的编制是否完整，是否符合本法第四十六条的规定；

（六）对下级政府的转移性支出预算是否规范、适当；

（七）预算安排举借的债务是否合法、合理，是否有偿还计划和稳定的偿还资金来源；

（八）与预算有关重要事项的说明是否清晰。

第四十九条 全国人民代表大会财政经济委员会向全国人民代表大会主席团提出关于中央和地方预算草案及中央和地方预算执行情况的审查结果报告。

省、自治区、直辖市、设区的市、自治州人民代表大会有关专门委员会，县、自治县、不设区的市、市辖区人民代表大会常务委员会，向本级人民代表大会主席团提出关于总预算草案及上一年总预算执行情况的审查结果报告。

审查结果报告应当包括下列内容：

（一）对上一年预算执行和落实本级人民代表大会预算决议的情况作出评价；

（二）对本年度预算草案是否符合本法的规定，是否可行作出评价；

（三）对本级人民代表大会批准预算草案和预算报告提出建议；

（四）对执行年度预算、改进预算管理、提高预算绩效、加强预算监督等提出意见和建议。

第五十条 乡、民族乡、镇政府应当及时将经本级人民代表大会批准的本级预算报上一级政府备案。县级以上地方各级政府应当及时将经本级人民代表大会批准的本级预算及下一级政府报送备案的预算汇总，报上一级政府备案。

县级以上地方各级政府将下一级政府依照前款规定报送备案的预算汇总后，报本级人民代表大会常务委员会备案。国务院将省、自治区、直辖市政府依照前款规定报送备案的预算汇总后，报全国人民代表大会常务委员会备案。

第五十一条 国务院和县级以上地方各级政府对下一级政府依照本法第四十条规定报送备案的预算，认为有同法律、行政法规相抵触或者有其他不适当之处，需要撤销批准预算的决议的，应当提请本级人民代表大会常务委员会审议决定。

第五十二条 各级预算经本级人民代表大会批准后，本级政府财政部门应当在二十日内向本级各部门批复预算。各部门应当在接到本级政府财政部门批复的本部门预算后十五日内向所属各单位批复预算。

中央对地方的一般性转移支付应当在全国人民代表大会批准预算后三十日内正式下达。中央对地方的专项转移支付应当在全国人民代表大会批准预算后九十日内正式下达。

省、自治区、直辖市政府接到中央一般性转移支付和专项转移支付后，应当在三十日内正式下达到本行政区域县级以上各级政府。

县级以上地方各级预算安排对下级政府的一般性转移支付和专项转移支付，应当分别在本级人民代表大会批准预算后的三十日和六十日内正式下达。

对自然灾害等突发事件处理的转移支付，应当及时下达预算；对据实结算等特殊项目的转移支付，可以分期下达预算，或者先预付后结算。

县级以上各级政府财政部门应当将批复本级各部门的预算和批复下级政府的转移支付预算，抄送本级人民代表大会财政经济委员会、有关专门委员会和常务委员会有关工作机构。

第六章　预 算 执 行

第五十三条 各级预算由本级政府组织执行，具体工作由本级政府财政部门负责。

各部门、各单位是本部门、本单位的预算执行主体，负责本部门、本单位的预算执行，并对执行结果负责。

第五十四条 预算年度开始后，各级预算草案在本级人民代表大会批准前，可以安排下列支出：

（一）上一年度结转的支出；

（二）参照上一年同期的预算支出数额安排必须支付的本年度部门基本支出、项目支出，以及对下级政府的转移性支出；

（三）法律规定必须履行支付义务的支出，以及用于自然灾害等突发事件处理的支出。

根据前款规定安排支出的情况，应当在预算草案的报告中作出说明。

预算经本级人民代表大会批准后，按照批准的预算执行。

第五十五条 预算收入征收部门和单位，必须依照法律、行政法规的规定，及时、足额征收应征的预算收入。不得违反法律、行政法规规定，多征、提前征收或者减征、免征、缓征应征的预算收入，不得截留、占用或者挪用预算收入。

各级政府不得向预算收入征收部门和单位下达收入指标。

第五十六条 政府的全部收入应当上缴国家金库（以下简称国库），任何部门、单位和个人不得截留、占用、挪用或者拖欠。

对于法律有明确规定或者经国务院批准的特定专用资金，可以依照国务院的规定设立财政专户。

第五十七条 各级政府财政部门必须依照法律、行政法规和国务院财政部门的规定，及时、足额地拨付预算支出资金，加强对预算支出的管理和监督。

各级政府、各部门、各单位的支出必须按照预算执行，不得虚假列支。

各级政府、各部门、各单位应当对预算支出情况开展绩效评价。

第五十八条 各级预算的收入和支出实行收付实现制。

特定事项按照国务院的规定实行权责发生制的有关情况，应当向本级人民代表大会常务委员会报告。

第五十九条 县级以上各级预算必须设立国库；具备条件的乡、民族乡、镇也应当设立国库。

中央国库业务由中国人民银行经理，地方国库业务依照国务院的有关规定办理。

各级国库应当按照国家有关规定，及时准确地办理预算收入的收纳、划分、留解、退付和预算支出的拨付。

各级国库库款的支配权属于本级政府财政部门。除法律、行政法规另有规定外，未经本级政府财政部门同意，任何部门、单位和个人都无权冻结、动用国库库款或者以其他方式支配已入国库的库款。

各级政府应当加强对本级国库的管理和监督，按照国务院的规定完善国库现金管理，合理调节国库资金余额。

各级政府应当加强对本级国库的管理和监督。

第六十条　已经缴入国库的资金，依照法律、行政法规的规定或者国务院的决定需要退付的，各级政府财政部门或者其授权的机构应当及时办理退付。按照规定应当由财政支出安排的事项，不得用退库处理。

第六十一条　国家实行国库集中收缴和集中支付制度，对政府全部收入和支出实行国库集中收付管理。

第六十二条　各级政府应当加强对预算执行的领导，支持政府财政、税务、海关等预算收入的征收部门依法组织预算收入，支持政府财政部门严格管理预算支出。

财政、税务、海关等部门在预算执行中，应当加强对预算执行的分析；发现问题时应当及时建议本级政府采取措施予以解决。

第六十三条　各部门、各单位应当加强对预算收入和支出的管理，不得截留或者动用应当上缴的预算收入，不得擅自改变预算支出的用途。

第六十四条　各级预算预备费的动用方案，由本级政府财政部门提出，报本级政府决定。

第六十五条　各级预算周转金由本级政府财政部门管理，不得挪作他用。

第六十六条　各级一般公共预算年度执行中有超收收入的，只能用于冲减赤字或者补充预算稳定调节基金。

各级一般公共预算的结余资金，应当补充预算稳定调节基金。

省、自治区、直辖市一般公共预算年度执行中出现短收，通过调入预算稳定调节基金、减少支出等方式仍不能实现收支平衡的，省、自治区、直辖市政府报本级人民代表大会或者其常务委员会批准，可以增列赤字，报国务院财政部门备案，并应当在下一年度预算中予以弥补。

第七章　预算调整

第六十七条　经全国人民代表大会批准的中央预算和经地方各级人民代表大会批准的地方各级预算，在执行中出现下列情况之一的，应当进行预算调整：

（一）需要增加或者减少预算总支出的；

（二）需要调入预算稳定调节基金的；

（三）需要调减预算安排的重点支出数额的；

（四）需要增加举借债务数额的。

第六十八条 在预算执行中，各级政府一般不制定新的增加财政收入或者支出的政策和措施，也不制定减少财政收入的政策和措施；必须作出并需要进行预算调整的，应当在预算调整方案中作出安排。

第六十九条 在预算执行中，各级政府对于必须进行的预算调整，应当编制预算调整方案。预算调整方案应当说明预算调整的理由、项目和数额。

在预算执行中，由于发生自然灾害等突发事件，必须及时增加预算支出的，应当先动支预备费；预备费不足支出的，各级政府可以先安排支出，属于预算调整的，列入预算调整方案。

国务院财政部门应当在全国人民代表大会常务委员会举行会议审查和批准预算调整方案的三十日前，将预算调整初步方案送交全国人民代表大会财政经济委员会进行初步审查。

省、自治区、直辖市政府财政部门应当在本级人民代表大会常务委员会举行会议审查和批准预算调整方案的三十日前，将预算调整初步方案送交本级人民代表大会有关专门委员会进行初步审查。

设区的市、自治州政府财政部门应当在本级人民代表大会常务委员会举行会议审查和批准预算调整方案的三十日前，将预算调整初步方案送交本级人民代表大会有关专门委员会进行初步审查，或者送交本级人民代表大会常务委员会有关工作机构征求意见。

县、自治县、不设区的市、市辖区政府财政部门应当在本级人民代表大会常务委员会举行会议审查和批准预算调整方案的三十日前，将预算调整初步方案送交本级人民代表大会常务委员会有关工作机构征求意见。

中央预算的调整方案应当提请全国人民代表大会常务委员会审查和批准。县级以上地方各级预算的调整方案应当提请本级人民代表大会常务委员会审查和批准；乡、民族乡、镇预算的调整方案应当提请本级人民代表大会审查和批准。未经批准，不得调整预算。

第七十条 经批准的预算调整方案，各级政府应当严格执行。未经本法第六十九条规定的程序，各级政府不得作出预算调整的决定。

对违反前款规定作出的决定，本级人民代表大会、本级人民代表大会常务委员会会或者上级政府应当责令其改变或者撤销。

第七十一条 在预算执行中，地方各级政府因上级政府增加不需要本级政府提供配套资金的专项转移支付而引起的预算支出变化，不属于预算调整。

接受增加专项转移支付的县级以上地方各级政府应当向本级人民代表大会常务委员会报告有关情况；接受增加专项转移支付的乡、民族乡、镇政府应当向本级人民代表大会报告有关情况。

第七十二条 各部门、各单位的预算支出应当按照预算科目执行。严格控制不同预算科目、预算级次或者项目间的预算资金的调剂，确需调剂使用的，按照国务院财政部门的规定办理。

第七十三条 地方各级预算的调整方案经批准后，由本级政府报上一级政府备案。

第八章 决 算

第七十四条 决算草案由各级政府、各部门、各单位，在每一预算年度终了后按照国务院规定的时间编制。

编制决算草案的具体事项，由国务院财政部门部署。

第七十五条 编制决算草案，必须符合法律、行政法规，做到收支真实、数额准确、内容完整、报送及时。

决算草案应当与预算相对应，按预算数、调整预算数、决算数分别列出。一般公共预算支出应当按其功能分类编列到项，按其经济性质分类编列到款。

第七十六条 各部门对所属各单位的决算草案，应当审核并汇总编制本部门的决算草案，在规定的期限内报本级政府财政部门审核。

各级政府财政部门对本级各部门决算草案审核后发现有不符合法律、行政法规规定的，有权予以纠正。

第七十七条 国务院财政部门编制中央决算草案，经国务院审计部门审计后，报国务院审定，由国务院提请全国人民代表大会常务委员会审查和批准。

县级以上地方各级政府财政部门编制本级决算草案，经本级政府审计部门审计后，报本级政府审定，由本级政府提请本级人民代表大会常务委员会审查和批准。

乡、民族乡、镇政府编制本级决算草案，提请本级人民代表大会审查和批准。

第七十八条 国务院财政部门应当在全国人民代表大会常务委员会举行会

议审查和批准中央决算草案的三十日前，将上一年度中央决算草案提交全国人民代表大会财政经济委员会进行初步审查。

省、自治区、直辖市政府财政部门应当在本级人民代表大会常务委员会举行会议审查和批准本级决算草案的三十日前，将上一年度本级决算草案提交本级人民代表大会有关专门委员会进行初步审查。

设区的市、自治州政府财政部门应当在本级人民代表大会常务委员会举行会议审查和批准本级决算草案的三十日前，将上一年度本级决算草案提交本级人民代表大会有关专门委员会进行初步审查，或者送交本级人民代表大会常务委员会有关工作机构征求意见。

县、自治县、不设区的市、市辖区政府财政部门应当在本级人民代表大会常务委员会举行会议审查和批准本级决算草案的三十日前，将上一年度本级决算草案送交本级人民代表大会常务委员会有关工作机构征求意见。

全国人民代表大会财政经济委员会和省、自治区、直辖市、设区的市、自治州人民代表大会有关专门委员会，向本级人民代表大会常务委员会提出关于本级决算草案的审查结果报告。

第七十九条 县级以上各级人民代表大会常务委员会和乡、民族乡、镇人民代表大会对本级决算草案，重点审查下列内容：

（一）预算收入情况；

（二）支出政策实施情况和重点支出、重大投资项目资金的使用及绩效情况；

（三）结转资金的使用情况；

（四）资金结余情况；

（五）本级预算调整及执行情况；

（六）财政转移支付安排执行情况；

（七）经批准举借债务的规模、结构、使用、偿还等情况；

（八）本级预算周转金规模和使用情况；

（九）本级预备费使用情况；

（十）超收收入安排情况，预算稳定调节基金的规模和使用情况；

（十一）本级人民代表大会批准的预算决议落实情况；

（十二）其他与决算有关的重要情况。

县级以上各级人民代表大会常务委员会应当结合本级政府提出的上一年度预算执行和其他财政收支的审计工作报告，对本级决算草案进行审查。

第八十条 各级决算经批准后，财政部门应当在二十日内向本级各部门批复决算。各部门应当在接到本级政府财政部门批复的本部门决算后十五日内向所属单位批复决算。

第八十一条 地方各级政府应当将经批准的决算及下一级政府上报备案的决算汇总，报上一级政府备案。

县级以上各级政府应当将下一级政府报送备案的决算汇总后，报本级人民代表大会常务委员会备案。

第八十二条 国务院和县级以上地方各级政府对下一级政府依照本法第六十四条规定报送备案的决算，认为有同法律、行政法规相抵触或者有其他不适当之处，需要撤销批准该项决算的决议的，应当提请本级人民代表大会常务委员会审议决定；经审议决定撤销的，该下级人民代表大会常务委员会应当责成本级政府依照本法规定重新编制决算草案，提请本级人民代表大会常务委员会审查和批准。

第九章　监　　督

第八十三条 全国人民代表大会及其常务委员会对中央和地方预算、决算进行监督。

县级以上地方各级人民代表大会及其常务委员会对本级和下级预算、决算进行监督。

乡、民族乡、镇人民代表大会对本级预算、决算进行监督。

第八十四条 各级人民代表大会和县级以上各级人民代表大会常务委员会有权就预算、决算中的重大事项或者特定问题组织调查，有关的政府、部门、单位和个人应当如实反映情况和提供必要的材料。

第八十五条 各级人民代表大会和县级以上各级人民代表大会常务委员会举行会议时，人民代表大会代表或者常务委员会组成人员，依照法律规定程序就预算、决算中的有关问题提出询问或者质询，受询问或者受质询的有关的政府或者财政部门必须及时给予答复。

第八十六条 国务院和县级以上地方各级政府应当在每年六月至九月期间向本级人民代表大会常务委员会报告预算执行情况。

第八十七条 各级政府监督下级政府的预算执行；下级政府应当定期向上一级政府报告预算执行情况。

第八十八条 各级政府财政部门负责监督检查本级各部门及其所属各单位

预算的编制、执行，并向本级政府和上一级政府财政部门报告预算执行情况。

第八十九条 县级以上政府审计部门依法对预算执行、决算实行审计监督。对预算执行和其他财政收支的审计工作报告应当向社会公开。

第九十条 政府各部门负责监督检查所属各单位的预算执行，及时向本级政府财政部门反映本部门预算执行情况，依法纠正违反预算的行为。

第九十一条 公民、法人或者其他组织发现有违反本法的行为，可以依法向有关国家机关进行检举、控告。

接受检举、控告的国家机关应当依法进行处理，并为检举人、控告人保密。任何单位或者个人不得压制和打击报复检举人、控告人。

第十章　法律责任

第九十二条 各级政府及有关部门有下列行为之一的，责令改正，对负有直接责任的主管人员和其他直接责任人员追究行政责任：

（一）未依照本法规定，编制、报送预算草案、预算调整方案、决算草案和部门预算、决算以及批复预算、决算的；

（二）违反本法规定，进行预算调整的；

（三）未依照本法规定对有关预算事项进行公开和说明的；

（四）违反规定设立政府性基金项目和其他财政收入项目的；

（五）违反法律、法规规定使用预算预备费、预算周转金、预算稳定调节基金、超收收入的；

（六）违反本法规定开设财政专户的。

第九十三条 各级政府及有关部门、单位有下列行为之一的，责令改正，对负有直接责任的主管人员和其他直接责任人员依法给予降级、撤职、开除的处分：

（一）未将所有政府收入和支出列入预算或者虚列收入和支出的；

（二）违反法律、行政法规的规定，多征、提前征收或者减征、免征、缓征应征预算收入的；

（三）截留、占用、挪用或者拖欠应当上缴国库的预算收入的；

（四）违反本法规定，改变预算支出用途的；

（五）擅自改变上级政府专项转移支付资金用途的；

（六）违反本法规定拨付预算支出资金，办理预算收入收纳、划分、留解、退付，或者违反本法规定冻结、动用国库库款或者以其他方式支配已入国库库款的。

第九十四条　各级政府、各部门、各单位违反本法规定举借债务或者为他人债务提供担保，或者挪用重点支出资金，或者在预算之外及超预算标准建设楼堂馆所的，责令改正，对负有直接责任的主管人员和其他直接责任人员给予撤职、开除的处分。

第九十五条　各级政府有关部门、单位及其工作人员有下列行为之一的，责令改正，追回骗取、使用的资金，有违法所得的没收违法所得，对单位给予警告或者通报批评；对负有直接责任的主管人员和其他直接责任人员依法给予处分：

（一）违反法律、法规的规定，改变预算收入上缴方式的；

（二）以虚报、冒领等手段骗取预算资金的；

（三）违反规定扩大开支范围、提高开支标准的；

（四）其他违反财政管理规定的行为。

第九十六条　本法第九十二条、第九十三条、第九十四条、第九十五条所列违法行为，其他法律对其处理、处罚另有规定的，依照其规定。

违反本法规定，构成犯罪的，依法追究刑事责任。

第十一章　附　则

第九十七条　各级政府财政部门应当按年度编制以权责发生制为基础的政府综合财务报告，报告政府整体财务状况、运行情况和财政中长期可持续性，报本级人民代表大会常务委员会备案。

第九十八条　国务院根据本法制定实施条例。

第九十九条　民族自治地方的预算管理，依照民族区域自治法的有关规定执行；民族区域自治法没有规定的，依照本法和国务院的有关规定执行。

第一百条　省、自治区、直辖市人民代表大会或者其常务委员会根据本法，可以制定有关预算审查监督的决定或者地方性法规。

第一百零一条　本法自1995年1月1日施行。1991年10月21日国务院发布的《国家预算管理条例》同时废止。

国务院关于加强地方政府性债务管理的意见

国发〔2014〕43 号

各省、自治区、直辖市人民政府，国务院各部委、各直属机构：

为加强地方政府性债务管理，促进国民经济持续健康发展，根据党的十八大、十八届三中全会精神，现提出以下意见：

一、总体要求

（一）指导思想。以邓小平理论、"三个代表"重要思想、科学发展观为指导，全面贯彻落实党的十八大、十八届三中全会精神，按照党中央、国务院决策部署，建立"借、用、还"相统一的地方政府性债务管理机制，有效发挥地方政府规范举债的积极作用，切实防范化解财政金融风险，促进国民经济持续健康发展。

（二）基本原则。

疏堵结合。修明渠、堵暗道，赋予地方政府依法适度举债融资权限，加快建立规范的地方政府举债融资机制。同时，坚决制止地方政府违法违规举债。

分清责任。明确政府和企业的责任，政府债务不得通过企业举借，企业债务不得推给政府偿还，切实做到谁借谁还、风险自担。政府与社会资本合作的，按约定规则依法承担相关责任。

规范管理。对地方政府债务实行规模控制，严格限定政府举债程序和资金用途，把地方政府债务分门别类纳入全口径预算管理，实现"借、用、还"相统一。

防范风险。牢牢守住不发生区域性和系统性风险的底线，切实防范和化解财政金融风险。

稳步推进。加强债务管理，既要积极推进，又要谨慎稳健。在规范管理的同时，要妥善处理存量债务，确保在建项目有序推进。

二、加快建立规范的地方政府举债融资机制

（一）赋予地方政府依法适度举债权限。经国务院批准，省、自治区、直

辖市政府可以适度举借债务，市县级政府确需举借债务的由省、自治区、直辖市政府代为举借。明确划清政府与企业界限，政府债务只能通过政府及其部门举借，不得通过企事业单位等举借。

（二）建立规范的地方政府举债融资机制。地方政府举债采取政府债券方式。没有收益的公益性事业发展确需政府举借一般债务的，由地方政府发行一般债券融资，主要以一般公共预算收入偿还。有一定收益的公益性事业发展确需政府举借专项债务的，由地方政府通过发行专项债券融资，以对应的政府性基金或专项收入偿还。

（三）推广使用政府与社会资本合作模式。鼓励社会资本通过特许经营等方式，参与城市基础设施等有一定收益的公益性事业投资和运营。政府通过特许经营权、合理定价、财政补贴等事先公开的收益约定规则，使投资者有长期稳定收益。投资者按照市场化原则出资，按约定规则独自或与政府共同成立特别目的公司建设和运营合作项目。投资者或特别目的公司可以通过银行贷款、企业债、项目收益债券、资产证券化等市场化方式举债并承担偿债责任。政府对投资者或特别目的公司按约定规则依法承担特许经营权、合理定价、财政补贴等相关责任，不承担投资者或特别目的公司的偿债责任。

（四）加强政府或有债务监管。剥离融资平台公司政府融资职能，融资平台公司不得新增政府债务。地方政府新发生或有债务，要严格限定在依法担保的范围内，并根据担保合同依法承担相关责任。地方政府要加强对或有债务的统计分析和风险防控，做好相关监管工作。

三、对地方政府债务实行规模控制和预算管理

（一）对地方政府债务实行规模控制。地方政府债务规模实行限额管理，地方政府举债不得突破批准的限额。地方政府一般债务和专项债务规模纳入限额管理，由国务院确定并报全国人大或其常委会批准，分地区限额由财政部在全国人大或其常委会批准的地方政府债务规模内根据各地区债务风险、财力状况等因素测算并报国务院批准。

（二）严格限定地方政府举债程序和资金用途。地方政府在国务院批准的分地区限额内举借债务，必须报本级人大或其常委会批准。地方政府不得通过企事业单位等举借债务。地方政府举借债务要遵循市场化原则。建立地方政府信用评级制度，逐步完善地方政府债券市场。地方政府举借的债务，只能用于公益性资本支出和适度归还存量债务，不得用于经常性支出。

（三）把地方政府债务分门别类纳入全口径预算管理。地方政府要将一般债务收支纳入一般公共预算管理，将专项债务收支纳入政府性基金预算管理，将政府与社会资本合作项目中的财政补贴等支出按性质纳入相应政府预算管理。地方政府各部门、各单位要将债务收支纳入部门和单位预算管理。或有债务确需地方政府或其部门、单位依法承担偿债责任的，偿债资金要纳入相应预算管理。

四、控制和化解地方政府性债务风险

（一）建立地方政府性债务风险预警机制。财政部根据各地区一般债务、专项债务、或有债务等情况，测算债务率、新增债务率、偿债率、逾期债务率等指标，评估各地区债务风险状况，对债务高风险地区进行风险预警。列入风险预警范围的债务高风险地区，要积极采取措施，逐步降低风险。债务风险相对较低的地区，要合理控制债务余额的规模和增长速度。

（二）建立债务风险应急处置机制。要硬化预算约束，防范道德风险，地方政府对其举借的债务负有偿还责任，中央政府实行不救助原则。各级政府要制定应急处置预案，建立责任追究机制。地方政府出现偿债困难时，要通过控制项目规模、压缩公用经费、处置存量资产等方式，多渠道筹集资金偿还债务。地方政府难以自行偿还债务时，要及时上报，本级和上级政府要启动债务风险应急处置预案和责任追究机制，切实化解债务风险，并追究相关人员责任。

（三）严肃财经纪律。建立对违法违规融资和违规使用政府性债务资金的惩罚机制，加大对地方政府性债务管理的监督检查力度。地方政府及其所属部门不得在预算之外违法违规举借债务，不得以支持公益性事业发展名义举借债务用于经常性支出或楼堂馆所建设，不得挪用债务资金或改变既定资金用途；对企业的注资、财政补贴等行为必须依法合规，不得违法为任何单位和个人的债务以任何方式提供担保；不得违规干预金融机构等正常经营活动，不得强制金融机构等提供政府性融资。地方政府要进一步规范土地出让管理，坚决制止违法违规出让土地及融资行为。

五、完善配套制度

（一）完善债务报告和公开制度。完善地方政府性债务统计报告制度，加快建立权责发生制的政府综合财务报告制度，全面反映政府的资产负债情况。对于中央出台的重大政策措施如棚户区改造等形成的政府性债务，应当单独统计、单独核算、单独检查、单独考核。建立地方政府性债务公开制度，加强政府信用体系建设。各地区要定期向社会公开政府性债务及其项目建设情况，自觉接受社会监督。

（二）建立考核问责机制。把政府性债务作为一个硬指标纳入政绩考核。明确责任落实，各省、自治区、直辖市政府要对本地区地方政府性债务负责任。强化教育和考核，纠正不正确的政绩导向。对脱离实际过度举债、违法违规举债或担保、违规使用债务资金、恶意逃废债务等行为，要追究相关责任人责任。

（三）强化债权人约束。金融机构等不得违法违规向地方政府提供融资，不得要求地方政府违法违规提供担保。金融机构等购买地方政府债券要符合监管规定，向属于政府或有债务举借主体的企业法人等提供融资要严格规范信贷管理，切实加强风险识别和风险管理。金融机构等违法违规提供政府性融资的，应自行承担相应损失，并按照商业银行法、银行业监督管理法等法律法规追究相关机构和人员的责任。

六、妥善处理存量债务和在建项目后续融资

（一）抓紧将存量债务纳入预算管理。以 2013 年政府性债务审计结果为基础，结合审计后债务增减变化情况，经债权人与债务人共同协商确认，对地方政府性债务存量进行甄别。对地方政府及其部门举借的债务，相应纳入一般债务和专项债务。对企事业单位举借的债务，凡属于政府应当偿还的债务，相应纳入一般债务和专项债务。地方政府将甄别后的政府存量债务逐级汇总上报国务院批准后，分类纳入预算管理。纳入预算管理的债务原有债权债务关系不变，偿债资金要按照预算管理要求规范管理。

（二）积极降低存量债务利息负担。对甄别后纳入预算管理的地方政府存量债务，各地区可申请发行地方政府债券置换，以降低利息负担，优化期限结构，腾出更多资金用于重点项目建设。

（三）妥善偿还存量债务。处置到期存量债务要遵循市场规则，减少行政干预。对项目自身运营收入能够按时还本付息的债务，应继续通过项目收入偿还。对项目自身运营收入不足以还本付息的债务，可以通过依法注入优质资产、加强经营管理、加大改革力度等措施，提高项目盈利能力，增强偿债能力。地方政府应指导和督促有关债务举借单位加强财务管理、拓宽偿债资金渠道、统筹安排偿债资金。对确需地方政府偿还的债务，地方政府要切实履行偿债责任，必要时可以处置政府资产偿还债务。对确需地方政府履行担保或救助责任的债

务，地方政府要切实依法履行协议约定，作出妥善安排。有关债务举借单位和连带责任人要按照协议认真落实偿债责任，明确偿债时限，按时还本付息，不得单方面改变原有债权债务关系，不得转嫁偿债责任和逃废债务。对确已形成损失的存量债务，债权人应按照商业化原则承担相应责任和损失。

（四）确保在建项目后续融资。地方政府要统筹各类资金，优先保障在建项目续建和收尾。对使用债务资金的在建项目，原贷款银行等要重新进行审核，凡符合国家有关规定的项目，要继续按协议提供贷款，推进项目建设；对在建项目确实没有其他建设资金来源的，应主要通过政府与社会资本合作模式和地方政府债券解决后续融资。

七、加强组织领导

各地区、各部门要高度重视，把思想和行动统一到党中央、国务院决策部署上来。地方政府要切实担负起加强地方政府性债务管理、防范化解财政金融风险的责任，结合实际制定具体方案，政府主要负责人要作为第一责任人，认真抓好政策落实。要建立地方政府性债务协调机制，统筹加强地方政府性债务管理。财政部门作为地方政府性债务归口管理部门，要完善债务管理制度，充实债务管理力量，做好债务规模控制、债券发行、预算管理、统计分析和风险监控等工作；发展改革部门要加强政府投资计划管理和项目审批，从严审批债务风险较高地区的新开工项目；金融监管部门要加强监管、正确引导，制止金融机构等违法违规提供融资；审计部门要依法加强对地方政府性债务的审计监督，促进完善债务管理制度，防范风险，规范管理，提高资金使用效益。各地区、各部门要切实履行职责，加强协调配合，全面做好加强地方政府性债务管理各项工作，确保政策贯彻落实到位。

国务院

2014 年 9 月 21 日

关于对地方政府债务实行限额管理的实施意见

财预〔2015〕225号

各省、自治区、直辖市、计划单列市人民政府：

为进一步规范地方政府债务管理，更好发挥政府债务促进经济社会发展的积极作用，防范和化解财政金融风险，根据预算法、《国务院关于加强地方政府性债务管理的意见》（国发〔2014〕43号）和全国人民代表大会常务委员会批准的国务院关于提请审议批准2015年地方政府债务限额的议案有关要求，经国务院同意，现就地方政府债务限额管理提出以下实施意见：

一、切实加强地方政府债务限额管理

（一）合理确定地方政府债务总限额。对地方政府债务余额实行限额管理。年度地方政府债务限额等于上年地方政府债务限额加上当年新增债务限额（或减去当年调减债务限额），具体分为一般债务限额和专项债务限额。

地方政府债务总限额由国务院根据国家宏观经济形势等因素确定，并报全国人民代表大会批准。年度预算执行中，如出现下列特殊情况需要调整地方政府债务新增限额，由国务院提请全国人大常委会审批：当经济下行压力大、需要实施积极财政政策时，适当扩大当年新增债务限额；当经济形势好转、需要实施稳健财政政策或适度从紧财政政策时，适当削减当年新增债务限额或在上年债务限额基础上合理调减限额。

（二）逐级下达分地区地方政府债务限额。各省、自治区、直辖市政府债务限额，由财政部在全国人大或其常委会批准的总限额内，根据债务风险、财力状况等因素并统筹考虑国家宏观调控政策、各地区建设投资需求等提出方案，报国务院批准后下达各省级财政部门。

省级财政部门依照财政部下达的限额，提出本地区政府债务安排建议，编制预算调整方案，经省级政府报本级人大常委会批准；根据债务风险、财力状况等因素并统筹本地区建设投资需求提出省本级及所属各市县当年政府债务限额，报省级政府批准后下达各市县级政府。市县级政府确需举借债务的，依照经批准的限额提出本地区当年政府债务举借和使用计划，列入预算调整方案，报本级人大常委会批准，报省级政府备案并由省级政府代为举借。

（三）严格按照限额举借地方政府债务。省级财政部门在批准的地方政府债务限额内，统筹考虑地方政府负有偿还责任的中央转贷外债情况，合理安排地方政府债券的品种、结构、期限和时点，做好政府债券的发行兑付工作。中央和省级财政部门每半年向本级人大有关专门委员会书面报告地方政府债券发行和兑付等情况。对 2015 年地方政府债务限额下达前举借的在建项目后续贷款中需要纳入政府债务的，由各地在 2015 年地方政府债务限额内调整结构解决。今后，需要纳入政府债务的在建项目后续融资需求在确定每年新增地方政府债务限额时统筹考虑，依法通过发行地方政府债券举借。地方政府新发生或有债务，要严格限定在依法担保的外债转贷范围内，并根据担保合同依法承担相关责任。

（四）将地方政府债务分类纳入预算管理。地方政府要将其所有政府债务纳入限额，并分类纳入预算管理。其中，一般债务纳入一般公共预算管理，主要以一般公共预算收入偿还，当赤字不能减少时可采取借新还旧的办法。专项债务纳入政府性基金预算管理，通过对应的政府性基金或专项收入偿还；政府性基金或专项收入暂时难以实现，如收储土地未能按计划出让的，可先通过借新还旧周转，收入实现后即予归还。

二、建立健全地方政府债务风险防控机制

（一）全面评估和预警地方政府债务风险。地方各级政府要全面掌握资产负债、还本付息、财政运行等情况，加快建立政府综合财务报告制度，全面评估风险状况，跟踪风险变化，切实防范风险。中央和省级财政部门要加强对地方政府债务的监督，根据债务率、新增债务率、偿债率、逾期债务率、或有债务代偿率等指标，及时分析和评估地方政府债务风险状况，对债务高风险地区进行风险预警。

（二）抓紧建立债务风险化解和应急处置机制。各省、自治区、直辖市政府要对本地区地方政府债务风险防控负总责，建立债务风险化解激励约束机制，全面组织做好债务风险化解和应急处置工作。列入风险预警范围的地方各级政府要制订中长期债务风险化解规划和应急处置预案，在严格控制债务增量的同时，通过控制项目规模、减少支出、处置资产、引入社会资本等方式，多渠道筹集资金消化存量债务，逐步降低债务风险。市县级政府难以自行偿还债务时，要启动债务风险应急处置预案并及时上报；省级政府要加大对市县级政府债务风险应急处置的指导力度，并督促其切实化解债务风险，确保不发生区域性和系统性风险。

（三）健全地方政府债务监督和考核问责机制。地方各级政府要主动接受本级人大和社会监督，定期向社会公开政府债务限额、举借、使用、偿还等情况。地方政府举债要遵循市场化原则，强化市场约束。审计部门要依法加强债务审计监督，财政部门要加大对地方政府违规举债及债务风险的监控力度。要将政府债务管理作为硬指标纳入政绩考核，强化对地方政府领导干部的考核。地方政府主要负责人要作为第一责任人，切实抓好本级政府债务风险防控等各项工作。对地方政府防范化解政府债务风险不力的，要进行约谈、通报，必要时可以责令其减少或暂停举借新债。对地方政府违法举债或担保的，责令改正，并按照预算法规定追究相关人员责任。

三、妥善处理存量债务

（一）切实履行政府债务偿还责任。对甄别后纳入预算管理的地方政府存量债务，属于公益性项目债务的，由地方政府统筹安排包括债券资金在内的预算资金偿还，必要时可以处置政府资产；属于非公益性项目债务的，由举借债务的部门和单位通过压减预算支出等措施偿还，暂时难以压减的可用财政资金先行垫付，并在以后年度部门和单位预算中扣回。取消融资平台公司的政府融资职能，推动有经营收益和现金流的融资平台公司市场化转型改制，通过政府和社会资本合作（PPP）、政府购买服务等措施予以支持。

地方政府存量债务中通过银行贷款等非政府债券方式举借部分，通过三年左右的过渡期，由省级财政部门在限额内安排发行地方政府债券置换。为避免地方竞相发债对市场产生冲击，财政部根据债务到期、债务风险等情况予以组织协调，并继续会同人民银行、银监会等有关部门做好定向承销发行置换债券等工作。

（二）依法妥善处置或有债务。对政府负有担保责任或可能承担一定救助责任的或有债务，地方政府要依法妥善处置。对确需依法代偿的或有债务，地方政府要将代偿部分的资金纳入预算管理，并依法对原债务单位及有关责任方保留追索权；对因预算管理方式变化导致原偿债资金性质变化为财政资金、相应确需转化为政府债务的或有债务，在不突破限额的前提下，报经省级政府批准后转化为政府债务；对违法违规担保的或有债务，由政府、债务人与债权人共同协商，重新修订合同，明确责任，依法解除担保关系。地方政府通过政府和社会资本合作等方式减少政府债务余额腾出的限额空间，要优先用于解决上述或有债务代偿或转化问题。

各地区、各部门要进一步统一思想认识，高度重视，严格执行地方政府债务管理的各项规定，结合本地区、本部门实际，明确任务分工、落实工作职责，积极研究解决新问题，及时总结经验做法，加强舆论引导，切实发挥规范地方政府债务管理对"稳增长"和"防风险"的积极作用，推动各项政策措施落实到位。

财政部

2015 年 12 月 21 日

关于印发《地方政府专项债券发行管理暂行办法》的通知

财库〔2015〕83 号

各省、自治区、直辖市、计划单列市财政厅（局、委）：

为加强地方政府债务管理，规范地方政府专项债券发行行为，保护投资者等合法权益，根据《预算法》《国务院关于加强地方政府性债务管理的意见》（国发〔2014〕43 号）和《财政部关于印发〈2015 年地方政府专项债券预算管理办法〉的通知》（财预〔2015〕32 号），我们制定了《地方政府专项债券发行管理暂行办法》。现印发给你们，请遵照执行。

财政部
2015 年 4 月 2 日

附件：

地方政府专项债券发行管理暂行办法

第一条 加强地方政府债务管理，规范地方政府专项债券发行行为，保护投资者等合法权益，根据《预算法》《国务院关于加强地方政府性债务管理的意见》（国发〔2014〕43 号）和国家有关规定，制定本办法。

第二条 地方政府专项债券（以下简称专项债券）是指省、自治区、直辖市政府（含经省级政府批准自办债券发行的计划单列市政府）为有一定收益的公益性项目发行的、约定一定期限内以公益性项目对应的政府性基金或专项收入还本付息的政府债券。

第三条 专项债券采用记账式固定利率附息形式。

第四条 单只专项债券应当以单项政府性基金或专项收入为偿债来源。单只专项债券可以对应单一项目发行，也可以对应多个项目集合发行。

第五条 专项债券期限为 1 年、2 年、3 年、5 年、7 年和 10 年，由各地综合考虑项目建设、运营、回收周期和债券市场状况等合理确定，但 7 年和 10 年期债券的合计发行规模不得超过专项债券全年发行规模的 50%。

第六条 专项债券由各地按照市场化原则自发自还，遵循公开、公平、公正的原则，发行和偿还主体为地方政府。

第七条 各地按照有关规定开展专项债券信用评级，择优选择信用评级机构，与信用评级机构签署信用评级协议，明确双方权利和义务。

第八条 信用评级机构按照独立、客观、公正的原则开展信用评级工作，遵守信用评级规定与业务规范，及时发布信用评级报告。

第九条 各地应当按照有关规定及时披露专项债券基本信息、财政经济运行及相关债务情况、募投项目及对应的政府性基金或专项收入情况、风险揭示以及对投资者做出购买决策有重大影响的其他信息。

第十条 专项债券存续期内，各地应按有关规定持续披露募投项目情况、募集资金使用情况、对应的政府性基金或专项收入情况以及可能影响专项债券偿还能力的重大事项等。

第十一条 信息披露遵循诚实信用原则，不得有虚假记载、误导性陈述或重大遗漏。

投资者对披露信息进行独立分析，独立判断专项债券的投资价值，自行承担投资风险。

第十二条 各地组建专项债券承销团，承销团成员应当是在中国境内依法成立的金融机构，具有债券承销业务资格，资本充足率、偿付能力或者净资本状况等指标达到监管标准。

第十三条 地方政府财政部门与专项债券承销商签署债券承销协议，明确双方权利和义务。承销商可以书面委托其分支机构代理签署并履行债券承销协议。

第十四条 各地可以在专项债券承销商中择优选择主承销商，主承销商为专项债券提供发行定价、登记托管、上市交易等咨询服务。

第十五条 专项债券发行利率采用承销、招标等方式确定。采用承销或招标方式的，发行利率在承销或招标日前1至5个工作日相同待偿期记账式国债的平均收益率之上确定。

承销是指地方政府与主承销商商定债券承销利率（或利率区间），要求各承销商（包括主承销商）在规定时间报送债券承销额（或承销利率及承销额），按市场化原则确定债券发行利率及各承销商债券承销额的发债机制。

招标是指地方政府通过财政部国债发行招投标系统或其他电子招标系统，要求各承销商在规定时间报送债券投标额及投标利率，按利率从低到高原则确定债券发行利率及各承销商债券中标额的发债机制。

第十六条 各地采用承销方式发行专项债券时，应与主承销商协商确定承销规则，明确承销方式和募集原则等。

各地采用招标方式发行专项债券时，应制定招标规则，明确招标方式和中标原则等。

第十七条 各地应当加强发债定价现场管理，确保在发行定价和配售过程中，不得有违反公平竞争、进行利益输送、直接或间接谋取不正当利益以及其他破坏市场秩序的行为。

第十八条 各地应积极扩大专项债券投资者范围，鼓励社会保险基金、住房公积金、企业年金、职业年金、保险公司等机构投资者和个人投资者在符合法律法规等相关规定的前提下投资专项债券。

第十九条 各地应当在专项债券发行定价结束后，通过中国债券信息网和本地区门户网站等媒体，及时公布债券发行结果。

第二十条 专项债券应当在中央国债登记结算有限责任公司办理总登记托管，在国家规定的证券登记结算机构办理分登记托管。专项债券发行结束后，符合条件的应按有关规定及时在全国银行间债券市场、证券交易所债券市场等上市交易。

第二十一条 企业和个人取得的专项债券利息收入，按照《财政部　国家税务总局关于地方政府债券利息免征所得税问题的通知》（财税〔2013〕5号）规定，免征企业所得税和个人所得税。

第二十二条 各地应切实履行偿债责任，及时支付债券本息、发行费等资金，维护政府信誉。

第二十三条 登记结算机构、承销机构、信用评级机构等专业机构和人员应当勤勉尽责，严格遵守职业规范和相关规则。对弄虚作假、存在违法违规行为的，列入负面名单并向社会公示。涉嫌犯罪的，移送司法机关处理。

第二十四条 财政部驻各地财政监察专员办事处加强对专项债券的监督检查，规范专项债券的发行、资金使用和偿还等行为。

第二十五条 各地应当将本地区专项债券发行安排、信用评级、信息披露、承销团组建、发行兑付等有关规定及时报财政部备案。专项债券发行兑付过程中出现重大事项应当及时向财政部报告。专项债券每次发行工作完成后，应当在15个工作日内将债券发行情况向财政部及财政部驻当地财政监察专员办事处报告；全年发行工作完成后，应当在20个工作日内将年度发行情况向财政部及财政部驻当地财政监察专员办事处报告。

第二十六条 本办法自印发之日起施行。

关于印发《地方政府专项债务预算管理办法》的通知

财预〔2016〕155 号

各省、自治区、直辖市、计划单列市财政厅（局）：

根据《中华人民共和国预算法》、《国务院关于加强地方政府性债务管理的意见》（国发〔2014〕43 号），我部制定了《地方政府专项债务预算管理办法》。现予印发，请认真贯彻执行。

财政部
2016 年 11 月 9 日

附件：

地方政府专项债务预算管理办法

第一章　总　　则

第一条　为规范地方政府专项债务预算管理，根据《中华人民共和国预算法》、《国务院关于加强地方政府性债务管理的意见》（国发〔2014〕43 号）等有关规定，制定本办法。

第二条　本办法所称地方政府专项债务（以下简称专项债务），包括地方政府专项债券（以下简称专项债券）、清理甄别认定的截至 2014 年 12 月 31 日非地方政府债券形式的存量专项债务（以下简称非债券形式专项债务）。

第三条　专项债务收入、安排的支出、还本付息、发行费用纳入政府性基金预算管理。

第四条　专项债务收入通过发行专项债券方式筹措。

省、自治区、直辖市政府为专项债券的发行主体，具体发行工作由省级财政部门负责。设区的市、自治州，县、自治县、不设区的市、市辖区政府（以下简称市县级政府）确需发行专项债券的，应当纳入本省、自治区、直辖市政府性基金预算管理，由省、自治区、直辖市政府统一发行并转贷给市县级政府。经省政府批准，计划单列市政府可以自办发行专项债券。

第五条 专项债务收入应当用于公益性资本支出，不得用于经常性支出。

第六条 专项债务应当有偿还计划和稳定的偿还资金来源。

专项债务本金通过对应的政府性基金收入、专项收入、发行专项债券等偿还。

专项债务利息通过对应的政府性基金收入、专项收入偿还，不得通过发行专项债券偿还。

第七条 专项债务收支应当按照对应的政府性基金收入、专项收入实现项目收支平衡，不同政府性基金科目之间不得调剂。执行中专项债务对应的政府性基金收入不足以偿还本金和利息的，可以从相应的公益性项目单位调入专项收入弥补。

第八条 非债券形式专项债务应当在国务院规定的期限内置换成专项债券。

第九条 加强地方政府债务管理信息化建设，专项债务预算收支纳入本级财政预算管理信息系统，专项债务管理纳入全国统一的管理信息系统。

第二章 专项债务限额和余额

第十条 财政部在全国人民代表大会或其常务委员会批准的专项债务限额内，根据债务风险、财力状况等因素并统筹考虑国家调控政策、各地区公益性项目建设需求等，提出分地区专项债务限额及当年新增专项债务限额方案，报国务院批准后下达省级财政部门。

省级财政部门应当于每年10月底前，提出本地区下一年度增加举借专项债务和安排公益性资本支出项目的建议，经省、自治区、直辖市政府批准后报财政部。

第十一条 省级财政部门在财政部下达的本地区专项债务限额内，根据债务风险、财力状况等因素并统筹考虑本地区公益性项目建设需求等，提出省本级及所辖各市县当年专项债务限额方案，报省、自治区、直辖市政府批准后下达市县级财政部门。

市县级财政部门应当提前提出省级代发专项债券和安排公益性资本支出项目的建议，经本级政府批准后按程序报省级财政部门。

第十二条 省、自治区、直辖市应当在专项债务限额内举借专项债务，专项债务余额不得超过本地区专项债务限额。

省、自治区、直辖市发行专项债券偿还到期专项债务本金计划，由省级财政部门统筹考虑本级和各市县实际需求提出，报省、自治区、直辖市政府批准后按规定组织实施。

第三章　预算编制和批复

第十三条　增加举借专项债务收入，以下内容应当列入预算调整方案：

（一）省、自治区、直辖市在新增专项债务限额内筹措的专项债券收入；

（二）市县级政府从上级政府转贷的专项债务收入。

专项债务收入应当在政府性基金预算收入合计线下反映，省级列入"专项债务收入"下对应的政府性基金债务收入科目，市县级列入"地方政府专项债务转贷收入"下对应的政府性基金债务转贷收入科目。

第十四条　增加举借专项债务安排的支出应当列入预算调整方案，包括本级支出和转贷下级支出。专项债务支出应当明确到具体项目，纳入财政支出预算项目库管理，并与中期财政规划相衔接。

专项债务安排本级的支出，应当在政府性基金预算支出合计线上反映，根据支出用途列入相关预算科目；转贷下级支出应当在政府性基金预算支出合计线下反映，列入"债务转贷支出"下对应的政府性基金债务转贷支出科目。

第十五条　专项债务还本支出应当根据当年到期专项债务规模、政府性基金财力、调入专项收入等因素合理预计、妥善安排，并列入年度预算草案。

专项债务还本支出应当在政府性基金预算支出合计线下反映，列入"地方政府专项债务还本支出"下对应的政府性基金债务还本支出科目。

第十六条　专项债务利息和发行费用应当根据专项债务规模、利率、费率等情况合理预计，并列入政府性基金预算支出统筹安排。

专项债务利息、发行费用支出应当在政府性基金预算支出合计线上反映。专项债务利息支出列入"地方政府专项债务付息支出"下对应的政府性基金债务付息支出科目，发行费用支出列入"地方政府专项债务发行费用支出"下对应的政府性基金债务发行费用支出科目。

第十七条　增加举借专项债务和相应安排的支出，财政部门负责具体编制政府性基金预算调整方案，由本级政府提请本级人民代表大会常务委员会批准。

第十八条　专项债务转贷下级政府的，财政部门应当在本级人民代表大会或其常务委员会批准后，及时将专项债务转贷的预算下达有关市县级财政部门。

接受专项债务转贷的市县级政府在本级人民代表大会或其常务委员会批准

后，应当及时与上级财政部门签订转贷协议。

第四章　预算执行和决算

第十九条　省级财政部门统筹考虑本级和市县情况，根据预算调整方案、偿还专项债务本金需求和债券市场状况等因素，制定全省专项债券发行计划，合理确定期限结构和发行时点。

第二十条　省级财政部门发行专项债券募集的资金，应当缴入省级国库，并根据预算安排和还本计划拨付资金。

代市县级政府发行专项债券募集的资金，由省级财政部门按照转贷协议及时拨付市县级财政部门。

第二十一条　省级财政部门应当按照规定做好专项债券发行的信息披露和信用评级等相关工作。披露的信息应当包括政府性基金预算财力情况、发行专项债券计划和安排支出项目方案、偿债计划和资金来源，以及其他按照规定应当公开的信息。

第二十二条　省级财政部门应当在发行专项债券后3个工作日内，将专项债券发行情况报财政部备案，并抄送财政部驻当地财政监察专员办事处（以下简称专员办）。

第二十三条　地方各级财政部门应当依据预算调整方案及专项债券发行规定的预算科目和用途，使用专项债券资金。确需调整支出用途的，应当按照规定程序办理。

第二十四条　省级财政部门应当按照合同约定，及时偿还全省、自治区、直辖市专项债券到期本金、利息以及支付发行费用。市县级财政部门应当按照转贷协议约定，及时向省级财政部门缴纳本地区或本级应当承担的还本付息、发行费用等资金。

第二十五条　市县级财政部门未按时足额向省级财政部门缴纳专项债券还本付息、发行费用等资金的，省级财政部门可以采取适当方式扣回，并将违约情况向市场披露。

第二十六条　预算年度终了，地方各级财政部门编制政府性基金预算决算草案时，应当全面、准确反映专项债务收入、安排的支出、还本付息和发行费用等情况。

第五章　非债券形式专项债务纳入预算管理

第二十七条　县级以上地方各级财政部门应当将非债券形式专项债务纳入本地区专项债务限额，实行预算管理。

对非债券形式专项债务，应当由政府、债权人、债务人通过合同方式，约定在国务院规定的期限内置换成专项债券的时限，转移偿还义务。

偿还义务转移给地方政府后，地方财政部门应当根据相关材料登记总预算会计账。

第二十八条　对非债券形式专项债务，债务人为地方政府及其部门的，应当在国务院规定的期限内置换成专项债券；债务人为企事业单位或个人，且债权人同意在国务院规定的期限内置换成专项债券的，地方政府应当予以置换，债权人不同意在国务院规定的期限内置换成专项债券的，不再计入地方政府债务，由债务人自行偿还，对应的专项债务限额由财政部按照程序予以调减。

第六章　监　督　管　理

第二十九条　县级以上地方各级财政部门应当按照法律、法规和财政部规定，向社会公开专项债务限额、余额、期限结构、使用、项目收支、偿还等情况，主动接受监督。

第三十条　县级以上地方各级财政部门应当建立和完善相关制度，加强对本地区专项债务的管理和监督。

第三十一条　专员办应当加强对所在地专项债务的监督，督促地方规范专项债务的举借、使用、偿还等行为，发现违反法律法规和财政管理规定的行为，及时报告财政部。

第三十二条　违反本办法规定情节严重的，财政部可以暂停相关地区专项债券发行资格。违反法律、行政法规的，依法追究有关人员责任；涉嫌犯罪的，移送司法机关依法处理。

第七章　附　　则

第三十三条　省、自治区、直辖市可以根据本办法制定实施细则。

第三十四条　本办法由财政部负责解释。

第三十五条　本办法自印发之日起施行。

关于做好 2017 年地方政府债券发行工作的通知

财库〔2017〕59 号

各省、自治区、直辖市、计划单列市财政厅（局），中央国债登记结算有限责任公司、中国证券登记结算有限责任公司，上海证券交易所、深圳证券交易所：

根据《预算法》、《国务院关于加强地方政府性债务管理的意见》（国发〔2014〕43 号）和地方政府债券（以下简称地方债）发行管理有关规定，现就做好 2017 年地方债发行工作有关事宜通知如下：

一、合理制定债券发行计划，均衡债券发行节奏

（一）各省、自治区、直辖市、经省政府批准自办债券发行的计划单列市新增债券发行规模不得超过财政部下达的当年本地区新增债券限额；置换债券发行规模上限原则上按照各地上报财政部的置换债券建议发债数掌握。发行置换债券偿还存量地方债的，应当在置换债券发行规模上限内统筹考虑。

（二）各省、自治区、直辖市、经省政府批准自办债券发行的计划单列市财政部门（以下统称地方财政部门）应当加强地方债发行的计划管理。地方财政部门应当根据资金需求、债券市场状况等因素，统筹债券发行与库款管理，科学安排债券发行，合理制定债券全年发行总体安排（格式见附件1）、季度发行初步安排（格式见附件2）。在此基础上，不迟于每次发行前 7 个工作日，制定发行具体安排（格式见附件3）。

（三）对于公开发行债券（含新增债券和公开发行置换债券，下同），各地应当按照各季度发行规模大致均衡的原则确定发行进度安排，每季度发行量原则上控制在本地区全年公开发行债券规模的 30% 以内（按季累计计算）。对于采用定向承销方式发行置换债券，由各地财政部门会同当地人民银行分支机构、银监局，在与存量债务债权人充分沟通协商的基础上，自主确定发行进度安排。

（四）地方财政部门应当加大采用定向承销方式发行置换债券的力度。对于地方政府存量债务中向信托、证券、保险等机构融资形成的债务，经各方协商一致，地方财政部门应当积极采用定向承销方式发行置换债券予以置换。

二、不断提高地方债发行市场化水平，积极探索建立续发行机制

（一）地方财政部门、地方债承销团成员、信用评级机构及其他相关主体应当严格按照市场化原则，进一步做好地方债发行有关工作，不得以任何非市场化方式干扰债券发行工作。地方财政部门提前偿还以后年度到期债务，必须与债权人协商一致、公平合理置换。其中，公开发行置换债券提前置换以后年度到期债务的，在债券发行前应当由承担偿债责任的政府财政部门出具债权人同意提前置换的书面凭证，由省级财政部门组织核实后报财政部驻当地财政监察专员办事处（以下简称专员办）备案。

（二）地方财政部门应当遵循公开、公平、公正的原则组建（或增补）地方债承销团，按照地方债发行有关规定，在与承销团成员充分沟通的基础上，科学制定地方债招标发行规则等制度办法，合理设定投标比例、承销比例等技术参数。

（三）地方财政部门应当按年度、项目实际统筹设计债券期限结构，可适当减少每次发行的期限品种。鼓励发行规模较大、次数较多的地区，研究建立地方债续发行机制，合理设计地方债续发行期限品种、规模，每期债券可续发1~2次，以适当增大单期债券规模，同时避免出现单次兑付规模过大。

三、进一步规范地方债信用评级，提高信息披露质量

（一）财政部将积极推动相关行业协会研究制定地方债信用评级自律规范，强化对地方债信用评级机构的行业自律。财政部将研究建立地方债信用评级机构黑名单制度。违反行业自律规定、弄虚作假的地方债信用评级机构，将被列入黑名单，在规定时限内禁止参与地方债信用评级业务。

（二）地方财政部门应当进一步做好信息披露工作，积极扩大信息披露范围，不断提升信息披露质量，更好满足投资者需求。

1. 地方财政部门应当不迟于每次发行前5个工作日通过本单位门户网站、中国债券信息网等网站（以下简称指定网站）披露当期债券基本信息、债券信用评级报告和跟踪评级安排；不迟于全年首次发行前5个工作日，通过指定网站披露债券发行兑付相关制度办法、本地区中长期经济规划、地方政府债务管理情况等信息，并按照附件4格式披露本地区经济、财政和债务有关数据。

2. 地方财政部门应当不迟于每次发行日终，通过指定网站按照附件5格式披露当次发行结果。

3. 地方财政部门应当进一步做好债券存续期信息披露工作，按规定披露财政预决算和收支执行情况、地方政府债务管理情况、跟踪评级报告等信息，并通过指定网站按照附件6格式披露季度经济、财政有关数据。

4. 地方财政部门要进一步加强重大事项披露工作，对地方政府发生的可能影响其偿债能力的重大事项应当及时进行披露。

5. 地方财政部门应当不迟于地方债还本付息前5个工作日，通过指定网站按照附件7格式披露还本付息相关信息。

四、进一步促进投资主体多元化，改善二级市场流动性

（一）鼓励具备条件的地区在合法合规、风险可控的前提下，研究推进地方债银行间市场柜台业务，便利非金融机构和个人投资地方债。

（二）在继续做好通过财政部政府债券发行系统、财政部上海证券交易所（以下简称上交所）政府债券发行系统发行地方债工作的基础上，鼓励具备条件的地区研究推进通过财政部深圳证券交易所（以下简称深交所）政府债券发行系统发行地方债。

（三）鼓励具备条件的地区积极在上海等自由贸易试验区发行地方债，吸引外资法人金融机构更多地参与地方债承销。

（四）鼓励地方财政部门在地方国库现金管理中更多接受地方债作为质押品。

五、加强债券资金管理，按时还本付息

（一）地方财政部门应当严格按照有关规定管理和使用地方债资金，置换债券资金只能用于偿还政府债务本金，以及回补按规定通过库款垫付的偿债资金，除此之外严禁将置换债券资金用于国库现金管理或任何其他支出用途。

（二）地方财政部门应当加快置换债券资金的置换进度，对于已入库的公开发行置换债券资金，原则上要在1个月内完成置换。省级财政部门要尽快向市县财政部门转贷资金，督促市县财政部门加快置换债券资金的支拨，防止资金长期滞留国库。

（三）地方财政部门要高度重视地方债还本付息工作，制定完善地方债还本付息相关制度，准确编制还本付息计划，提前落实并及时足额拨付还本付息资金，切实维护政府债券信誉。

六、密切跟踪金融市场运行，防范发行风险

（一）地方财政部门应当认真分析宏观经济形势，密切关注债券市场运行情况，加强地方债发行风险的防范和应对。

（二）地方财政部门应当加强与承销团成员沟通，通过召开承销团成员座谈会等方式，充分了解各成员债券投资计划、应债资金规模等情况，合理制定地方债发行安排，避免出现地方债未足额发行等风险事件。

（三）因债券市场波动、市场资金面趋紧、承销团成员承销意愿出现较大变化等原因需要推迟或取消地方债发行时，地方财政部门应当及时向财政部报告，并不迟于发行前1个工作日通过指定网站披露推迟或取消发行信息。

七、做好发行系统维护、现场管理、登记托管等工作，不断提高地方债发行服务水平

（一）中央国债登记结算有限责任公司（以下简称国债登记公司）、上交所、深交所等财政部政府债券发行系统业务技术支持部门（以下简称支持部门），应当认真做好发行系统维护工作，建立健全地方债发行服务制度，合理设计地方债发行服务工作流程，严格加强内部控制，不断提升发行服务水平。各支持部门地方债发行服务制度应当不迟于2017年3月31日向财政部备案。

（二）支持部门应当积极配合地方财政部门严格执行《地方政府债券发行现场管理工作规范》，规范做好发行现场人员出入登记、通讯设备存放、发行现场无线电屏蔽、电话录音等工作，保障地方债发行工作有序开展。

（三）国债登记公司、中国证券登记结算有限责任公司应当认真履行登记托管机构职责，规范开展地方债托管、转托管相关工作，并按照财政部要求，及时报送地方债发行、流通等数据。

八、加强组织领导，确保地方债发行工作顺利完成

（一）地方财政部门应当不迟于2017年3月31日，向财政部上报全年债券发行总体安排，并不迟于每季度最后一个月15日，向财政部上报下一季度地方债发行初步安排，财政部汇总各地发行初步安排后及时反馈地方财政部门，作为地方财政部门制定具体发行安排的参考。2017年第一季度发行初步安排，应当不迟于2月28日向财政部报送。

（二）地方财政部门应当不迟于发行前7个工作日向财政部备案发行具体安

排，财政部按照"先备案先得"的原则协调各地发行时间等发行安排。各地财政部门向财政部备案具体发行安排时，涉及公开发行置换债券提前置换以后年度到期政府债务的，应当附专员办出具的债权人同意提前置换的备案证明。

（三）地方财政部门要进一步完善地方债发行管理相关制度，规范操作流程。组建承销团、开展信息披露和信用评级、组织债券发行等制度文件原则上应当在对外公布前报财政部备案。

（四）地方财政部门应当不迟于全年地方债发行工作完成后 20 个工作日，向财政部及当地专员办上报年度发行情况。地方财政部门、支持部门、登记结算机构等如遇涉及地方债发行的重大或异常情况，应当及时向财政部报告。

（五）财政部将研究制定地方债续发行、银行间市场柜台业务的具体操作办法，指导各地开展相关业务。

其他未尽事宜，按照《财政部关于印发〈地方政府一般债券发行管理暂行办法〉的通知》（财库〔2015〕64 号）、《财政部关于印发〈地方政府专项债券发行管理暂行办法〉的通知》（财库〔2015〕83 号）、《财政部关于做好 2016 年地方政府债券发行工作的通知》（财库〔2016〕22 号）等有关规定执行。

财政部

2017 年 2 月 20 日

附件：1. 2017 年＿＿＿＿＿省（区、市）债券发行总体安排

2. ＿＿＿＿年第＿＿＿＿季度＿＿＿＿省（区、市）地方债发行初步安排

3. 关于备案＿＿＿＿省（区、市）政府债券发行安排的函

4. ＿＿＿＿省（区、市）经济、财政和债务有关数据

5. ＿＿＿＿年＿＿＿＿省（区、市）政府一般（专项）债券（＿＿＿＿至＿＿＿＿期）

6. ＿＿＿＿年第＿＿＿＿季度＿＿＿＿省（区、市）经济、财政有关数据

7. ＿＿＿＿年＿＿＿＿省（区、市）政府一般（专项）债券（＿＿＿＿至＿＿＿＿期）还本（付息）公告

附件1：

2017 年_____省（区、市）债券发行总体安排　　　　单位：亿元

发行时间	合计	新增债券	置换债券	
			公开发行	定向承销
全年合计				
一季度				
二季度				
三季度				
四季度				

附件2：

_____年第_____季度_____省（区、市）地方债发行初步安排

单位：亿元

		地方债计划发行量									合计
		____月			____月			____月			
		上旬	中旬	下旬	上旬	中旬	下旬	上旬	中旬	下旬	
新增债券	一般债券										
	专项债券										
置换债券	公开发行 一般债券										
	公开发行 专项债券										
	定向承销 一般债券										
	定向承销 专项债券										

附件 3：

关于备案_____省（区、市）政府债券发行安排的函

财政部：

根据《财政部关于做好 2017 年地方政府债券发行工作的通知》（财库〔2017〕59 号）有关规定，现就我省（区、市）地方债发行具体安排备案如下：

一、发行时间

_____年_____月_____日上午/下午。

二、发行地点

中央国债登记结算有限责任公司（北京/上海/深圳）/上海证券交易所/深圳证券交易所。

三、发行方式与规模

公开发行一般债券_____亿元，专项债券_____亿元；
定向承销一般债券_____亿元，专项债券_____亿元。

四、新增债券、置换债券发行有关情况

本次发行新增债券_____亿元（含一般债券_____亿元和专项债券_____亿元），置换债券_____亿元（含一般债券_____亿元和专项债券_____亿元），在建项目后续融资_____亿元。

置换债券拟置换当年到期政府债务及以前年度逾期政府债务_____亿元，置换以后年度到期的政府债务_____亿元。提前偿还以后年度到期债务部分，承担偿债责任的政府财政部门已出具债权人同意提前置换的书面凭证，当地专员办已进行备案（备案证明附后）。

截至本次发行完毕，2017 年，我省（区、市）已发行新增债券_____亿元，其中，一般债券_____亿元，完成全年计划发行额_____亿元的_____%；专项债券_____亿元，完成全年计划发行额_____亿元的_____%。置换债券_____亿元，完成置换债券建议发债数的_____%。

附件4：

_____省（区、市）经济、财政和债务有关数据

一、地方经济状况

2014～2016年经济基本状况

项目 ＼ 年份	2014年	2015年	2016年
地区生产总值（亿元）			
地区生产总值增速（％）			
第一产业（亿元）			
第二产业（亿元）			
第三产业（亿元）			
产业结构			
第一产业（％）			
第二产业（％）			
第三产业（％）			
固定资产投资（亿元）			
进出口总额（□亿元　□亿美元）			
出口额（□亿元　□亿美元）			
进口额（□亿元　□亿美元）			
社会消费品零售总额（亿元）			
城镇（常住）居民人均可支配收入（元）			
农村（常住）居民人均纯收入（元）			
居民消费价格指数（上年＝100）			
工业生产者出厂价格指数（上年＝100）			
工业生产者购进价格指数（上年＝100）			
金融机构各项存款余额（本外币）（亿元）			
金融机构各项贷款余额（本外币）（亿元）			

续表

二、财政收支状况（亿元）

（一）近三年一般公共预算收支

年份 项目	2015 年		2016 年		2017 年	
	省本级	全省	省本级	全省	省本级	全省
一般公共预算收入						
一般公共预算支出						
地方政府一般债券收入						
地方政府一般债券还本支出						
转移性收入						
转移性支出						

（二）近三年政府性基金预算收支

政府性基金收入						
政府性基金支出						
地方政府专项债券收入						
地方政府专项债券还本支出						

（三）近三年国有资本经营预算收支

国有资本经营收入						
国有资本经营支出						

三、地方政府债务状况（亿元）

截至 2016 年底地方政府债务余额	
2016 年地方政府债务限额	
2017 年地方政府债务限额	

注：

1. 进出口总额、出口额、进口额数据单位，应当与本地区统计部门对外公布的进出口数据单位保持一致，并在表格中勾选相应单位。

2. 城镇（常住）居民人均可支配收入、农村（常住）居民人均纯收入数据，应当与本地区统计部门对外公布的数据口径保持一致。

3. 财政收支状况需按照地方政府本级、全省口径同时公布近三年有关数据。其中，2015 年数据按决算口径公布，2016 年数据在决算编制完成之前按预算口径公布，在决算编制完成之后按决算口径公布，2017 年数据按预算口径公布。

4. 全省口径数据不包含自办债券发行的计划单列市，如有的数据难以剔除计划单列市，应当进行备注说明。

5. 一般公共预算收入、一般公共预算支出、政府性基金收入、政府性基金支出四项数据不包含债券收支数。

附件5：

_____年_____省（区、市）政府一般（专项）债券
(_____至_____期）发行结果公告

根据《财政部关于印发〈地方政府一般债券发行管理暂行办法〉的通知》（财库〔2015〕64号）、《财政部关于印发〈地方政府专项债券发行管理暂行办法〉的通知》（财库〔2015〕83号）、《财政部关于做好2017年地方政府债券发行工作的通知》（财库〔2017〕59号）等有关规定，经_____省（区、市）人民政府同意，_____省（区、市）财政厅（局、委）决定发行_____年_____省（区、市）政府一般/专项债券（_____至_____期），_____年_____月_____日已完成招标。现将招标结果公告如下：

债券名称			
计划发行规模		实际发行规模	
发行期限		票面利率	
发行价格		付息频率	
付息日		到期日	
债券名称			
...			
...			
...			
...			

附件6：

_____年第_____季度_____省（区、市）经济、财政有关数据

项目	本年度截至第_____季度末
地区生产总值（亿元）	
地区生产总值增速（%）	
第一产业（亿元）	

续表

项目	本年度截至第_____季度末
第二产业（亿元）	
第三产业（亿元）	
固定资产投资（亿元）	
进出口总额（□亿元　□亿美元）	
出口额（□亿元　□亿美元）	
进口额（□亿元　□亿美元）	
社会消费品零售总额（亿元）	
金融机构各项存款余额（本外币）（亿元）	
金融机构各项贷款余额（本外币）（亿元）	

项目	本年度截至第_____季度末	
	省本级	全省
一般公共预算收入		
一般公共预算支出		
地方政府一般债券收入		
地方政府一般债券还本支出		
政府性基金收入		
政府性基金支出		
地方政府专项债券收入		
地方政府专项债券还本支出		
国有资本经营收入		
国有资本经营支出		

注：

1. 进出口总额、出口额、进口额数据单位，应当与本地区统计部门对外公布的进出口数据单位保持一致，并在表格中勾选相应单位。

2. 全省口径数据不包含自办债券发行的计划单列市，如有的数据难以剔除计划单列市，应当进行备注说明。

3. 一般公共预算收入、一般公共预算支出、政府性基金收入、政府性基金支出四项数据不包含债券收支数据。

附件7：

_____年_____省（区、市）政府一般

（专项）债券（_____至_____期）还本（付息）公告

按照财政部地方政府债券发行有关规定，现将_____年_____省（区、市）政府一般（专项）债券（_____至_____期）还本/付息工作有关事宜公告如下：

债券名称			
债券简称		债券代码	
发行总额		票面利率	
还本日/本次付息日			
还本/付息金额			
债券名称			
...		...	
...		...	
...			
...			

关于印发《新增地方政府债务限额分配管理暂行办法》的通知

财预〔2017〕35 号

各省、自治区、直辖市、计划单列市财政厅（局）：

为规范新增地方政府债务限额管理，我们制定了《新增地方政府债务限额分配管理暂行办法》，现予印发。

附件：新增地方政府债务限额分配管理暂行办法

财政部

2017 年 3 月 23 日

附件：

新增地方政府债务限额分配管理暂行办法

第一章　总　　则

第一条　为健全地方政府债务限额管理机制，规范新增地方政府债务限额分配管理，发挥地方政府债务促进经济社会发展的积极作用，防范财政金融风险，根据《中华人民共和国预算法》、《国务院关于加强地方政府性债务管理的意见》（国发〔2014〕43 号）、《财政部关于对地方政府债务实行限额管理的通知》（财预〔2015〕225 号）等规定，制定本办法。

第二条　新增地方政府一般债务限额、新增地方政府专项债务限额（以下均简称新增限额）分别按照一般公共预算、政府性基金预算管理方式不同，单独测算。

第三条　新增限额分配管理应当遵循立足财力水平、防范债务风险、保障融资需求、注重资金效益、公平公开透明的原则。

第二章 管理权限和程序

第四条 各省、自治区、直辖市、计划单列市新增限额由财政部在全国人大或其常委会批准的地方政府债务规模内测算，报国务院批准后下达地方。

第五条 省本级及市县新增限额由省级财政部门在财政部下达的本地区新增限额内测算，报经省级政府批准后，按照财政管理级次向省本级及市县级财政部门下达。

第三章 新增限额分配

第六条 新增限额分配选取影响政府债务规模的客观因素，根据各地区债务风险、财力状况等，并统筹考虑中央确定的重大项目支出、地方融资需求等情况，采用因素法测算。各客观因素数据来源于统计年鉴、地方财政预决算及相关部门提供的资料。

第七条 新增限额分配应当体现正向激励原则，财政实力强、举债空间大、债务风险低、债务管理绩效好的地区多安排，财政实力弱、举债空间小、债务风险高、债务管理绩效差的地区少安排或不安排。新增限额分配用公式表示为：

某地区新增限额 =［该地区财力 × 系数 1 + 该地区重大项目支出 × 系数 2］× 该地区债务风险系数 × 波动系数 + 债务管理绩效因素调整 + 地方申请因素调整。

系数 1 和系数 2 根据各地区财力、重大项目支出以及当年全国新增地方政府债务限额规模计算确定。用公式表示为：

系数 1 =（某年新增限额 – 某年新增限额中用于支持重大项目支出额度）/

（$\sum$ i 各地政府财力）

i = 省、自治区、直辖市、计划单列市

某地区政府财力 = 某地区一般公共预算财力 + 某地区政府性基金预算财力

系数 2 =（某年新增债务限额中用于支持重大项目支出额度）

÷（$\sum$ i 各地重大项目支出额度）

i = 省、自治区、直辖市、计划单列市

第八条 本办法第七条所称地区财力分别为一般公共预算财力和政府性基金预算财力，按照政府收支分类科目分项测算，部分收入项目结合每年政府收支分类科目变动作适当调整。公式表示为：

$$某地区一般公共预算财力 = 本级一般公共预算收入 + 中央一般公共预算补助收入$$
$$- 地方一般公共预算上解$$

$$某地区政府性基金预算财力 = 本级政府性基金预算收入$$
$$+ 中央政府性基金预算补助收入$$
$$- 地方政府性基金预算上解$$

第九条 重大项目支出主要根据各地区落实党中央、国务院确定的"一带一路"、京津冀协同发展、长江经济带等国家重大战略以及打赢脱贫攻坚战、推进农业供给侧结构性改革、棚户区改造等重点方向的融资需求测算。

根据经济社会发展程度、基本公共服务保障程度等差异，各地区部分项目额度可以作适当调整。

第十条 债务风险系数反映地方政府举债空间和偿债风险，根据各地区上年度政府债务限额与标准限额等比较测算。

某地区地方政府债务标准限额 = 该地区可以用于偿债的财力状况 × 全国地方政府债务平均年限。

全国地方政府债务平均年限是全国地方政府债券余额平均年限和非债券形式债务余额平均年限的加权平均值。用公式表示：

$$全国地方政府债务平均年限 = (地方政府债券余额 × 地方政府债券平均年限$$
$$+ 非政府债券形式债务余额$$
$$× 非政府债券形式债务平均年限)$$
$$÷ 地方政府债务余额$$

第十一条 为防范地方政府债务风险，避免债务过快增长和异常波动，保障年度间地方财政运行的稳定性，以全国人大批准的新增限额平均增长率为基准确定波动系数区间，即各地区新增限额增长率最高不超过波动系数区间上限，最低不低于波动系数区间下限。

第十二条 为促进地方加强政府债务管理，保障债权人合法权益，提高债务资金使用效益，财政部应当根据地方政府债务收支预算编制、项目管理、执行进度、存量债务化解等因素，加快开展地方政府债务管理绩效评估，根据管理绩效情况对该地区予以适当调整。

第十三条 为合理反映各地区公益性项目建设融资需求，各地区的新增限额不应超过本地区申请额。

第十四条 按本办法第六条至第十三条测算分地区新增限额后，对一般债务率、专项债务率超过风险警戒线标准的地区，在分配该地区新增限额总量不变的前提下，应当优化其一般债务、专项债务结构，防控地方政府债务风险。

第十五条 按照地方政府性基金收入项目分类发行专项债券的，在年度地方政府专项债务新增限额内，根据相关领域融资需求、项目期限、政府性基金收入项目规模等因素，测算确定分地区分类专项债务额度，报国务院批准后在下达分地区专项债务新增限额时单独列示。

第四章　附　　则

第十六条 各级财政部门及其工作人员在新增地方政府债务限额分配管理工作中，存在违反本办法规定的行为，以及其他滥用职权、玩忽职守、徇私舞弊等违法违纪行为的，按照《预算法》、《公务员法》、《行政监察法》、《财政违法行为处罚处分条例》等国家有关规定追究相应责任；涉嫌犯罪的，移送司法机关处理。

第十七条 省级财政部门可以参照本办法，综合考虑本地区各级政府融资需求、财政实力、项目管理、风险防控等情况，制定本地区新增限额分配管理的具体规定，报财政部备案。

第十八条 本办法由财政部负责解释，自公布之日起施行。

关于试点发展项目收益与融资自求平衡的
地方政府专项债券品种的通知

财预〔2017〕89 号

各省、自治区、直辖市、计划单列市财政厅（局）：

为落实《中华人民共和国预算法》和《国务院关于加强地方政府性债务管理的意见》（国发〔2014〕43 号）精神，健全规范的地方政府举债融资机制，经十二届全国人大五次会议审议批准，完善地方政府专项债券（以下简称专项债券）管理，加快按照地方政府性基金收入项目分类发行专项债券步伐，发挥政府规范举债促进经济社会发展的积极作用。现将有关事项通知如下：

一、政策目标

坚持以推进供给侧结构性改革为主线，围绕健全规范的地方政府举债融资机制，依法完善专项债券管理，指导地方按照本地区政府性基金收入项目分类发行专项债券，着力发展实现项目收益与融资自求平衡的专项债券品种，加快建立专项债券与项目资产、收益相对应的制度，打造立足我国国情、从我国实际出发的地方政府"市政项目收益债"，防范化解地方政府专项债务风险，深化财政与金融互动，引导社会资本加大投入，保障重点领域合理融资需求，更好地发挥专项债券对地方稳增长、促改革、调结构、惠民生、防风险的支持作用。

二、主要内容

（一）依法安排专项债券规模。

严格执行法定限额管理，地方政府专项债务余额不得突破专项债务限额。各地试点分类发行专项债券的规模，应当在国务院批准的本地区专项债务限额内统筹安排，包括当年新增专项债务限额、上年末专项债务余额低于限额的部分。

（二）科学制定实施方案。

各省、自治区、直辖市、计划单列市（以下简称省级）财政部门负责制定分类发行专项债券试点工作实施方案，重点明确专项债券对应的项目概况、项目预期收益和融资平衡方案、分年度融资计划、年度拟发行专项债券规模和期限、发行计划安排等事项。分类发行专项债券建设的项目，应当能够产生持续稳定的反映为政府性基金收入或专项收入的现金流收入，且现金流收入应当能够完全覆盖专项债券还本付息的规模。

（三）加强部门协调配合。

省级财政部门负责按照专项债务管理规定，审核确定分类发行专项债券实施方案和管理办法，组织做好信息披露、信用评级、资产评估等工作。行业主管部门、项目单位负责配合做好专项债券发行准备工作，包括制定项目收益和融资平衡方案、提供必需的项目信息等，合理评估分类发行专项债券对应项目风险，切实履行项目管理责任。

（四）明确市县管理责任。

市县级政府确需举借相关专项债务的，依法由省级政府代为分类发行专项债券、转贷市县使用。专项债券可以对应单一项目发行，也可以对应同一地区多个项目集合发行，具体由市县级财政部门会同有关部门提出建议，报省级财政部门确定。市县级政府及其部门负责承担专项债券的发行前期准备、使用管理、还本付息、信息公开等工作。相关专项债券原则上冠以"××年××省、自治区、直辖市（本级或××市、县）××专项债券（×期）——××年××省、自治区、直辖市政府专项债券（×期）"名称。

（五）推进债券信息公开。

分类发行专项债券的地方政府应当及时披露专项债券及其项目信息。财政部门应当在门户网站等及时披露专项债券对应的项目概况、项目预期收益和融资平衡方案、专项债券规模和期限、发行计划安排、还本付息等信息。行业主管部门和项目单位应当及时披露项目进度、专项债券资金使用情况等信息。

（六）强化对应资产管理。

省级财政部门应当按照财政部统一要求同步组织建立专项债券对应资产的统计报告制度。地方各级财政部门应当会同行业主管部门、项目单位等加强专项债券项目对应资产管理，严禁将专项债券对应的资产用于为融资平台公司等企业融资提供任何形式的担保。

（七）严格项目偿债责任。

专项债券对应的项目取得的政府性基金或专项收入，应当按照该项目对应的专项债券余额统筹安排资金，专门用于偿还到期债券本金，不得通过其他项目对应的项目收益偿还到期债券本金。因项目取得的政府性基金或专项收入暂时难以实现，不能偿还到期债券本金时，可在专项债务限额内发行相关专项债券周转偿还，项目收入实现后予以归还。

三、工作安排

（一）选择重点领域先行试点。

2017年优先选择土地储备、政府收费公路两个领域在全国范围内开展试点。鼓励有条件的地方立足本地区实际，围绕省（自治区、直辖市）党委、政府确定的重大战略，积极探索在有一定收益的公益性事业领域分类发行专项债券，以对应的政府性基金或专项收入偿还，项目成熟一个、推进一个。

（二）明确管理程序和时间安排。

各地在国务院批准的专项债务限额内发行土地储备、政府收费公路专项债券的，按照财政部下达的额度及制定的统一办法执行。除土地储备、收费公路额度外，各地利用新增专项债务限额，以及利用上年末专项债务限额大于余额的部分自行选择重点项目试点分类发行专项债券的，由省级政府制定实施方案以及专项债券管理办法，提前报财政部备案后组织实施。为加快支出进度，实施方案应当于每年9月底前提交财政部。

试点发展项目收益与融资自求平衡的地方政府专项债券品种，是专项债务限额内依法开好"前门"、保障重点领域合理融资需求、支持地方经济社会可持续发展的重要管理创新，也有利于遏制违法违规融资担保行为、防范地方政府债务风险，机制新、任务重、工作量大。请你省（自治区、直辖市、计划单列市）高度重视，将其作为贯彻落实党中央、国务院精神，防控政府债务风险的重要工作，加强组织协调，充实人员配备，狠抓贯彻落实，确保工作取得实效。

特此通知。

附件：1. 实施方案参考框架

2. ××专项债券募集资金管理办法参考框架

财政部

2017年6月2日

附件1：

实施方案参考框架

包括但不限于以下内容：

一、公益性事业领域项目（以下简称项目）主要内容；

二、项目重大经济社会效益分析，尤其是积极践行"创新、协调、绿色、开放、共享"新发展理念，促进地方经济社会可持续发展分析；

三、项目投资额、自有资本金及资本金到位情况、已有融资情况、项目建设计划及现状；

四、项目预期收益涉及的相关收费政策内容、收费政策合法合规依据、覆盖群体分布、预计产生反映为政府性基金收入或专项收入的稳定现金流收益规模分析（应当由独立第三方专业机构进行评估，并出具专项评估意见）；

五、项目预期收益、支出以及融资平衡情况（应当由独立第三方专业机构进行评估，并出具专项评估意见）；

六、项目融资计划，包括项目发行地方政府专项债券募集资金计划、分年专项债券发行规模和期限安排、专项债券投资者保护措施；

七、潜在影响项目收益和融资平衡结果的各种风险评估；

八、其他需要说明的事项。

附件2：

××专项债券募集资金管理办法参考框架

应当根据项目实施方案，参考《地方政府专项债务预算管理办法》（财预〔2016〕155号）、《地方政府土地储备专项债券管理办法（试行）》（财预〔2017〕62号）等制定。主要包括但不限于总则、预算编制、监督管理、职能分工、附则等内容。

关于印发《地方政府土地储备专项债券管理办法（试行）》的通知

财预〔2017〕62号

各省、自治区、直辖市、计划单列市财政厅（局）、各省级国土资源主管部门：

根据《中华人民共和国预算法》和《国务院关于加强地方政府性债务管理的意见》（国发〔2014〕43号）等有关规定，为完善地方政府专项债券管理，逐步建立专项债券与项目资产、收益对应的制度，有效防范专项债务风险，2017年先从土地储备领域开展试点，发行土地储备专项债券，规范土地储备融资行为，促进土地储备事业持续健康发展，今后逐步扩大范围。为此，我们研究制订了《地方政府土地储备专项债券管理办法（试行）》。

2017年土地储备专项债券额度已经随同2017年分地区地方政府专项债务限额下达，请你们在本地区土地储备专项债券额度内组织做好土地储备专项债券额度管理、预算编制和执行等工作，尽快发挥债券资金效益。

现将《地方政府土地储备专项债券管理办法（试行）》印发给你们，请遵照执行。

附件：地方政府土地储备专项债券管理办法（试行）

财政部　国土资源部
2017年5月16日

附件：

地方政府土地储备专项债券管理办法（试行）

第一章　总　　则

第一条　为完善地方政府专项债券管理，规范土地储备融资行为，建立土地储备专项债券与项目资产、收益对应的制度，促进土地储备事业持续健康发展，根据《中华人民共和国预算法》和《国务院关于加强地方政府性债务管理的意见》（国发〔2014〕43号）等有关规定，制订本办法。

第二条 本办法所称土地储备，是指地方政府为调控土地市场、促进土地资源合理利用，依法取得土地，进行前期开发、储存以备供应土地的行为。

土地储备由纳入国土资源部名录管理的土地储备机构负责实施。

第三条 本办法所称地方政府土地储备专项债券（以下简称土地储备专项债券）是地方政府专项债券的一个品种，是指地方政府为土地储备发行，以项目对应并纳入政府性基金预算管理的国有土地使用权出让收入或国有土地收益基金收入（以下统称土地出让收入）偿还的地方政府专项债券。

第四条 地方政府为土地储备举借、使用、偿还债务适用本办法。

第五条 地方政府为土地储备举借债务采取发行土地储备专项债券方式。省、自治区、直辖市政府（以下简称省级政府）为土地储备专项债券的发行主体。设区的市、自治州，县、自治县、不设区的市、市辖区级政府（以下简称市县级政府）确需发行土地储备专项债券的，由省级政府统一发行并转贷给市县级政府。经省级政府批准，计划单列市政府可以自办发行土地储备专项债券。

第六条 发行土地储备专项债券的土地储备项目应当有稳定的预期偿债资金来源，对应的政府性基金收入应当能够保障偿还债券本金和利息，实现项目收益和融资自求平衡。

第七条 土地储备专项债券纳入地方政府专项债务限额管理。土地储备专项债券收入、支出、还本、付息、发行费用等纳入政府性基金预算管理。

第八条 土地储备专项债券资金由财政部门纳入政府性基金预算管理，并由纳入国土资源部名录管理的土地储备机构专项用于土地储备，任何单位和个人不得截留、挤占和挪用，不得用于经常性支出。

第二章 额度管理

第九条 财政部在国务院批准的年度地方政府专项债务限额内，根据土地储备融资需求、土地出让收入状况等因素，确定年度全国土地储备专项债券总额度。

第十条 各省、自治区、直辖市年度土地储备专项债券额度应当在国务院批准的分地区专项债务限额内安排，由财政部下达各省级财政部门，抄送国土资源部。

第十一条 省、自治区、直辖市年度土地储备专项债券额度不足或者不需使用的部分，由省级财政部门会同国土资源部门于每年 8 月底前向财政部提出申请。财政部可以在国务院批准的该地区专项债务限额内统筹调剂额度并予批复，抄送国土资源部。

第三章　预 算 编 制

第十二条　县级以上地方各级土地储备机构应当根据土地市场情况和下一年度土地储备计划，编制下一年度土地储备项目收支计划，提出下一年度土地储备资金需求，报本级国土资源部门审核、财政部门复核。市县级财政部门将复核后的下一年度土地储备资金需求，经本级政府批准后于每年 9 月底前报省级财政部门，抄送省级国土资源部门。

第十三条　省级财政部门会同本级国土资源部门汇总审核本地区下一年度土地储备专项债券需求，随同增加举借专项债务和安排公益性资本支出项目的建议，经省级政府批准后于每年 10 月底前报送财政部。

第十四条　省级财政部门在财政部下达的本地区土地储备专项债券额度内，根据市县近三年土地出让收入情况、市县申报的土地储备项目融资需求、专项债务风险、项目期限、项目收益和融资平衡情况等因素，提出本地区年度土地储备专项债券额度分配方案，报省级政府批准后将分配市县的额度下达各市县级财政部门，并抄送省级国土资源部门。

第十五条　市县级财政部门应当在省级财政部门下达的土地储备专项债券额度内，会同本级国土资源部门提出具体项目安排建议，连同年度土地储备专项债券发行建议报省级财政部门备案，抄送省级国土资源部门。

第十六条　增加举借的土地储备专项债券收入应当列入政府性基金预算调整方案。包括：

（一）省级政府在财政部下达的年度土地储备专项债券额度内发行专项债券收入；

（二）市县级政府收到的上级政府转贷土地储备专项债券收入。

第十七条　增加举借土地储备专项债券安排的支出应当列入预算调整方案，包括本级支出和转贷下级支出。土地储备专项债券支出应当明确到具体项目，在地方政府债务管理系统中统计，纳入财政支出预算项目库管理。

地方各级国土资源部门应当建立土地储备项目库，项目信息应当包括项目名称、地块区位、储备期限、项目投资计划、收益和融资平衡方案、预期土地出让收入等情况，并做好与地方政府债务管理系统的衔接。

第十八条 土地储备专项债券还本支出应当根据当年到期土地储备专项债券规模、土地出让收入等因素合理预计、妥善安排，列入年度政府性基金预算草案。

第十九条 土地储备专项债券利息和发行费用应当根据土地储备专项债券规模、利率、费率等情况合理预计，列入政府性基金预算支出统筹安排。

第二十条 土地储备专项债券收入、支出、还本付息、发行费用应当按照《地方政府专项债务预算管理办法》（财预〔2016〕155号）规定列入相关预算科目。

第四章 预算执行和决算

第二十一条 省级财政部门应当根据本级人大常委会批准的预算调整方案，结合市县级财政部门会同本级国土资源部门提出的年度土地储备专项债券发行建议，审核确定年度土地储备专项债券发行方案，明确债券发行时间、批次、规模、期限等事项。

市县级财政部门应当会同本级国土资源部门、土地储备机构做好土地储备专项债券发行准备工作。

第二十二条 地方各级国土资源部门、土地储备机构应当配合做好本地区土地储备专项债券发行准备工作，及时准确提供相关材料，配合做好信息披露、信用评级、土地资产评估等工作。

第二十三条 土地储备专项债券应当遵循公开、公平、公正原则采取市场化方式发行，在银行间债券市场、证券交易所市场等交易场所发行和流通。

第二十四条 土地储备专项债券应当统一命名格式，冠以"××年××省、自治区、直辖市（本级或××市、县）土地储备专项债券（×期）——××年××省、自治区、直辖市政府专项债券（×期）"名称，具体由省级财政部门商省级国土资源部门确定。

第二十五条 土地储备专项债券的发行和使用应当严格对应到项目。根据土地储备项目区位特点、实施期限等因素，土地储备专项债券可以对应单一项目发行，也可以对应同一地区多个项目集合发行，具体由市县级财政部门会同本级国土资源部门、土地储备机构提出建议，报省级财政部门确定。

第二十六条 土地储备专项债券期限应当与土地储备项目期限相适应，原则上不超过5年，具体由市县级财政部门会同本级国土资源部门、土地储备机构根据项目周期、债务管理要求等因素提出建议，报省级财政部门确定。

土地储备专项债券发行时，可以约定根据土地出让收入情况提前偿还债券本金的条款。鼓励地方政府通过结构化创新合理设计债券期限结构。

第二十七条　省级财政部门应当按照合同约定，及时偿还土地储备专项债券到期本金、利息以及支付发行费用。市县级财政部门应当及时向省级财政部门缴纳本地区或本级应当承担的还本付息、发行费用等资金。

第二十八条　土地储备项目取得的土地出让收入，应当按照该项目对应的土地储备专项债券余额统筹安排资金，专门用于偿还到期债券本金，不得通过其他项目对应的土地出让收入偿还到期债券本金。

因储备土地未能按计划出让、土地出让收入暂时难以实现，不能偿还到期债券本金时，可在专项债务限额内发行土地储备专项债券周转偿还，项目收入实现后予以归还。

第二十九条　年度终了，县级以上地方各级财政部门应当会同本级国土资源部门、土地储备机构编制土地储备专项债券收支决算，在政府性基金预算决算报告中全面、准确反映土地储备专项债券收入、安排的支出、还本付息和发行费用等情况。

第五章　监督管理

第三十条　地方各级财政部门应当会同本级国土资源部门建立和完善相关制度，加强对本地区土地储备专项债券发行、使用、偿还的管理和监督。

第三十一条　地方各级国土资源部门应当加强对土地储备项目的管理和监督，保障储备土地按期上市供应，确保项目收益和融资平衡。

第三十二条　地方各级政府不得以土地储备名义为非土地储备机构举借政府债务，不得通过地方政府债券以外的任何方式举借土地储备债务，不得以储备土地为任何单位和个人的债务以任何方式提供担保。

第三十三条　地方各级土地储备机构应当严格储备土地管理，切实理清土地产权，按照有关规定完成土地登记，及时评估储备土地资产价值。县级以上地方各级国土资源部门应当履行国有资产运营维护责任。

第三十四条　地方各级土地储备机构应当加强储备土地的动态监管和日常统计，及时在土地储备监测监管系统中填报相关信息，获得相应电子监管号，反映土地储备专项债券运行情况。

第三十五条　地方各级土地储备机构应当及时在土地储备监测监管系统填报相关信息，反映土地储备专项债券使用情况。

第三十六条　财政部驻各地财政监察专员办事处对土地储备专项债券额度、发行、使用、偿还等进行监督，发现违反法律法规和财政管理、土地储备资金管理等政策规定的行为，及时报告财政部，抄送国土资源部。

第三十七条　违反本办法规定情节严重的，财政部可以暂停其地方政府专项债券发行资格。违反法律、行政法规的，依法追究有关人员责任；涉嫌犯罪的，移送司法机关依法处理。

第六章　职 责 分 工

第三十八条　财政部负责牵头制定和完善土地储备专项债券管理制度，下达分地区土地储备专项债券额度，对地方土地储备专项债券管理实施监督。

国土资源部配合财政部加强土地储备专项债券管理，指导和监督地方国土资源部门做好土地储备专项债券管理相关工作。

第三十九条　省级财政部门负责本地区土地储备专项债券额度管理和预算管理、组织做好债券发行、还本付息等工作，并按照专项债务风险防控要求审核项目资金需求。

省级国土资源部门负责审核本地区土地储备规模和资金需求（含成本测算等），组织做好土地储备项目库与地方政府债务管理系统的衔接，配合做好本地区土地储备专项债券发行准备工作。

第四十条　市县级财政部门负责按照政府债务管理要求并根据本级国土资源部门建议以及专项债务风险、土地出让收入等因素，复核本地区土地储备资金需求，做好土地储备专项债券额度管理、预算管理、发行准备、资金监管等工作。

市县级国土资源部门负责按照土地储备管理要求并根据土地储备规模、成本等因素，审核本地区土地储备资金需求，做好土地储备项目库与政府债务管理系统的衔接，配合做好土地储备专项债券发行各项准备工作，监督本地区土地储备机构规范使用土地储备专项债券资金，合理控制土地出让节奏并做好与对应的专项债券还本付息的衔接，加强对项目实施情况的监控。

第四十一条　土地储备机构负责测算提出土地储备资金需求，配合提供土地储备专项债券发行相关材料，规范使用土地储备专项债券资金，提高资金使用效益。

第七章　附　　则

第四十二条　省、自治区、直辖市财政部门可以根据本办法规定，结合本地区实际制定实施细则。

第四十三条　本办法由财政部会同国土资源部负责解释。

第四十四条　本办法自印发之日起实施。

关于印发《地方政府收费公路专项债券管理办法（试行）》的通知

财预〔2017〕97 号

各省、自治区、直辖市、计划单列市财政厅（局）、交通运输厅（局）：

根据《中华人民共和国预算法》和《国务院关于加强地方政府性债务管理的意见》（国发〔2014〕43 号）等有关规定，为完善地方政府专项债券管理，逐步建立专项债券与项目资产、收益对应的制度，有效防范专项债务风险，2017 年在政府收费公路领域开展试点，发行收费公路专项债券，规范政府收费公路融资行为，促进政府收费公路事业持续健康发展，今后逐步扩大范围。为此，我们研究制订了《地方政府收费公路专项债券管理办法（试行）》。

2017 年收费公路专项债券额度已经随同 2017 年分地区地方政府专项债务限额下达，请你们在本地区收费公路专项债券额度内组织做好收费公路专项债券额度管理、预算编制和执行等工作，尽快发挥债券资金效益。

现将《地方政府收费公路专项债券管理办法（试行）》印发给你们，请遵照执行。

附件：地方政府收费公路专项债券管理办法（试行）

财政部　交通运输部
2017 年 6 月 26 日

附件：

地方政府收费公路专项债券管理办法（试行）

第一章　总　　则

第一条　为完善地方政府专项债券管理，规范政府收费公路融资行为，建立收费公路专项债券与项目资产、收益对应的制度，促进政府收费公路事业持续健康发展，根据《中华人民共和国预算法》、《中华人民共和国公路法》和《国务院关于加强地方政府性债务管理的意见》（国发〔2014〕43号）等有关规定，制订本办法。

第二条 本办法所称的政府收费公路，是指根据相关法律法规，采取政府收取车辆通行费等方式偿还债务而建设的收费公路，主要包括国家高速公路、地方高速公路及收费一级公路等。

第三条 本办法所称地方政府收费公路专项债券（以下简称收费公路专项债券）是地方政府专项债券的一个品种，是指地方政府为发展政府收费公路举借，以项目对应并纳入政府性基金预算管理的车辆通行费收入、专项收入偿还的地方政府专项债券。

前款所称专项收入包括政府收费公路项目对应的广告收入、服务设施收入、收费公路权益转让收入等。

第四条 地方政府为政府收费公路发展举借、使用、偿还债务适用本办法。

第五条 地方政府为政府收费公路发展举借债务采取发行收费公路专项债券方式。省、自治区、直辖市政府（以下简称省级政府）为收费公路专项债券的发行主体。设区的市、自治州、县、自治县、不设区的市、市辖区级政府（以下简称市县级政府）确需发行收费公路专项债券的，由省级政府统一发行并转贷给市县级政府。经省级政府批准，计划单列市政府可以自办发行收费公路专项债券。

第六条 发行收费公路专项债券的政府收费公路项目应当有稳定的预期偿债资金来源，对应的政府性基金收入应当能够保障偿还债券本金和利息，实现项目收益和融资自求平衡。

第七条 收费公路专项债券纳入地方政府专项债务限额管理。收费公路专项债券收入、支出、还本、付息、发行费用等纳入政府性基金预算管理。

第八条 收费公路专项债券资金应当专项用于政府收费公路项目建设，优先用于国家高速公路项目建设，重点支持"一带一路"、京津冀协同发展、长江经济带三大战略规划的政府收费公路项目建设，不得用于非收费公路项目建设，不得用于经常性支出和公路养护支出。任何单位和个人不得截留、挤占和挪用收费公路专项债券资金。

第二章 额度管理

第九条 财政部在国务院批准的年度地方政府专项债务限额内，根据政府收费公路建设融资需求、纳入政府性基金预算管理的车辆通行费收入和专项收入状况等因素，确定年度全国收费公路专项债券总额度。

第十条 各省、自治区、直辖市年度收费公路专项债券额度应当在国务院批准的分地区专项债务限额内安排，由财政部下达各省级财政部门，抄送交通运输部。

第十一条 省、自治区、直辖市年度收费公路专项债券额度不足或者不需使用的部分，由省级财政部门会同交通运输部门于每年 7 月底前向财政部提出申请。财政部可以在国务院批准的该地区专项债务限额内统筹调剂额度并予批复，抄送交通运输部。

第十二条 省级财政部门应当加强对本地区收费公路专项债券额度使用情况的监控。

第三章　预　算　编　制

第十三条 省级交通运输部门应当根据本地区政府收费公路发展规划、中央和地方财政资金投入、未来经营收支预测等，组织编制下一年度政府收费公路收支计划，结合纳入政府性基金预算管理的车辆通行费收入和专项收入、项目收益和融资平衡情况等因素，测算提出下一年度收费公路专项债券需求，于每年 9 月底前报送省级财政部门。

市县级交通运输部门确需使用收费公路专项债券资金的，应当及时测算提出本地区下一年度收费公路专项债券需求，提交同级财政部门审核，经同级政府批准后报送省级交通运输部门。

第十四条 省级财政部门汇总审核本地区下一年度收费公路专项债券需求，随同增加举借专项债务和安排公益性资本支出项目的建议，报经省级政府批准后于每年 10 月底前报送财政部、交通运输部。

第十五条 交通运输部结合国家公路发展规划、各地公路发展实际和完善路网的现实需求、车辆购置税专项资金投资政策等，对各地区下一年度收费公路专项债券项目和额度提出建议，报财政部。

第十六条 省级财政部门应当在财政部下达的本地区收费公路专项债券额度内，根据省级和市县级政府纳入政府性基金预算管理的车辆通行费收入和专项收入情况、政府收费公路建设融资需求、专项债务风险、项目期限结构及收益平衡情况等因素，提出本地区年度收费公路专项债券额度分配方案，报省级政府批准后，将分配市县的额度下达各市县级财政部门，并抄送省级交通运输部门。

省级交通运输部门应当及时向本级财政部门提供政府收费公路建设项目的相关信息，便于财政部门科学合理分配收费公路专项债券额度。

第十七条 县级以上地方各级财政部门应当在上级下达的收费公路专项债券额度内，会同本级交通运输部门提出具体项目安排建议。

第十八条 增加举借的收费公路专项债券收入应当列入政府性基金预算调整方案。包括：

（一）省级政府在财政部下达的年度收费公路专项债券额度内发行专项债券收入；

（二）市县级政府收到的上级政府转贷收费公路专项债券收入。

第十九条 增加举借收费公路专项债券安排的支出应当列入预算调整方案，包括本级支出和转贷下级支出。收费公路专项债券支出应当明确到具体项目，在地方政府债务管理系统中统计，纳入财政支出预算项目库管理。

地方各级交通运输部门应当建立政府收费公路项目库，项目信息应当包括项目名称、立项依据、通车里程、建设期限、项目投资计划、收益和融资平衡方案、车辆购置税等一般公共预算收入安排的补助、车辆通行费征收标准及期限、预期专项收入等情况，并做好与地方政府债务管理系统的衔接。

第二十条 收费公路专项债券还本支出应当根据当年到期收费公路专项债务规模、车辆通行费收入、对应专项收入等因素合理预计、妥善安排，列入年度政府性基金预算草案。

第二十一条 收费公路专项债券利息和发行费用应当根据收费公路专项债券规模、利率、费率等情况合理预计，列入政府性基金预算支出统筹安排。

第二十二条 收费公路专项债券对应项目形成的广告收入、服务设施收入等专项收入，应当全部纳入政府性基金预算收入，除根据省级财政部门规定支付必需的日常运转经费外，专门用于偿还收费公路专项债券本息。

第二十三条 收费公路专项债券收入、支出、还本付息、发行费用应当按照《地方政府专项债务预算管理办法》（财预〔2016〕155号）规定列入相关预算科目。按照本办法第二十二条规定纳入政府性基金预算收入的专项收入，应当列入"专项债券项目对应的专项收入"下的"政府收费公路专项债券对应的专项收入"科目，在政府性基金预算收入合计线上反映。

第四章　预算执行和决算

第二十四条　省级财政部门应当根据本级人大常委会批准的预算调整方案，结合省级交通运输部门提出的年度收费公路专项债券发行建议，审核确定年度收费公路专项债券发行方案，明确债券发行时间、批次、规模、期限等事项。

市县级财政部门应当会同本级交通运输部门做好收费公路专项债券发行准备工作。

第二十五条　地方各级交通运输部门应当配合做好本地区政府收费公路专项债券发行准备工作，及时准确提供相关材料，配合做好信息披露、信用评级、资产评估等工作。

第二十六条　收费公路专项债券应当遵循公开、公平、公正原则采取市场化方式发行，在银行间债券市场、证券交易所市场等场所发行和流通。

第二十七条　收费公路专项债券应当统一命名格式，冠以"××年××省、自治区、直辖市（本级或××市、县）收费公路专项债券（×期）——××年××省、自治区、直辖市政府专项债券（×期）"名称，具体由省级财政部门商省级交通运输部门确定。

第二十八条　收费公路专项债券的发行和使用应当严格对应到项目。根据政府收费公路相关性、收费期限等因素，收费公路专项债券可以对应单一项目发行，也可以对应一个地区的多个项目集合发行，具体由省级财政部门会同省级交通运输部门确定。

第二十九条　收费公路专项债券期限应当与政府收费公路收费期限相适应，原则上单次发行不超过 15 年，具体由省级财政部门会同省级交通运输部门根据项目建设、运营、回收周期和债券市场状况等因素综合确定。

收费公路专项债券发行时，可以约定根据车辆通行费收入情况提前或延迟偿还债券本金的条款。鼓励地方政府通过结构化创新合理设计债券期限结构。

第三十条　省级财政部门应当会同交通运输部门及时向社会披露收费公路专项债券相关信息，包括收费公路专项债券规模、期限、利率、偿债计划及资金来源、项目名称、收益和融资平衡方案、建设期限、车辆通行费征收标准及期限等。省级交通运输部门应当积极配合提供相关材料。

省级交通运输部门应当于每年 6 月底前披露截至上一年度末收费公路专项债券对应项目的实施进度、债券资金使用等情况。

第三十一条　政府收费公路项目形成的专项收入，应当全部上缴国库。县级以上地方各级交通运输部门应当履行项目运营管理责任，加强成本控制，确保车辆通行费收入和项目形成的专项收入应收尽收，并按规定及时足额缴入国库。

第三十二条 省级财政部门应当按照合同约定，及时偿还收费公路专项债券到期本金、利息以及支付发行费用。市县级财政部门应当及时向省级财政部门缴纳本地区或本级应当承担的还本付息、发行费用等资金。

第三十三条 年度终了，县级以上地方各级财政部门应当会同本级交通运输部门编制收费公路专项债券收支决算，在政府性基金预算决算报告中全面、准确反映收费公路专项债券收入、安排的支出、还本付息和发行费用等情况。

第五章 监督管理

第三十四条 地方各级财政部门应当会同本级交通运输部门建立和完善相关制度，加强对本地区收费公路专项债券发行、使用、偿还的管理和监督。

第三十五条 地方各级交通运输部门应当加强收费公路专项债券对应项目的管理和监督，确保项目收益和融资平衡。

第三十六条 地方各级财政部门、交通运输部门不得通过企事业单位举借债务，不得通过地方政府债券以外的任何方式举借债务，不得为任何单位和个人的债务以任何方式提供担保。

第三十七条 地方各级财政部门应当会同本级交通运输部门，将收费公路专项债券对应项目形成的基础设施资产纳入国有资产管理。建立收费公路专项债券对应项目形成的资产登记和统计报告制度，加强资产日常统计和动态监控。县级以上地方各级交通运输部门及相关机构应当认真履行资产运营维护责任，并做好资产的会计核算管理工作。收费公路专项债券对应项目形成的基础设施资产和收费公路权益，应当严格按照债券发行时约定的用途使用，不得用于抵质押。

第三十八条 财政部驻各地财政监察专员办事处对收费公路专项债券额度、发行、使用、偿还等进行监督，发现违反法律法规和财政管理、收费公路等政策规定的行为，及时报告财政部，抄送交通运输部。

第三十九条 违反本办法规定情节严重的，财政部可以暂停其发行地方政府专项债券。违反法律、行政法规的，依法依规追究有关人员责任；涉嫌犯罪的，移送司法机关依法处理。

第四十条 各级财政部门、交通运输部门在地方政府收费公路专项债券监督和管理工作中，存在滥用职权、玩忽职守、徇私舞弊等违法违纪行为的，按照《中华人民共和国预算法》、《公务员法》、《行政监察法》、《财政违法行为处罚处分条例》等国家有关规定追究相应责任；涉嫌犯罪的，移送司法机关处理。

第六章　职责分工

第四十一条　财政部负责牵头制定和完善收费公路专项债券管理制度，下达分地区收费公路专项债券额度，对地方收费公路专项债券管理实施监督。

交通运输部配合财政部加强收费公路专项债券管理，指导和监督地方交通运输部门做好收费公路专项债券管理相关工作。

第四十二条　省级财政部门负责本地区收费公路专项债券额度管理和预算管理，组织做好债券发行、还本付息等工作，并按照专项债务风险防控要求审核项目资金需求。

省级交通运输部门负责审核汇总本地区国家公路网规划、省级公路网规划建设的政府收费公路资金需求，组织做好政府收费公路项目库与地方政府债务管理系统的衔接，配合做好本地区收费公路专项债券各项发行准备工作，规范使用收费公路专项债券资金，组织有关单位及时足额缴纳车辆通行费收入、相关专项收入等。

第四十三条　市县级政府规划建设政府收费公路确需发行专项债券的，市县级财政部门、交通运输部门应当参照省级相关部门职责分工，做好收费公路专项债券以及对应项目管理相关工作。

第七章　附　　则

第四十四条　省、自治区、直辖市财政部门可以根据本办法规定，结合本地区实际制定实施细则。

第四十五条　本办法由财政部会同交通运输部负责解释。

第四十六条　本办法自印发之日起实施。

关于印发《试点发行地方政府棚户区改造专项债券管理办法》的通知

财预〔2018〕28 号

各省、自治区、直辖市、计划单列市财政厅（局），住房城乡建设厅（局、委）：

按照党中央、国务院有关精神和要求，根据《中华人民共和国预算法》《国务院关于加强地方政府性债务管理的意见》（国发〔2014〕43 号）等有关规定，为完善地方政府专项债券管理，规范棚户区改造融资行为，坚决遏制地方政府隐性债务增量，2018 年在棚户区改造领域开展试点，有序推进试点发行地方政府棚户区改造专项债券工作，探索建立棚户区改造专项债券与项目资产、收益相对应的制度，发挥政府规范适度举债改善群众住房条件的积极作用，我们研究制订了《试点发行地方政府棚户区改造专项债券管理办法》。现予以印发，请遵照执行。

附件：试点发行地方政府棚户区改造专项债券管理办法

财政部　住房城乡建设部
2018 年 3 月 1 日

附件：

试点发行地方政府棚户区改造专项债券管理办法

第一章　总　　则

第一条　为完善地方政府专项债券管理，规范棚户区改造融资行为，坚决遏制地方政府隐性债务增量，有序推进试点发行地方政府棚户区改造专项债券工作，探索建立棚户区改造专项债券与项目资产、收益相对应的制度，发挥政府规范适度举债改善群众住房条件的积极作用，根据《中华人民共和国预算法》、《国务院关于加强地方政府性债务管理的意见》（国发〔2014〕43 号）等有关规定，制订本办法。

第二条 本办法所称棚户区改造，是指纳入国家棚户区改造计划，依法实施棚户区征收拆迁、居民补偿安置以及相应的腾空土地开发利用等的系统性工程，包括城镇棚户区（含城中村、城市危房）、国有工矿（含煤矿）棚户区、国有林区（场）棚户区和危旧房、国有垦区危房改造项目等。

第三条 本办法所称地方政府棚户区改造专项债券（以下简称棚改专项债券）是地方政府专项债券的一个品种，是指遵循自愿原则、纳入试点的地方政府为推进棚户区改造发行，以项目对应并纳入政府性基金预算管理的国有土地使用权出让收入、专项收入偿还的地方政府专项债券。

前款所称专项收入包括属于政府的棚改项目配套商业设施销售、租赁收入以及其他收入。

第四条 试点期间地方政府为棚户区改造举借、使用、专项债务适用本办法。

第五条 省、自治区、直辖市政府（以下简称省级政府）为棚改专项债券的发行主体。试点期间设区的市、自治州，县、自治县、不设区的市、市辖区级政府（以下简称市县级政府）确需棚改专项债券的，由其省级政府统一发行并转贷给市县级政府。

经省政府批准，计划单列市政府可以自办发行棚改专项债券。

第六条 试点发行棚改专项债券的棚户区改造项目应当有稳定的预期偿债资金来源，对应的纳入政府性基金的国有土地使用权出让收入、专项收入应当能够保障偿还债券本金和利息，实现项目收益和融资自求平衡。

第七条 棚改专项债券纳入地方政府专项债务限额管理。棚改专项债券收入、支出、还本、付息、发行费用等纳入政府性基金预算管理。

第八条 棚改专项债券资金由财政部门纳入政府性基金预算管理，并由本级棚改主管部门专项用于棚户区改造，严禁用于棚户区改造以外的项目，任何单位和个人不得截留、挤占和挪用，不得用于经常性支出。

本级棚改主管部门是指各级住房城乡建设部门以及市县级政府确定的棚改主管部门。

第二章 额 度 管 理

第九条 财政部在国务院批准的年度地方政府专项债务限额内，根据地方棚户区改造融资需求及纳入政府性基金预算管理的国有土地使用权出让收入、专项收入状况等因素，确定年度全国棚改专项债券总额度。

第十条 各省、自治区、直辖市年度棚改专项债券额度应当在国务院批准的本地区专项债务限额内安排，由财政部下达各省级财政部门，并抄送住房城乡建设部。

第十一条 预算执行中，各省、自治区、直辖市年度棚改专项债券额度不足或者不需使用的部分，由省级财政部门会同住房城乡建设部门于每年 8 月 31 日前向财政部提出申请。财政部可以在国务院批准的该地区专项债务限额内统筹调剂额度并予批复，同时抄送住房城乡建设部。

第十二条 省级财政部门应当加强对本地区棚改专项债券额度使用情况的监督管理。

第三章 预 算 编 制

第十三条 县级以上地方各级棚改主管部门应当根据本地区棚户区改造规划和分年改造任务等，结合项目收益与融资平衡情况等因素，测算提出下一年度棚改专项债券资金需求，报本级财政部门复核。市县级财政部门将复核后的下一年度棚改专项债券资金需求，经本级政府批准后，由市县政府于每年 9 月底前报省级财政部门和省级住房城乡建设部门。

第十四条 省级财政部门会同本级住房城乡建设部门汇总审核本地区下一年度棚改专项债券需求，随同增加举借专项债务和安排公益性资本支出项目的建议，经省级政府批准后于每年 10 月 31 日前报送财政部。

第十五条 省级财政部门在财政部下达的本地区棚改专项债券额度内，根据市县近三年纳入政府性基金预算管理的国有土地使用权出让收入和专项收入情况、申报的棚改项目融资需求、专项债务风险、项目期限、项目收益和融资平衡情况等因素，提出本地区年度棚改专项债券分配方案，报省级政府批准后下达各市县级财政部门，并抄送省级住房城乡建设部门。

第十六条 市县级财政部门应当在省级财政部门下达的棚改专项债券额度内，会同本级棚改主管部门提出具体项目安排建议，连同年度棚改专项债券发行建议报省级财政部门备案，抄送省级住房城乡建设部门。

第十七条 增加举借的棚改专项债券收入应当列入政府性基金预算调整方案。包括：

（一）省级政府在财政部下达的年度棚改专项债券额度内发行专项债券收入。

（二）市县级政府使用的上级政府转贷棚改专项债券收入。

第十八条　增加举借棚改专项债券安排的支出应当列入预算调整方案，包括本级支出和转贷下级支出。棚改专项债券支出应当明确到具体项目，在地方政府债务管理系统中统计，纳入财政支出预算项目库管理。

地方各级棚改主管部门应当建立试点发行地方政府棚户区改造专项债券项目库，项目库信息应当包括项目名称、棚改范围、规模（户数或面积）、标准、建设期限、投资计划、预算安排、预期收益和融资平衡方案等情况，并做好与地方政府债务管理系统的衔接。

第十九条　棚改专项债券还本支出应当根据当年到期棚改专项债券规模、棚户区改造项目收益等因素合理预计、妥善安排，列入年度政府性基金预算草案。

第二十条　棚改专项债券利息和发行费用应当根据棚改专项债券规模、利率、费率等情况合理预计，列入政府性基金预算支出统筹安排。

第二十一条　棚改专项债券收入、支出、还本付息、发行费用应当按照《地方政府专项债务预算管理办法》（财预〔2016〕155号）规定列入相关预算科目。

第四章　预算执行和决算

第二十二条　省级财政部门应当根据本级人大常委会批准的预算调整方案，结合市县级财政部门会同本级棚改主管部门提出的年度棚改专项债券发行建议，审核确定年度棚改专项债券发行方案，明确债券发行时间、批次、规模、期限等事项。

市县级财政部门应当会同本级棚改主管部门做好棚改专项债券发行准备工作。

第二十三条　地方各级棚改主管部门应当配合做好本地区棚改专项债券试点发行准备工作，及时准确提供相关材料，配合做好项目规划、信息披露、信用评级、资产评估等工作。

第二十四条　发行棚改专项债券应当披露项目概况、项目预期收益和融资平衡方案、第三方评估信息、专项债券规模和期限、分年投资计划、本金利息偿还安排等信息。项目实施过程中，棚改主管部门应当根据实际情况及时披露项目进度、专项债券资金使用情况等信息。

第二十五条　棚改专项债券应当遵循公开、公平、公正原则采取市场化方式发行，在银行间债券市场、证券交易所市场等交易场所发行和流通。

第二十六条 棚改专项债券应当统一命名格式，冠以"××年××省、自治区、直辖市（本级或××市、县）棚改专项债券（×期）——××年××省、自治区、直辖市政府专项债券（×期）"名称，具体由省级财政部门商省级住房城乡建设部门确定。

第二十七条 棚改专项债券的发行和使用应当严格对应到项目。根据项目地理位置、征拆户数、实施期限等因素，棚改专项债券可以对应单一项目发行，也可以对应同一地区多个项目集合发行，具体由市县级财政部门会同本级棚改主管部门提出建议，报省级财政部门确定。

第二十八条 棚改专项债券期限应当与棚户区改造项目的征迁和土地收储、出让期限相适应，原则上不超过15年，可根据项目实际适当延长，避免期限错配风险。具体由市县级财政部门会同本级棚改主管部门根据项目实施周期、债务管理要求等因素提出建议，报省级财政部门确定。

棚改专项债券发行时，可以约定根据项目收入情况提前偿还债券本金的条款。鼓励地方政府通过结构化设计合理确定债券期限。

第二十九条 棚户区改造项目征迁后腾空土地的国有土地使用权出让收入、专项收入，应当结合该项目对应的棚改专项债券余额统筹安排资金，专门用于偿还到期债券本金，不得通过其他项目对应的国有土地使用权出让收入、专项收入偿还到期债券本金。因项目对应的专项收入暂时难以实现，不能偿还到期债券本金时，可在专项债务限额内发行棚改专项债券周转偿还，项目收入实现后予以归还。

第三十条 省级财政部门应当按照合同约定，及时偿还棚改专项债券到期本金、利息以及支付发行费用。市县级财政部门应当及时向省级财政部门缴纳本地区或本级应当承担的还本付息、发行费用等资金。

第三十一条 年度终了，县级以上地方各级财政部门应当会同本级棚改主管部门编制棚改专项债券收支决算，在政府性基金预算决算报告中全面、准确反映当年棚改专项债券收入、安排的支出、还本付息和发行费用等情况。

第五章 监督管理

第三十二条 地方各级财政部门应当会同本级棚改主管部门建立和完善相关制度，加强对本地区棚改专项债券发行、使用、偿还的管理和监督。

第三十三条 地方各级棚改主管部门应当加强对使用棚改专项债券项目的

管理和监督，确保项目收益和融资自求平衡。

地方各级棚改主管部门应当会同有关部门严格按照政策实施棚户区改造项目范围内的征迁工作，腾空的土地及时交由国土资源部门按照有关规定统一出让。

第三十四条 地方各级政府及其部门不得通过发行地方政府债券以外的任何方式举借债务，除法律另有规定外不得为任何单位和个人的债务以任何方式提供担保。

第三十五条 地方各级财政部门应当会同本级棚改主管部门等，将棚改专项债券对应项目形成的国有资产，纳入本级国有资产管理，建立相应的资产登记和统计报告制度，加强资产日常统计和动态监控。县级以上各级棚改主管部门应当认真履行资产运营维护责任，并做好资产的会计核算管理工作。棚改专项债券对应项目形成的国有资产，应当严格按照棚改专项债券发行时约定的用途使用，不得用于抵押、质押。

第三十六条 财政部驻各地财政监察专员办事处对棚改专项债券额度、发行、使用、偿还等进行监督，发现违反法律法规和财政管理、棚户区改造资金管理等政策规定的行为，及时报告财政部，并抄送住房城乡建设部。

第三十七条 违反本办法规定情节严重的，财政部可以暂停其发行棚改专项债券。违反法律、行政法规的，依法追究有关人员责任；涉嫌犯罪的，移送司法机关依法处理。

第三十八条 地方各级财政部门、棚改主管部门在地方政府棚改专项债券监督和管理工作中，存在滥用职权、玩忽职守、徇私舞弊等违法违纪行为的，按照《中华人民共和国预算法》《公务员法》《行政监察法》《财政违法行为处罚处分条例》等国家有关规定追究相应责任；涉嫌犯罪的，移送司法机关处理。

第六章　职责分工

第三十九条 财政部负责牵头制定和完善试点发行棚改专项债券管理办法，下达分地区棚改专项债券额度，对地方棚改专项债券管理实施监督。

第四十条 住房城乡建设部配合财政部指导和监督地方棚改主管部门做好试点发行棚改专项债券管理相关工作。

第四十一条 省级财政部门负责本地区棚改专项债券额度管理和预算管理、组织做好债券发行、还本付息等工作，并按照专项债务风险防控要求审核项目资金需求。

第四十二条 省级住房城乡建设部门负责审核本地区棚改专项债券项目和资金需求，组织做好试点发行棚户区改造专项债券项目库与地方政府债务管理系统的衔接，配合做好本地区棚改专项债券发行准备工作。

第四十三条 市县级财政部门负责按照政府债务管理要求并根据本级试点发行棚改专项债券项目，以及本级专项债务风险、政府性基金收入等因素，复核本地区试点发行棚改专项债券需求，做好棚改专项债券额度管理、预算管理、发行准备、资金使用监管等工作。

市县级棚改主管部门负责按照棚户区改造工作要求并根据棚户区改造任务、成本等因素，建立本地区试点发行棚户区改造专项债券项目库，做好入库棚改项目的规划期限、投资计划、收益和融资平衡方案、预期收入等测算，做好试点发行棚户区改造专项债券年度项目库与政府债务管理系统的衔接，配合做好棚改专项债券发行各项准备工作，加强对项目实施情况的监控，并统筹协调相关部门保障项目建设进度，如期实现专项收入。

第七章 附 则

第四十四条 省、自治区、直辖市财政部门可以根据本办法规定，结合本地区实际制定实施细则。

第四十五条 本办法由财政部会同住房城乡建设部负责解释。

第四十六条 本办法自 2018 年 3 月 1 日起实施。

关于做好 2018 年地方政府债务管理工作的通知

财预〔2018〕34 号

各省、自治区、直辖市、计划单列市财政厅（局）：

为贯彻落实党中央、国务院决策部署，按照推动高质量发展的要求，加强地方政府债务管理，发挥政府规范举债对经济社会发展的促进作用，有效防范化解地方政府债务风险，坚决打好防范化解重大风险的攻坚战，现就做好 2018 年地方政府债务管理工作通知如下：

一、高度重视地方政府债务管理工作

党中央、国务院高度重视地方政府债务管理工作。党的十九大报告指出，从现在到二〇二〇年是全面建成小康社会决胜期，要紧扣我国社会主要矛盾变化，突出抓重点、补短板、强弱项，特别是要坚决打好防范化解重大风险、精准扶贫、污染防治的攻坚战，使全面建成小康社会得到人民认可、经得起历史检验。中央经济工作会议要求，切实加强地方政府债务管理。全国金融工作会议明确，各级地方党委和政府要树立正确政绩观，严控地方政府债务增量，终身问责、倒查责任。国务院常务会议强调，严格规范地方政府举债行为，积极稳妥化解累积的债务风险，各地要落实属地责任，堵住"后门"，坚决遏制违法违规举债。

地方政府举债要与偿还能力相匹配，是必须遵循的经济规律。地方各级财政部门要全面贯彻党的十九大精神，坚持新发展理念，按照高质量发展的要求，牢固树立政治意识、大局意识、核心意识、看齐意识，严格落实属地管理责任，将防范化解地方政府债务风险作为当前财政管理工作的重中之重，依法健全规范的地方政府举债融资机制，既要开好"前门"，稳步推进政府债券管理改革，强化政府债券资金绩效管理，提高政府债券资金使用效益，发挥政府规范举债的积极作用，支持补齐民生领域短板，又要严堵"后门"，守住国家法律"红线"，坚守财政可持续发展底线，加大财政约束力度，硬化预算约束，坚决制止和查处各类违法违规或变相举债行为，促进经济社会健康持续发展。

二、依法规范地方政府债务限额管理和预算管理

（一）合理确定分地区地方政府债务限额。地方政府债务限额分配要充分体现立足财力水平、防范债务风险、保障融资需求、注重资金效益、公平公开透明的原则，不得超越财力实际将上级政府批准的地方政府债务限额过多留用本级或下达下级，实现不同地区地方政府债务限额与其偿债能力相匹配。

（二）加快地方政府债务限额下达进度。省级财政部门要提前做好各项工作准备，自收到经国务院批准后下达的分地区地方政府债务限额起，尽快提请完成本地区政府债务安排的法定审批程序，原则上于 1 个月之内下达各市县级政府，具备条件的地区应当尽量提前下达。

（三）用好地方政府债务限额。在严格执行法定限额管理的同时，鼓励各地区按照《财政部关于试点发展项目收益与融资自求平衡的地方政府专项债券品种的通知》（财预〔2017〕89 号）规定，积极利用上年末专项债务未使用的限额，结合项目对应的政府性基金收入、专项收入情况，合理选择重点项目试点分类发行项目收益与融资自求平衡的专项债券（以下简称项目收益专项债券），保障重点领域合理融资需求。

（四）落实全面实施绩效管理要求。建立健全"举债必问效、无效必问责"的政府债务资金绩效管理机制，推进实施地方政府债务项目滚动管理和绩效管理，加强债务资金使用和对应项目实施情况监控，引导各地按照轻重缓急顺序合理安排使用债务资金，地方政府债务资金只能用于公益性资本支出，不得用于经常性开支，要优先保障在建工程项目建设，提高债务资金使用绩效。

（五）推进地方政府债务领域信息公开。及时公开本地区地方政府债务限额、余额、期限、用途等信息。完善地方政府债券信息披露机制，发行一般债券应当重点披露本地区生产总值、财政收支、债务风险等财政经济信息，以及债券规模、利率、期限、具体使用项目、偿债计划等债券信息；发行专项债券应当重点披露本地区及使用债券资金相关地区的政府性基金预算收入、专项债务风险等财政经济信息，以及债券规模、利率、期限、具体使用项目、偿债计划等债券信息，发行项目收益专项债券还应当披露债券投向的公益性项目概况、投资规模及分年投资计划、建设资金来源、项目融资平衡方案、潜在风险评估等信息，以及由第三方专业机构出具的财务审计报告、信用评级报告、法律意见书等。

三、及时完成存量地方政府债务置换工作

（六）加快存量地方政府债务置换进度。各地应当尽早启动置换债券发行，确保在国务院明确的期限内完成全部非政府债券形式存量政府债务置换工作。债权人不同意在规定期限内置换为政府债券的，仍由原债务人依法承担偿债责任，对应的地方政府债务限额由中央统一收回；地方政府作为出资人的，在出资范围内承担有限责任。

涉及按规定核减（销）存量政府债务的，应当有可验证的合法书面凭据。涉及工程款结算延期的，可以根据工程完成进度协商置换一部分对应的存量政府债务，后续工程建设通过财政预算资金或地方政府新增债券资金等统筹支持。

（七）强化置换债券资金管理。各地要督促本地区各级政府和相关单位对照《财政部关于做好2016年地方政府置换债券核查情况整改工作的函》（财预函〔2017〕31号）各项整改要求，规范使用置换债券资金，置换债券资金要严格用于偿还清理甄别认定的截至2014年末存量政府债务，严禁用于其他用途。

四、着力加强债务风险监测和防范

（八）健全地方政府性债务风险评估和预警机制。加强风险评估和预警结果应用，动态监测高风险地区债务风险状况并向本地区政府性债务领导小组报告，提请建立风险评估和预警结果对高风险地区的约束机制，督促高风险地区采取有效措施逐步化解风险，研究制定对高风险地区政府投融资行为的约束性措施。

（九）发挥地方政府财政重整计划作用。按照《国务院办公厅关于印发地方政府性债务风险应急处置预案的通知》（国办函〔2016〕88号）规定，督促相关高风险地区通过实施一系列增收、节支、资产处置等短期和中长期措施安排，使债务规模和偿债能力相一致，恢复财政收支平衡状态。

五、进一步强化地方政府债券管理

（十）加快实现地方政府债券管理与项目严格对应。坚持以健全市场约束机制为导向，依法规范地方政府债券管理。严格遵循地方政府举借的债务只能用于公益性资本支出的法律规定，地方政府债券发行必须一律与公益性建设项目对应，一般债券和专项债券发行信息披露时均要将债券资金安排明确到具体项目；债券资金使用要严格按照披露的项目信息执行，确需调整支出用途的，

应当按照规定程序办理，保护投资者合法权益。

（十一）稳步推进地方政府专项债券管理改革。完善专项债券管理，在严格将专项债券发行与项目一一对应的基础上，加快实现债券资金使用与项目管理、偿债责任相匹配，以及债券期限与项目期限相匹配。继续推进发行土地储备和政府收费公路专项债券。合理扩大专项债券使用范围，鼓励地方按照《财政部关于试点发展项目收益与融资自求平衡的地方政府专项债券品种的通知》（财预〔2017〕89号）要求，创新和丰富债券品种，按照中央经济工作会议确定的重点工作，优先在重大区域发展以及乡村振兴、生态环保、保障性住房、公立医院、公立高校、交通、水利、市政基础设施等领域选择符合条件的项目，积极探索试点发行项目收益专项债券。

各地利用上年末地方政府专项债务未使用限额的部分试点发行项目收益专项债券的，应当按照财预〔2017〕89号文件要求，组织制定实施方案以及专项债券管理办法，报财政部备案后实施。

（十二）完善地方政府债券本金偿还机制。将防范地方政府债务风险和促进政府债券资金集约使用有机结合，既要根据公益性项目建设进展合理确定发债规模和期限，又要结合实际情况灵活创新地方政府债券本金偿还机制。在按照市场化原则保障债权人合法权益的前提下，地方政府发行政府债券时可以约定到期偿还、提前偿还、分年偿还等不同形式的本金偿还条款，避免偿债资金闲置，防范资金挪用风险。

（十三）大力发展地方政府债券市场。稳妥利用银行间市场、证券交易所市场发行地方政府债券，积极探索在商业银行柜台销售地方政府债券，推动地方政府债券投资主体多元化。完善地方政府债券市场化定价机制，各地要自觉增强市场化意识，严禁采取非市场化手段干预地方政府债券发行定价，充分发挥市场在地方政府债券发行中的决定性作用。鼓励各地通过政府购买服务等方式，引入第三方机构参与地方政府债券发行准备工作，提高地方政府债券管理专业化程度。

省级财政部门和财政部驻各地财政监察专员办事处要加强债务调研、核查和检查，发现问题的及时督促整改、严肃问责。

特此通知。

财政部

2018年2月24日

关于做好 2018 年地方政府债券发行工作的意见

财库〔2018〕61 号

各省、自治区、直辖市、计划单列市财政厅（局），新疆生产建设兵团财政局，财政部驻各省、自治区、直辖市、计划单列市财政监察专员办事处，中国国债协会，中央国债登记结算有限责任公司、中国证券登记结算有限责任公司，上海证券交易所、深圳证券交易所：

根据《预算法》、《国务院关于加强地方政府性债务管理的意见》（国发〔2014〕43 号）和地方政府债券发行管理有关规定，现就做好 2018 年地方政府债券发行工作提出如下意见：

一、加强地方政府债券发行计划管理

（一）各省、自治区、直辖市、经省政府批准自办债券发行的计划单列市新增债券发行规模不得超过财政部下达的当年本地区新增债务限额；置换债券发行规模上限原则上为各地区上报财政部的置换债券建议发债数；发行地方政府债券用于偿还 2018 年到期地方政府债券的规模上限，按照申请发债数与到期还本数孰低的原则确定。

（二）地方财政部门应当根据资金需求、存量政府债务或地方政府债券到期情况、债券市场状况等因素，统筹资金需求与库款充裕程度，科学安排债券发行，合理制定债券全年发行总体安排、季度发行初步安排、每次发行具体安排。鼓励地方财政部门提前公布全年、季度发行安排。允许一个省份在同一时段发行相同期限的一般债券和专项债券。

（三）对于公开发行的地方政府债券，每季度发行量原则上控制在本地区全年公开发行债券规模的 30% 以内（按季累计计算）。全年发债规模不足 500 亿元（含 500 亿元，下同），或置换债券计划发行量占比大于 40%（含 40%），或项目建设时间窗口较少的地区，上述比例可以放宽至 40% 以内（按季累计计算）。如年内未发行规模不足 100 亿元，可选择一次性发行，不受上述进度比例限制。

（四）地方财政部门应当统筹做好置换债券发行和存量债务置换各项工作，

确保存量债务置换工作如期完成。

二、提升地方政府债券发行定价市场化水平

（一）地方财政部门、地方政府债券承销团成员、信用评级机构及其他相关主体应当强化市场化意识，严格按照市场化、规范化原则做好地方政府债券发行相关工作。

（二）地方财政部门不得在地方政府债券发行中通过"指导投标"、"商定利率"等方式干预地方政府债券发行定价。对于采用非市场化方式干预地方政府债券发行定价的地方财政部门，一经查实，财政部将予以通报。

（三）地方财政部门应当合理开展公开发行一般债券的续发行工作，适当增加单只一般债券规模，提高流动性。对于项目收益与融资自求平衡的专项债券（以下简称项目收益专项债券），地方财政部门应当加强与当地国土资源、交通运输等项目主管部门的沟通协调，按照相关专项债券管理办法，合理搭配项目集合发债，适当加大集合发行力度。对于单只债券募集额不足 5 亿元的债券，地方财政部门可以积极研究采用公开承销方式发行，提高发行效率。

（四）地方财政部门可结合市场情况和自身需要，采用弹性招标方式发行地方政府债券。鼓励各地加大采用定向承销方式发行置换债券的力度。

（五）地方财政部门应当在充分征求承销团成员意见的基础上，科学设定地方政府债券发行技术参数，可以不再设定单个承销团成员投标额上限。

（六）地方政府债券承销团成员应当根据债券市场利率资金供求、债券信用状况等因素，严格遵循市场化原则参与地方政府债券承销工作，科学设定投标标位。对于采用串标等方式恶意扰乱地方政府债券发行定价的承销团成员，一经查实，财政部将予以通报。

三、合理设置地方政府债券期限结构

（一）公开发行的一般债券，增加 2 年、15 年、20 年期限。各地应当根据项目资金状况、市场需求等因素，合理安排债券期限结构。公开发行的 7 年期以下（不含 7 年期）一般债券，每个期限品种发行规模不再设定发行比例上限；公开发行的 7 年期以上（含 7 年期）债券发行总规模不得超过全年公开发行一般债券总规模的 60%；公开发行的 10 年期以上（不含 10 年期）一般债券发行总规模，不得超过全年公开发行 2 年期以下（含 2 年期）一般债券规模。

（二）公开发行的普通专项债券，增加 15 年、20 年期限。各地应当按照相

关规定，合理设置地方政府债券期限结构，并按年度、项目实际统筹安排债券期限，适当减少每次发行的期限品种。公开发行的 7 年期以上（含 7 年期）普通专项债券发行总规模不得超过全年公开发行普通专项债券总规模的 60%；公开发行的 10 年期以上（不含 10 年期）普通专项债券发行总规模，不得超过全年公开发行 2 年期以下（含 2 年期）普通专项债券规模。

（三）公开发行的项目收益专项债券，各地应当按照相关规定，充分结合项目建设运营周期、资金需求、项目对应的政府性基金收入和专项收入情况、债券市场需求等因素，合理确定专项债券期限。

四、完善地方政府债券信用评级和信息披露机制

（一）中国国债协会应当研究制定地方政府债券信用评级自律规范，建立地方政府债券信用评级业务评价体系，强化对地方政府债券信用评级机构的行业自律。

（二）对于一般债券，地方财政部门应当重点披露本地区生产总值、财政收支、债务风险等财政经济信息，以及债券规模、利率、期限、具体使用项目、偿债计划等债券信息。对于专项债券，应当重点披露本地区及使用债券资金相关地区的政府性基金预算收入、专项债务风险等财政经济信息，以及债券规模、利率、期限、具体使用项目、偿债计划等债券信息。对于土地储备、收费公路专项债券等项目收益专项债券，地方财政部门应当在积极与国土资源、交通运输等相关部门沟通协调的基础上，充分披露对应项目详细情况、项目融资来源、项目预期收益情况、收益和融资平衡方案、潜在风险评估等信息。

（三）财政部将研究制定项目收益专项债券信息披露最低披露要求，鼓励各地结合项目实际情况，不断丰富专项债券尤其是项目收益专项债券信息披露内容。

五、促进地方政府债券投资主体多元化

（一）丰富投资者类型，鼓励商业银行、证券公司、保险公司等各类机构和个人，全面参与地方政府债券投资。

（二）鼓励具备条件的地区积极在上海等自由贸易试验区发行地方政府债券，吸引外资金融机构更多地参与地方政府债券承销。

（三）各交易场所和市场服务机构应当不断完善地方政府债券现券交易、回购、质押安排，促进地方政府债券流动性改善。地方财政部门应当鼓励各类

机构在回购交易中更多地接受地方政府债券作为质押品。

（四）财政部将积极探索在商业银行柜台销售地方政府债券业务，便利非金融机构和个人投资者购买地方政府债券。

六、加强债券资金管理

（一）地方财政部门应当加快置换债券资金的置换进度，对于已入库的公开发行置换债券资金，原则上要在1个月内完成置换。省级财政部门要尽快向市县财政部门转贷资金，督促市县财政部门加快置换债券资金的支拨，防止资金长期滞留国库。

（二）地方财政部门要高度重视地方政府债券还本付息工作，制定完善地方政府债券还本付息相关制度，准确编制还本付息计划，提前落实并及时足额拨付还本付息资金，切实维护政府信誉。

（三）发行地方政府债券偿还到期地方政府债券的，如债券到期时库款比较充裕，在严格保障财政支付需要的前提下，地方财政部门可使用库款垫付还本资金。待债券发行后，及时将资金回补国库。

（四）各地可根据项目具体情况，在严格按照市场化原则保障债权人合法权益的前提下，研究开展地方政府债券提前偿还、分年偿还等不同形式的本金偿还工作，防范偿债资金闲置浪费或挪用风险。

（五）各地应加快实现地方政府债券管理与项目严格对应。坚持以健全市场约束机制为导向，依法规范地方政府债券管理。债券资金使用要严格按照披露的项目信息执行，确需调整支出用途的，应当按照规定程序办理，保护投资者合法权益。

七、提高地方政府债券发行服务水平

（一）中央结算公司、上海证券交易所、深圳证券交易所等财政部政府债券发行系统业务技术支持部门（以下简称支持部门），应当认真做好发行系统维护工作，建立健全地方政府债券发行服务制度，合理设计地方政府债券发行服务工作流程，严格加强内部控制，不断提升发行服务水平。

（二）地方财政部门应当按照《地方政府债券发行现场管理工作规范》有关规定，切实加强地方政府债券发行现场管理。采用招标方式发行的，发行现场应当有地方财政部门经办人、复核人各一人，在双人核对的基础上开展标书发送、中标确认等工作，严格防范操作风险。采用承销方式（包括公开承销和定向承销，下同）发行的，地方财政部门应当配合簿记管理人组织发行现场各项工作。发行现场应当邀请审计或监察等非财政部门派出监督员，对发行现场人员、通讯、应急操作等情况进行监督。招标发行结束后，应当由发行人员负责人（不限行政级别）、监督员共同签字确认发行结果；承销发行结束后，应当由簿记管理人、监督员共同签字确认发行结果。

（三）支持部门应当积极配合地方财政部门严格执行《地方政府债券发行现场管理工作规范》，规范做好发行现场人员出入登记、通讯设备存放、发行现场无线电屏蔽、电话录音等工作，保障地方政府债券发行工作有序开展。

八、加强债券发行组织领导

（一）地方财政部门应当不迟于 2018 年 5 月 15 日，向财政部上报全年债券发行总体安排，并不迟于每季度最后一个月 15 日，向财政部上报下一季度地方政府债券发行初步安排，财政部汇总各地发行初步安排后及时反馈地方财政部门，作为地方财政部门制定具体发行安排的参考。第二季度地方政府债券发行初步安排于 5 月 15 日前上报财政部。

（二）地方财政部门应当不迟于发行前 7 个工作日向财政部备案发行具体安排，财政部按照"先备案先得"的原则协调各地发行时间等发行安排。各地财政部门向财政部备案具体发行安排时，涉及公开发行置换债券提前置换以后年度到期政府债务的，应当附专员办出具的债权人同意提前置换的备案证明。

（三）地方财政部门应当不迟于全年地方政府债券发行工作完成后 20 个工作日，向财政部及当地专员办上报年度发行情况。地方财政部门、支持部门、登记结算机构等如遇涉及地方政府债券发行的重大或异常情况，应当及时向财政部报告。

（四）地方财政部门内部应当加强相关处室的协调沟通，做好额度分配、品种选择、期限搭配、债务统计、信息发布等工作的衔接配合，保障地方政府债券发行工作平稳顺利开展。

（五）地方财政部门应当充实地方政府债券发行人员配备，维持人员队伍基本稳定，加强对地方发债人员的培训和指导，督促相关工作人员主动学习，真正掌握政府债务管理、地方政府债券发行管理相关政策制度，熟悉债券金融等相关知识。

（六）地方财政部门应当稳步推进地方政府专项债券管理改革。完善专项债券管理，在严格将专项债券发行与项目一一对应的基础上，加快实现债券资金使用与项目管理、偿债责任相匹配。

（七）鼓励各地通过政府购买服务等方式，引入第三方机构参与地方政府债券发行准备工作，提高地方政府债券管理专业化程度。

其他未尽事宜，按照《财政部关于印发〈地方政府一般债券发行管理暂行办法〉的通知》（财库〔2015〕64号）、《财政部关于印发〈地方政府专项债券发行管理暂行办法〉的通知》（财库〔2015〕83号）、《财政部关于做好2017年地方政府债券发行工作的通知》（财库〔2017〕59号）等有关规定执行。

财政部
2018年5月4日

参 考 文 献

［1］许安拓，刘绪硕. 多元视角下我国地方政府债券研究［J］. 地方财政研究，2018（01）：71－81.

［2］叶维武. 加强地方政府性债务管理推进地方政府举债融资改革——兼论"89号文"对地方政府债券市场发展的影响［J］. 农村金融研究，2018（01）：35－38.

［3］朱颖，戚友翅. 我国地方债的发展趋势及风险防范［J］. 现代金融，2017（12）：33－35.

［4］娄燚，伍宏伟，和琳. 对地方政府债券发行的调查与思考［J］. 区域金融研究，2017（11）：47－50.

［5］吴凡. 我国地方政府债券发行制度研究［D］. 中国财政科学研究院，2017.

［6］张明媚. 财政责任视角下的地方债发行制度比较与借鉴［D］. 北京外国语大学，2017.

［7］周辉. 中国地方政府融资平台创新模式研究［J］. 时代金融，2017（05）：16－31.

［8］王彩霞. 我国地方政府举债的内在逻辑与完善路径［J］. 当代经济管理，2016，38（12）：91－96.

［9］温来成. "十三五"时期我国地方政府债券市场发展研究［J］. 地方财政研究，2016（03）：4－8.

［10］何浩. 基于《预算法》的地方政府债券法律问题研究［D］. 长春理工大学，2016.

［11］易宇. 中国市政债券运行的制度研究［D］. 中国财政科学研究院，2015.

［12］李倩茹. 我国发展市政债券问题研究［D］. 东北财经大学，2016.

［13］宋佳娟. 我国市政债券信用风险控制研究［D］. 首都经济贸易大学，

2015.

[14] 黄圣. 中国市政债券模式及运行制度研究 [D]. 财政部财政科学研究所，2014.

[15] 傅智辉. 中国市政债券市场监管制度研究 [D]. 财政部财政科学研究所，2014.

[16] 董亮. 中国地方政府债务融资问题研究 [D]. 辽宁大学，2013.

[17] 廖秋华. 美国市政债发行管理机制对我国地方政府债券风险防控的启示 [J]. 区域金融研究，2017 (12)：28 - 32.

[18] 李霞. 美国市政债市场概况、监管体制及其对中国的启示 [J]. 农村金融研究，2016 (05)：46 - 49.

[19] 王勇. 美国地方债特点与借鉴 [J]. 财政研究，2015 (09)：99 - 104.

[20] 鲁政委，郭草敏，陈天翔. 美国市政债：市场概况、运作机制与监管 [J]. 金融发展评论，2014 (09)：33 - 57.

[21] 谢群. 国外地方政府债券发行模式借鉴及启示 [J]. 地方财政研究，2013 (06)：71 - 75.

[22] 贺俊程. 我国地方政府债券运行机制研究 [D]. 财政部财政科学研究所，2013.

[23] 金荣学，魏晓兰. 中国地方政府债券管理机制构建——以日本为鉴 [J]. 行政事业资产与财务，2017 (13)：1 - 3.

[24] 戴传利. 我国地方政府债券融资法律监管程序问题研究 [J]. 学术界，2016 (06)：220 - 228.

[25] 王永钦，戴芸，包特. 财政分权下的地方政府债券设计：不同发行方式与最优信息准确度 [J]. 经济研究，2015，50 (11)：65 - 78.

[26] 成涛林. 地方政府融资平台转型发展研究——基于地方债管理新政视角 [J]. 现代经济探讨，2015 (10)：55 - 58 + 73.

[27] 尹中卿. 新预算法的十大亮点 [J]. 中国人大，2014 (23)：40 - 44.

[28] 窦鹏娟. 地方政府债券融资的法治约束问题研究 [M]. 北京：法律出版社，2017.

[29] 向东. 中国政府债券法律制度研究 [M]. 北京：中国言实出版社，2014.

[30] 国家发展改革委，建设部. 建设项目经济评级方法与参数（第三版）

［M］. 北京：中国计划出版社，2006.

　　［31］蒲明书，罗学富，周勤 . PPP 项目财务评价实战指南 ［M］. 北京：中信出版社，2017.

　　［32］成其谦 . 投资项目评价 ［M］. 北京：中国人民大学出版社，2017.

　　［33］［美］COSO 制定发布 . 企业风险管理——整合框架 ［M］. 方红星，王宏，译 . 大连：东北财经大学出版社，2011.

　　［34］沈建明 . 项目风险管理 ［M］. 北京：机械工业出版社，2017.

　　［35］国务院国有资产监督管理委员会 . 关于印发《中央企业全面风险管理指引》的通知 ［Z］. 国资发改革〔2006〕108 号 .